KB273677

블러드 머니

For Blood and Money:

Billionaires, Biotech, and the Quest for a Blockbuster Drug

블러드 머니

차 례

밀려나다

아메드 함디Ahmed Hamdy는 프라이즈일렉트로닉스Fry's Electronics(가전제품을 전문으로 판매하는 미국 대형 마트-역주) 매장 간판을 멍하니 쳐다보며 차에 앉아 있었다. 얼마나 오랫동안 그러고 있었는지는 모르겠지만 그 시간이 영원처럼 느껴졌다. 그는 충격으로 온몸이 굳은 채 방금 일어난 일을 이해하려고 애썼다. 갑작스럽게 상사로부터 해고 통보를 받은 뒤였다.

차 안에서는 전 직장 본사가 보였다. 함디는 겨우 몇 분 전 인사팀장의 배웅을 받으며 건물 밖 주차장에 세워진 차에 탔다. 인사팀장은 함디가 주차장 밖을 빠져나갈 때까지 지켜보며 서 있었다. 그 날 아침까지만 해도 함디는 급부상한 생명공학 회사의 최고의료책임자였다. 회사는 세상을 바꾸겠다는 열정으로 가득 차 있었다. 그러한 열정은 실리콘밸리에서만 볼 수 있었다. 함디는 지난 2년 동안 회사만을 위해 살았고, 자신의 모든 순간을 회사를 성장시키고 이끄는 데 바쳤다. 그러나 이제는 자신이 무단침입자, 아니 범죄자라도 된 것처럼 느껴졌다. 어디로 가야 할지 도무지 알 수 없었다.

사실 함디는 어디로도 갈 수 없었다. 너무나 혼란스러운 나머지 운전조차 제대로 할 수 없었기에 일단 전 직장에서 150미터가량 떨어진 곳에 있는 프라이즈일렉트로닉스 주차장에 차를 세웠다. 프라이즈일렉트로닉스는 바로 이곳 캘리포니아주 서니베일에서 창립되어 실리콘밸리 기업으로 성장했다. 젊은 선구자들이 이곳에서 첫 PC를 사고 프로세서와 라우터에 열광했다. 컴퓨터를 좋아하는 사람들에게는 일종의 사탕 가게 같은 곳이었다. 북부 캘리포니아 낙관주의의 상징 같은 곳이기도 했다. 그러나 함디는 그 낙관주의가 빠르게 사라지고 있다고 느꼈다.

함디는 차 안에 앉아서 돈 걱정을 했다. 사정이 팍팍해질 터였다. '회사 주식을 팔아야겠지.' 가족들도 떠올랐다. 이 소식을 어떻게 전해야 할지 막막했다. 이어 제약업계에 대해 생각했다. 깊은 상실감이 그를 덮쳤다.

바로 옆에 보이는 상업 지구에 함디가 일했던 파마사이클릭스 Pharmacyclics 본사가 있었다. 사람들에게 별로 알려지지 않은 작은 생명공학 회사였다. 실리콘밸리의 생명공학 업계에서는 특이한 회사로 통했다. 파마사이클릭스는 혈액암의 실험단계 치료제에 집중하고 있었다. 신약 개발 초기 단계에 있었기 때문에 회사와 회사가 개발 중인 약물의 가치를 증명하기까지 갈 길이 멀었다. 그러나 함디는 진심으로 가능성이 있다고 믿었다. 자신이 개발한 암 치료제가 특별하다고 확신했다. 효과가 있는 게 분명했다. 그것이 사람들의 생사를 바꿔놓을 영향력을 가졌고, 수많은 죽음을 막아줄 것이며, 자신을 부자로 만들어주리라 믿었다. 그러나 모든 것이 한순간에 물거품이 되었다. '다시는 이런 기회를 얻지 못할 거야.' 함디는 생각했다. 자기 연민, 우울감, 두려움, 분노가 뒤섞인 감정이 소용돌이쳤다. 암과의 전쟁에서 자신이 선두에 있다고 믿었건만, 이제 그는 참전조차 못 하는 신세가 됐다.

함디는 암 치료제 개발 성공이 복권 당첨만큼이나 어렵다는 것을 직접 겪어서 잘 알고 있었다. 항암제 개발 연구자 대부분은 어둠 속을 헤맸다. 간혹 운을 비롯한 다양한 요인이 복합적으로 작용하여 항암제를 성공적으로 만들어내기도 했지만, 어쨌든 항암제 개발 연구는 부정적 확률이 압도적으로 높은 게임이었다. 새로운 항암제는 상당수 임상시험에서 실패했다.

그러나 함디는 새로운 기술과 접근법이 곧 생명공학에 혁신을 가져올 것이고, 파마사이클릭스의 암 치료제가 의학계 황금기의 한 축을 이루리란 것을 느낄 수 있었다. 특히 함디는 그 약이 성인 백혈병의 가장 흔한 유형에 효과가 있음을 보여주는 희미한 신호를 목격했다. 그 약은 의학계에서 BTK 억제제로 불리는 소분자 약물인데, 악성 세포에 침투해서 (함디가 생각하기에) 암세포의 증식과 생존을 돕는 것으로 보이는 효소를 막았다. 아주 미세한 신호이긴 했지만 함디에게는 그 정도로 충분했다.

새롭게 만들어진 약은 아니었다. 그 약은 한동안 완전히 잊힌 채 처음 제조되었던 시험관에 방치되어 있었다. 제약회사의 파이프라인에는 누군가의 발견을 기다리며 묻혀 있는 보물 같은 약이 많았다. 수년간의 혁신 후에도 좋은 약들은 대기업의 뱃속에서 빛을 보지 못한 채 시들해졌고, 관련 기관들은 자체 프로세스와 절차에 짓눌리느라 그런 보석들을 발견하고 개발할 여력이 없었다. 그러다 보니 단돈 몇 푼으로 그러한 약들을 건져서 개발할 수 있었다. 꿈은 그렇게 만들어졌다. 그 꿈을 실현할 비전과 돈만 있으면 됐다. 파마사이클릭스도 우연한 기회에 BTK 억제제를 얻게 된 것이었다.

그러나 그 돈에는 줄이 달려 있었다. 함디의 분노는 서서히 그 줄을 쥔 한 사람을 향하기 시작했다.

BLOOD MONEY

서핑하는 사이언톨로지 교도들

The Surfing Scientologist

1997년 슈퍼볼 선데이(미국 프로미식축구리그 결승전이 열리는 2월 둘째 주 일요일 – 역주), 미국인 대다수는 드류 블레드소Drew Bledsoe가 이끄는 뉴잉글랜드 패트리어츠New England Patriots 팀과 브렛 파브Brett Favre가 이끄는 그린베이 패커스Green Bay Packers 팀의 경기를 지켜보고 있었다. 뉴올리언스에서 그 큰 경기가 치러지는 동안, 경기장으로부터 차로 약 한 시간 거리 떨어진 곳에서 벌어진 한 가족의 비극은 결말을 향해 가고 있었다.

스물여섯 살 데미안 더건Demian Duggan은 병원 침대에 누워 아버지를 올려다보면서 죽음을 맞이할 준비가 됐다고 말했다.

"전 느낄 수 있어요. 이제 제가 할 일은 죽음을 받아들이고 세상을 떠나는 것뿐이에요."

로버트 더건Robert Duggan은 하나뿐인 아들을 바라보며 "그래, 내가 여기에 있단다"라고 말했다.

남부 캘리포니아 출신인 데미안은 사는 동안 많은 것을 했다. 캘리포니아주립대학교 산타바바라 수영팀의 자유형 선수였을 때, 크로아티아에서 온 배영 선수와 룸메이트가 됐다. 죽이 잘 맞았던 두 사람은 여름방학 동안 함께 크로아티아를 여행했다. 중부 유럽 국가들이 유고슬라비아 공산주의 체제의 붕괴를 딛고 이제 막 일어서기 시작하던 때였다. 데미안은 여행에서 돌아온 후 아버지에게 학교를 그만두고 크로아티아에서 광고판 회사를 차리겠다고 말했다. 그는 미국인으로서 탈공산주의 세계를 긍정적인 시각으로 바라봤다. 테드 터너Ted Turner(대학을 중퇴하고 광고판 설치 일을 하다가 CNN을 설립해 미디어 산업에서 큰 성공을 거둔 인물-역주)처럼 새로운 미디어 제국을 세우고 싶어 했다.

"그들은 변하고 있어요. 광고하고 홍보할 일이 많아질 거예요. 매디슨 애비뉴Madison Avenue(미국 뉴욕에서 광고 회사들이 모여있는 거리-역주)가 필요해질 거라고요. 공산주의에는 매디슨 애비뉴가 없어요!" 데미안은 확신에 차 있었다.

더건은 아들의 말을 부정할 수 없었다. 자신 역시 UCSB를 중퇴한 후 사업적으로 놀라운 성공을 이뤘던 터였다. 더건은 아들의 뜻을 허락하며 한 가지 요구 조건을 달았다. 로스앤젤레스에 있는 세계 사이언톨로지 기업연구소World Institute of Scientology Enterprises에서 6개월을 보내라는 것이었다. 그곳에서는 사이언톨로지를 창시한 공상과학 소설가 L. 론 허버드Ron Hubbard의 사업 방식에 대한 교육이 이뤄지고 있었다. 더건은 허버드의 사업 방식이 자신의 성공에 중요한 역할을 했다고 믿었다.

데미안은 교육 과정을 마친 후 크로아티아로 갔고, 아버지에게 재정적 지원을 받아 광고판 회사를 설립했다. 그가 세운 회사 메트로폴리스미디어Metropolis Media는 이제 막 공산주의에서 벗어난 크로아티아, 슬로베니아, 세르비아, 보스니아, 마케도니아 곳곳에 양면 옥외 광고판 만여 개를 설치하면서 큰 성공을 거두었다. 또한 데미안은 사업이 순조롭게 자리 잡을 수 있도록 도와준 크로아티아인 가족 중 한 여자와 사랑에 빠져 결혼도 했다.

그런데 안타깝게도 데미안의 뇌에서 종양이 자라기 시작했다. 종양이 엄지손가락만큼 커졌을 때, 데미안은 남부 캘리포니아로 돌아왔다. 진단 결과는 절망적이었다. 그는 교모세포종이라는 뇌종양 판정을 받았고, 수술과 약물 치료를 받더라도 평균 15개월 정도밖에 살지 못한다[1]는 설명을 들었다.

더건은 데미안의 뇌에서 종양을 최대한 제거하기 위해 산타바바라코티지 병원Santa Barbara Cottage Hospital에 수술 날짜를 잡았다. 그러나 더건과 데미안 모두 수술 이후에 이뤄지는 약물과 방사선 치료를 받는 데는 주저했다. 더건은 친척이나 다른 사람들이 약물 치료를 받는 것을 보면서 그것이 오히려 병을 악화할 뿐이라고 믿었다. 더건은 약물 치료를 혐오했고, 효과도 없다고 여겼다.

더건은 루이지애나에서 대체 치료법을 고안한 사람에게 연락했다. 이는 병원에서 처방한 것과는 전혀 다른, 독자적인 단백질 혼합물을 매일 투여하는 방법이었다. 데미안은 상태가 호전돼 크로아티아로 돌아갔고, 대체 치료법도 중단했다. 시간을 너무 많이 잡아먹기 때문이었다. 결국 암이 온몸에 퍼졌고, 데미안은 다시 미국으로 왔다.

더건은 대체 치료를 중단하기 전에는 차도가 있었다고 생각했기에, 아들을 루이지애나 배턴루지로 데려가 치료를 받게 했다. 그리고 얼마 지나지 않아 데미안은 병원에 입원했다. 밤에는 아버지인 더건이, 낮에는 어머니가 단백질 혈청을 투여하며 데미안을 돌봤다.

그린베이 패커스가 슈퍼볼에서 우승을 차지하던 날, 데미안은 아버지에게 생명은 단순한 육체 그 이상의 존재임을 알기에 자신은 영적으로 떠날 준비가 됐다고 말했다. 사이언톨로지 교도들은 자신들이 깨달음에 과학적으로 접근하고 있다고 믿었다. 데미안의 말은, 존재는 불멸하고 육체와는 별개라는 사이언톨로지의 핵심 교리[2]와 일치했다.

"아버지, 저는 영적 존재이고, 이 육체는 아무것도 아니에요." 데미안이 이렇게 말하며, 아버지에게 자신이 계속 존재할 수 있도록 몇 가지를 해달라고 부탁했다. 그중 하나는 아이들 입양이었다.

그날 밤 더건은 아들의 죽음을 지켜봤다. 그러고는 큰 슬픔에 잠긴 채 플로리다주 클리어워터에 있는 사이언톨로지 교회에 가서 상담을 받았다. 그곳에서 더건은 거대한 상실을 받아들였고 스스로에게 격려의 말을 건넸다.

"26년간 데미안과 정말로 멋지고 아름다운 나날을 보냈어. 데미안은 여전히 내 곁에 있어. 그는 돌아오고 싶어 해. 여기서 이렇게 멍하게 앉아 있을 시간이 없어. 난 삶을 이어가야 하고, 아들의 부탁도 들어줘야지. 그러려면 바쁘게 움직여야 해."

***

더건은 생명공학 회사와 어울리는 사람이 아니었다. 과학 교육을 받은 적도 없었고, 규제가 엄격한 바이오제약 산업을 경험한 적도 없었다. 그야말로 백지상태였다. 이 분야의 기업들은 대개 의학 박사 또는 그 밖의 고급 학위를 딴 후 수십 년간 업계와 학계에서 활동하며 차근차근 올라온, 나이가 지긋한 남자들이 이끌었다. 그러나 더건은 그 흔한 대학 졸업장조차 없었다.

쉰다섯 살의 더건이 가진 것은 자신의 사업을 성공시킨 경험과 지대한 자신감이었다. 그는 말 그대로 마음만 먹으면 무엇이든 이룰 수 있다고 믿었다.

더건은 캘리포니아 산호세와 샌프란시스코 사이, 지금은 실리콘 밸리라고 불리는 지역에서 자랐다. 1950년대 초 더건이 가톨릭 학교에 다니던 시절에만 해도 산타클라라 카운티는 과수원과 과일 통조림 공장이 여기저기 흩어져 있는 농촌 마을이었지만, 변화가 시작되고 있었다. 아일랜드계 가톨릭교도인 더건의 아버지는 웨스팅하우스일렉트릭코퍼레이션_{Westinghouse Electric Corporation}에서 월 800달러를 버는 산업기사였고, 어머니는 간호사였다. 그들은 산타클라라에서 불과 네 집 떨어진, 산호세의 작은 집에서 다섯 아이를 키웠다.

어린 시절 더건은 교실보다는 운동장에서 더 두각을 나타냈다. 대상을 사진 찍듯이 기억하는 능력이 있었고 수에 대한 이해력은 뛰어났으나, 성적이 딱히 좋지는 않았다. 더건은 주로 운동을 하면서 쌓인 에너지와 스트레스를 풀었다. 여느 아이들처럼 신문의 스포츠 지면을 훑어보면서 읽는 법을 배웠다.

더건은 캘리포니아주 마운틴뷰의 세인트 프랜시스 고등학교 농구팀에서 활동했다. 먹고살 만했지만 사고 싶은 걸 마음껏 살 정도의 가정 형편은 아니었기에 필요하거나 사고 싶은 게 있으면 직접 돈을 벌어야 했다. 더건은 잔디를 깎거나 살구를 팔아서 서프보드를 주문할 수 있을 정도의 돈을 모았다. 그는 서프보드를 가지고 산타크루즈 근처 해변에 가는 것을 좋아했다.

캠퍼스에서 조금만 나가면 파도가 넘실대는 UCSB는 더건에게 딱 맞는 학교였다. 1962년 더건은 경영경제학을 배우기 위해 UCSB에 들어갔다. 장차 비즈니스를 하겠다는 막연한 생각을 품고 있었기 때문이었다. 그러나 수업은 실망스러웠다. 지나치게 이론적이었다. 그는 수업 내용을 이해하기 위해 무척이나 애썼지만, 한편으로는 짓궂은 면도 있어 로렌츠 곡선(불균등한 소득 배분을 나타내는 곡선−역주)에 관한 시험 문제에 글래머러스한 몸매를 가진 배우를 묘사하는 답을 쓰기도 했다. 더건은 서핑이나 농구, 배드민턴을 하며 즐거운 시간을 보내는 데 더 집중했다. 훗날 아내가 되는 패트리샤 해거티Patricia Hagerty와 데이트를 시작했고, 강의실 밖의 대학 생활을 즐겼다.

더건의 방황은 3학년이 되어 허버트 케이Herbert Kay 교수가 가르치는 기업 재무 수업을 들을 때까지 계속됐다. 케이의 수업은 학생들에게 인기가 많았다. 케이는 더건과 가깝게 지내며 그에게 주식시장 투자 분석에 대한 열정을 불어넣어주었다. 더건은 주로 추상적인 개념만 다루는 다른 수업과 달리, 케이의 수업은 실용적이라고 느꼈다. 기업 재무 수업은 자신이 현실 세계에서 성공할 수 있도록 도와줄 것만 같았다. 마침내 더건은 자신이 인생에서 추구하려는 것이 무언지를 깨달았다.

그러나 한 가지 문제가 있었다. 다른 학생들과 마찬가지로, 대학 생활 내내 더건을 서서히 조여오는 것이 하나 있었으니, 바로 베트남 전쟁이었다. 더건은 전쟁터에 끌려가고 싶지 않았다. 1966년, 계속 학교에 있으면 입대를 미룰 수도 있었지만, 졸업이 점점 가까워지고 있었고 대학원을 진학하기에는 학점이 좋지 않았다. 그는 전쟁에 휘말리지 않기 위해 창의적인 계획을 떠올렸다. 4학년 때 자퇴를 한 것이다.

졸업하지 않은 학생들에게는 때때로 징집되기 전 학사학위를 받을 수 있는 추가 시간이 주어졌다. 더건은 UCSB를 중퇴한 뒤 캘리포니아로스앤젤레스주립대학교UCLA에 입학했다. 그렇게 2년의 시간을 벌었다. 1968년 선발 징병청이 다시 더건을 부를 때쯤, 그는 이미 결혼해서 딸을 낳았을 때였다. 결국 그는 전쟁을 피하고 로스앤젤레스에 머물 수 있었다.

더건은 UCLA에서 수업을 들으며 주식 투자로 부수입을 얻었다. 케이와 팀을 이루어 함께 주식 거래도 했다. 이들은 주로 기업공개(개인 또는 소수의 주주로 구성되어 있던 기업이 처음으로 외부 투자자들에게 주식을 공개하고 판매하는 것-역주)로 발행된 소기업 주식에 집중했다. 두 사람은 투자은행가들이 고객의 환심을 사기 위해 기업공개 가격을 종종 낮게 책정할 때가 많다는 사실을 발견했다. 케이는 더건에게 투자를 고려할 때는 회사에 방문하고 철저하게 조사해야 한다고 말해주었다.

더건이 했던 최고의 거래 중 하나는 폰데로사스테이크하우스Ponderosa Steak House의 주식 매입이었다. 더건은 이 체인점의 본점이 있는 오하이오주 데이턴에 여행을 갔다가 눈 오는 날 식당 앞에 줄을 선 사람들을 보고 투자를 결심했다. "오! 이건 정말 확실한 지표야." 그의 예상대로 주가가 치솟았다. 더건은 많은 투자에 베팅했고, 2년 만에 거의 50만 달러(약 2억 원), 2022년 통화가치로 치면 약 340만 달러(약 45억 원)에 가까운 돈을 벌었다. 대학교 학위는 끝내 받지 않았다.

1970년대 초는 더건 가족에게 참으로 행복한 시기였다. 토팡가 해변 근처로 이사했고, 더건은 산타모니카 인근에 사무실을 차렸다. 저녁이면 해변에서 프리스비나 야구를 하면서 시간을 보냈다. 곱슬거리는 검은 머리에 늘씬하고 탄탄한 몸을 가진 더건은 심지어 마라톤도 했다. 처제인 낸시 해거티Nancy Hagerty와 미국 올림픽 배구팀 소속인 동서 대니얼 패터슨Daniel Patterson은 종종 더건네 집에서 묵기도 했다. 더건과 패터슨은 금세 친구가 되었다. 멋진 나날이었다.

1971년 데미안이 태어났다. 같은 해에 더건은 선셋디자인Sunset Designs이라는 새로운 마크라메(끈으로 매듭을 지어서 무늬나 소품을 만드는 공예—역주) 회사의 지분 50퍼센트를 5만 달러(약 2000만 원)에 매입했다. 선셋디자인은 집을 꾸밀 때 쓸 수 있는 지피스티처리Jiffy Stitchery 자수 키트를 판매하는 회사로 성장했다. 1972년 연방거래위원회Federal Trade Commission가 4대 시리얼 회사의 시장 독점을 비난하며 조치를 취했는데, 더건은 이에 관한 신문 기사를 읽고, 선셋디자인의 기업 전략을 떠올렸다. 소비자 보호를 지지하는 혁신적인 시민운동가 랄프 네이더Ralph Nader는 이 사건을 두고 "지난 10년간 독점금지 집행에서 가장 중요한 발전 중 하나"라고 말했지만,[3] 더건은 정작 시리얼 회사들로부터 영감을 얻은 것이다. '와, 시장 독점은 모든 기업이 바라는 게 아닌가? 저거야말로 우승 트로피와 다름없는걸!'

더건은 정부가 문제를 제기한 내용을 찾아서 읽어보았다. 정부는 켈로그Kellogg와 제너럴밀스General Mills가 비슷한 상품으로 진열대를 점령해 다른 경쟁 제품이 진열되지 못하도록 통제하는 등 기만적인 거래 관행을 저질렀다고 비판했다.[4] 더건은 정부의 지적을 선셋디자인의 청사진으로 삼았고, 동업자들에게 이렇게 말했다. "이봐, 우리도 이렇게 해야 해." 얼마 지나지 않아 더건의 회사는 지피스티처리 키트 종류를 세 가지에서 서른세 가지로 늘려 판매하기 시작했다. 선셋디자인은 시장을 장악했고, 1980년대 중반에 1500만 달러(약 130억 원)에 매각됐다.

＊＊＊

1970년대에 들어서도 더건은 가만히 있질 못했다. 더건을 만나본 사람들은 그와의 대화가 어디로 튈지 알 수 없었다고 말했다. 그는 언제나 아이디어가 넘쳤고, 걸핏하면 옆길로 새서 지금 무슨 이야기를 나누는 중인지 헷갈리게 했다. 1974년 주식시장이 폭락해 더건은 순자산의 약 80퍼센트를 잃었고, 스스로에게 의문을 갖게 되었다. 당시 번성했던 로스앤젤레스의 반문화(주류 문화에 반대되는 것을 더 가치 있게 여기는 문화-역주) 현장은 더건과 예술가였던 그의 아내에게 실용적인 자기 계발 개념을 시험해볼 기회였고, 두 사람에게 이는 매력적으로 다가왔다. 더건은 베르너 에르하르트Werner Erhard의 EST_{Erhard Seminar Training}(참된 자기를 자각하기 위한 심신 운동 훈련-역주) 세미나에 참석했다가 큰 자극을 받았고, 이후 허버드의 글을 알게 됐다.

더건은 처음에 경영 관리에 대한 허버드의 글에 흥미를 느꼈다. 이후 그의 베스트셀러 《다이어네틱스Dianetics》도 읽었다. 그러나 더건에게 정말로 큰 울림을 준 것은 학습 방식에 관한 글이었다. 더건은 학교 공부와 집중력 유지에 어려움을 겪었던 터라, 속독과 기계적 암기가 학문을 이해하는 좋은 방법이 아니라는 허버드의 메시지가 상당히 일리 있게 들렸다. 허버드는 어떤 주제에든 통하고 누구에게나 도움이 되는 학습법을 약속했다. 더건은 복잡한 내용을 단순한 개념으로 쪼개고 단어의 정의를 자주 찾아보라는 허버드의 조언을 가슴에 새겼다. 단어 하나만 잘못 이해해도 심각한 오해를 일으킬 수 있다는 말에 깊이 공감했고, 충실하게 사전을 찾아보기 시작했다. 대화 중에도 자주 용어를 정의하고 어원을 참고했다.

무엇보다도 더건은 1980년 〈내셔널인콰이어러National Enquirer〉에 실린 어느 기사에서 영감을 얻었다. 이 타블로이드 신문은 더건의 표현을 빌리면 '모두가 읽지만 아무도 읽었다고 말하지 않는' 매체였다. 해당 기사는 로스앤젤레스의 심리학자인 알프레드 바리오스Alfred Barrios에 대한 것으로,[5] 그가 자기실현 세미나를 개발했고 최면으로 암을 치료하는 방법[6]도 연구했다는 내용이었다. 바리오스는 천재들에게서 공통으로 나타나는 24가지 성격 특성을 제시하면서, 이러한 특성을 갖추면 교육 수준이나 경험에 상관없이 누구나 천재 같은 능력을 발휘할 수 있다고 주장했다. 허버드는 자신을 따르는 사람들이 이 24가지 특성을 알아야 한다고 생각해서 해당 기사를 재발행하라고 지시했고,[7] 사이언톨로지 신도 중 하나가 이를 더건 에게 추천해준 것이었다. 열심히 일하고, 다른 사람들이 불가능하 다고 여기는 것을 행하는 용기를 가지고, 계속해서 지식을 쌓고, 자 신의 성공을 절대로 의심하지 않는 데서 위대함을 구하라는 내용의 글은 더건을 고무시켰다.

더건은 올림픽 선수 출신인 패터슨과 사업을 시작하기로 했다. "우리 함께 뭔가를 해보자고!" 그들은 롱비치에 있는 마리나퍼시피 카몰 야외에 핫도그 온어스틱Hot Dog on a Stick이라는 프랜차이즈 가판대 를 열 계획을 세웠다. 그러던 어느 날 더건이 문을 박차고 들어왔다. "폭스힐스몰에서 아주 놀라운 걸 봤어. 사람들이 쿠키를 먹으려고 줄을 서 있더군!" 이들은 바로 방향을 틀었다.

더건은 처제와 함께 쿠키를 부드럽게 만드는 레시피를 개발했 고, (핫도그가 아니라) 쿠키 먼처스 파라다이스Cookie Munchers Paradise라는 가 판대를 열었다. 더건에게는 한 가지 철칙이 있었다. 바로 커피를 팔 지 않는 것이었다. 그는 커피를 싫어했다. 언제나 꿈을 크게 갖는 더 건은 36개월 안에 36개 매장을 여는 것을 목표로 삼았다. 자금을 조 달하고 때로는 직접 앞치마를 두르고 바쁘게 움직였다. "일단 한번 맛보면 누구나 이 초코칩 쿠키를 사게 될 거야." 더건은 이렇게 말했 다. 그는 시식 쟁반을 들고 매장 밖으로 나가 홍보하기도 했다. 그의 엄청난 열정은 전염성이 있었다.

비록 그의 야심 찬 초기 목표에는 못 미쳤지만, 3년 후 더건과 패터슨은 15개 지점을 열었다. 더건은 샌드위치 같은 메뉴를 몇 가지 더 추가하고 가게 이름을 파라다이스베이커리Paradise Bakery로 바꾸자고 제안했다. 당시 쿠키가 큰 인기를 끌면서 쿠키 가게 임대료가 베이커리보다 더 높게 책정됐기 때문이었다. 상호를 바꾸는 것만으로도 수익성이 크게 개선됐고, 패터슨은 이를 보고 깜짝 놀랐다. 1987년 그들은 파라다이스베이커리를 600만 달러(약 48억 원)에 차트하우스 엔터프라이즈Chart House Enterprises로 넘겼다. 처제 낸시는 패터슨과 이혼한 후 부드럽고 쫄깃한 쿠키를 맥도날드에 도매로 팔기 시작했다.

* * *

1990년, 더건은 투자 활동을 통해 이름을 알리면서 자신이 중퇴한 대학교의 주요 기금 모금 기관인 UCSB 재단 이사회에 선임됐다. 또한 그는 1980년대 중반에 이더넷Ethernet(근거리통신망 기술-역주) 사업에도 뛰어들어 커뮤니케이션머시너리Communication Machinery Corporation에 투자해 회장이 됐다. 이 회사는 근거리통신망 구축에 사용되는 컴퓨터 네트워킹 기술을 개발했는데, 이후 1988년 4000만 달러(약 320억 원)에 로크웰오토메이션Rockwell Automation에 매각됐으며, 이로 인해 더건은 세후 1500만 달러(약 120억 원)를 벌었다.

더건은 UCSB 출신의 컴퓨터공학 박사인 율륜 왕Yulun Wang을 만났다. 왕은 더건에게 우주 탐사용 로봇을 만드는 컴퓨터모션Computer Motion이라는 회사에 투자하도록 이끌었다. 하지만 당시 미국 항공우

주국NASA은 로봇에 전혀 관심을 보이지 않았다. 그러던 어느 날, 산타바바라에서 더건과 알고 지내던 한 외과의사가 의료업계 사람들이라면 로봇에 관심을 가질 것이라고 말해주었다. 이에 왕과 더건은 방향을 틀어 의료용 로봇을 개발하기 시작했다. 이 로봇은 복강경 수술과 같이 절개를 최소화하는 수술에서 의사들이 내시경을 움직여 환자의 체내를 확인하고 안정적인 이미지를 얻는 데 도움을 주었다.

컴퓨터모션이 기업공개를 시행할 즈음, 더건은 CEO가 되었다. 암이 데미안의 목숨을 앗아간 지 몇 달 지나지 않았을 때였다.

더건이 의료 산업에 뛰어든 것도 이 무렵이었다. 그는 '환자 및 의사 친화적인' 수술에 대한 아이디어를 전파하기 시작했다. 컴퓨터모션이 이 분야를 선도하고 있다고 여겼다. 회사는 프랑스 스트라스부르에 자리했고, 연간 2400만 달러(약 264억 원)의 매출을 일으켰다.[8] 프랑스 자크 시라크Jacques Chirac 대통령은 더건에게 레지옹 도뇌르 훈장을 수여했다.

하지만 컴퓨터모션은 손실을 입었고,[9] 더 크고 뛰어난 경쟁사인 인튜이티브서지컬Intuitive Surgical을 만나게 됐다. 컴퓨터모션은 로봇 시스템에 대한 초기 특허를 몇 개 가지고 있던 터라, 인튜이티브서지컬을 상대로 특허 침해 소송을 걸었다. 2003년, 인튜이티브서지컬은 이를 해결하기 위해 1억 5000만 달러(약 1650억 원)에 컴퓨터모션을 인수했다.[10] 더건의 입장에서는 그 거래가 매우 시의적절했다. 당시 컴퓨터모션의 상황이 매우 위태로웠기 때문이다. 더건은 인튜이티브서지컬로부터 730만 달러를 빌려 인수가 완료될 때까지 회사를 유지했다.

***

컴퓨터모선의 매각이 확정되면서 더건은 새로운 프로젝트에 마음껏 집중할 수 있게 됐다. 인튜이티브서지컬의 이사로 남긴 했지만, 사실상 회사 운영은 인튜이티브서지컬의 경영진이 이어받았다. 더건은 마침내 인튜이티브서지컬 주식을 대부분 매각했다. 더건은 60세에 이르렀을 때, 약 6500만 달러(약 715억 원)의 순자산을 보유하고 있었다. 그는 소규모 투자자문회사인 로버트더건&어소시에이츠 Robert W. Duggan&Associates를 운영했고, 주로 산타바바라에 있는 사무실에 머물면서 돈을 투자했다. 또한 사이언톨로지 교회에서 가장 크고 중요한 후원자가 되기 위한 길을 착실하게 걸어가고 있었다.[11] 그 일환으로 미국 전역 도서관에 《다이어네틱스》를 비치하는 프로그램에 자금을 지원했다.

그 무렵, 파마사이클릭스라는 작은 생명공학 회사가 더건의 눈에 들어왔다. 자신이 어린 시절을 보냈던 곳에서 그리 멀지 않은, 캘리포니아주 서니베일에 있는 회사였다. 하지만 더건이 파마사이클릭스에 흥미를 느꼈던 이유는 그것 때문은 아니었다.

파마사이클릭스는 모텍사핀 가돌리늄 motexafin gadolinium을 개발하려고 수년간 노력하고 있었다. 모텍사핀 가돌리늄은 암세포를 방사선에 더 취약하게 만들어 방사선 치료의 효과를 높이기 위한 약이었다. 파마사이클릭스는 엑사이트린 Ecytrin이라는 브랜드로도 알려진 이 약을 특히 뇌종양을 대상으로 시험 중이었다.

세상을 떠난 아들 데미안을 가슴에 품고 지냈던 더건은 파마사이클릭스가 추구하는 목표에 강하게 끌렸고, 이내 파마사이클릭스 주식을 사들이기 시작했다.

2004년, 파마사이클릭스 주식을 쌓아가던 더건은 이제 기업의 최고경영자에게 자신을 소개할 때가 됐다고 생각했고, 리처드 밀러 Richard Miller에게 전화를 걸었다.

과학의 사람

Man of Science

리처드 밀러는 스스로를 과학에 밝은 사람이라고 생각했다. 의사이자 스탠퍼드대학교 임상 교수이며 생명공학 업계에서도 인맥이 넓은 그는 더건과는 완전히 다른 인물이었다. 그의 아내는 스탠퍼드대학교의 종양학 권위자이자 명망 있는 미국 임상종양학회의 차기 회장으로 예정된 산드라 호닝Sandra Horning이었다(호닝은 2005~2006년 회장을 역임했다–역주).

당시 54세였던 밀러는 파마사이클릭스의 공동 창립자이자 CEO였다. 이 작은 생명공학 회사는 주가가 계속 내려가고 있었다. 그러던 어느 날, 밀러는 한 번도 들어본 적 없는 더건이라는 인물로부터 전화를 받았다. 더건은 자신이 그동안 파마사이클릭스의 주식을 매수해왔으며 밀러를 직접 만나고 싶다고 말했다. 마침 밀러는 월스트리트의 회의적인 평가로부터 회사를 지키기 위해 필사적으로 노력하고 있었고 새로운 주주를 찾고 있었다. 밀러는 흔쾌히 응했다.

더건은 서니베일에 있는 밀러의 사무실을 방문했고, 아들 데미안이 뇌종양으로 고통받다가 스물여섯이라는 젊은 나이에 세상을 떠났다고 이야기했다. 자신이 투자자로서 그리고 한 인간으로서 파마사이클릭스에 관심을 두게 된 것도 이 회사가 뇌종양을 목표로 하고 있기 때문이라고 말했다.

더건의 이야기에 감동한 밀러는 파마사이클릭스의 임상시험이 어떤 상태에 있는지를 설명했다.[1] 뇌로 전이되는 다양한 종류의 암 환자들을 대상으로 회사 내에서 가장 선두에 있는 신약 후보인 엑사이트린을 적용하는 대규모 임상시험이 진행됐으나 결과는 처참한 실패였고, 파마사이클릭스의 주가는 폭락했다. 연구 막바지 단계에서의 임상시험이었기에 밀러는 이를 통해 의약품의 안전성과 효능을 책임지는 미국 공공보건 규제 기관인 식품의약국FDA의 승인을 받을 수 있기를 기대했었다. 실망이 컸지만 그 와중에도 밀러는 그 약이 일부 환자들, 그러니까 폐암이 뇌로 전이된 환자들에게는 효과가 있을 수 있다는 가능성에 주목했다. 그래서 파마사이클릭스는 엑사이트린의 임상적 유익성을 확인할 수 있을 것으로 생각되는 새로운 후기 임상시험에 환자 550명을 등록하기 시작했다.

더건은 파마사이클릭스가 뇌종양을 목표로 한다는 사실이 좋았다. 심지어 파마사이클릭스는 데미안이 앓았던 것과 같은 질병인 교모세포종 환자를 대상으로 엑사이트린에 대한 초기 연구를 진행하고 있었다. 밀러는 더건을 이리저리 가늠해보고는 그가 좋은 사람이라고 판단했다. 과학에 대해서는 아무것도 모르지만, 아들이 남긴 추억과 유언에 대한 깊은 감정적 유대감 때문에 뇌종양 환자를 위한 치료법을 찾으려는 사람이라고 생각했다. 또한 더건이 매우 부유하며, 파마사이클릭스의 주가가 매우 저렴하다는 점이 그에게 매력적으로 작용했으리라고 추측했다.

첫 만남이 있은 지 얼마 지나지 않아 밀러는 더건으로부터 다시 연락을 받았다. 파마사이클릭스 주식을 추가 매수했으며 좀 더 많은 질문을 하고 싶다고 했다. 더건은 수시로 밀러와 이야기를 나누었고, 계속해서 점점 더 많은 주식을 사들였다. 2004년 9월, 더건은 파마사이클릭스 전체 주식의 5퍼센트인 약 100만 주를 보유하게 됐다.[2] 당시 주가가 주당 10달러 정도였으니 약 1000만 달러(약 110억 원)의 가치를 지닌 셈이었다. 밀러는 동료를 찾았다고 생각했다.

***

밀러는 의학과 야구를 사랑했다. 뉴저지주 뉴어크의 골목에서 스틱볼(고무공과 막대기로 하는, 야구와 비슷한 길거리 게임—역주)을 하며 자랐고, 프랭클린&마셜대학에서 화학을 전공하는 한편, 대학 야구팀에서도 활동했다. 밀러는 이미 의학 학위를 취득한 상태에서 팔로알토에 있는 스탠퍼드대학에 들어갔고, 1970년대 중반부터 인체의 생물학적 방어 네트워크인 면역계와 면역세포에 생기는 암세포를 연구하기 시작했다.

스탠퍼드대학은 혈액암과 림프종 연구의 중심지가 되었다. 림프종은 종류가 다양하긴 하지만 전부 림프구라고 하는 면역계의 백혈구, 주로 B세포 또는 T세포가 악성으로 변하고 통제 불능으로 증식하면서 시작된다.

스탠퍼드대학의 스타였던 론 레비Ron Levy는 단클론 항체monoclonal antibodies라고 불리는 것을 연구하는 최첨단 연구 프로젝트에 밀러를 끌어들였다. 단클론 항체는 실험실에서 인간과 생쥐로부터 만든 합성 단백질로, 면역계를 활성화하여 암세포와 그 밖의 여러 질병을 공격하도록 하는 역할을 했다. 단클론 항체를 통해 잠재적으로 림프종을 치료할 방법을 찾을 수 있을 듯했다.

레비와 밀러는 잔뜩 흥분해서 이 기술을 상용화하기 위해 회사를 세웠고, 이후 1985년에는 다른 사람들과 함께 아이덱파마슈티컬스Idec Pharmaceuticals(이하 아이덱)를 설립했다. 이들은 스탠퍼드 캠퍼스에서 가까운 샌드힐 로드에 있는 거대 벤처 캐피털로부터 쉽게 자금을 조달할 수 있었다. 유명 투자회사인 클라이너퍼킨스코필드&바이어스Kleiner Perkins Caufield&Byers의 브룩 바이어스Brook Byers가 주로 자금을 댔고, 전문 CEO도 영입했다.

13년 후 아이덱은 암, 특히 비호지킨림프종 치료에 FDA의 승인을 받은 최초의 단클론 항체 약물인 리툭시맙retuximab을 개발했다(이는 리툭산Rituxan이라는 이름으로 판매됐다).[3] 레비는 아이덱 창립 후에도 스탠퍼드에 남았지만, 밀러는 학교를 떠나 아이덱에 합류해 연구를 진행했다. 다만 회사가 잘 풀리지 않을 경우를 대비해 스탠퍼드 메디컬센터Standford Medical Center에서 시간제 의사로 일했다. 밀러는 환자들을 돕는 것을 즐겼고, 이후로도 남은 경력 동안 일주일에 한 번은 오후에 환자를 봤다.

조너선 세슬러Jonathan Sessler는 밀러가 진료했던 암 환자 중 한 명이었다. 밀러가 아직 스탠퍼드에 있던 시절에 처음 만났으니 둘의 관계는 이미 수년간 이어져온 터였다. 당시 세슬러는 스탠퍼드에서 화학과 박사 과정을 밟고 있었다. 세슬러는 학부생 시절에 림프종 진단을 받았고, 성공적으로 방사선 치료를 마쳤다. 그러나 그가 처음 밀러의 진료실에 방문했을 때, 밀러는 암이 재발했다는 안타까운 소식을 전해야만 했다. 밀러는 세슬러에게 6개월간 혹독한 화학요법을 실시했다. 화학요법이 어찌나 독했는지 세슬러는 항암 치료를 받을 때가 되면 반사적으로 구토를 하곤 했다.

매우 힘겨운 시간이었지만 다행히 치료는 효과가 있었고, 치료를 끝마친 세슬러는 텍사스주립대학교 오스틴 캠퍼스의 화학과 교수가 될 수 있었다. 투병 경험은 세슬러에게 잊을 수 없는 흔적을 남겼는데, 이는 그가 암 치료 개발에 도움을 주고자 화학적 지식을 제공하는 계기가 되었다. 그는 정기 검진을 위해 꾸준히 밀러를 만났고, 그때마다 밀러에게 자신의 최근 연구와 아이디어를 공유했다.

하루는 세슬러가 가돌리늄과 같은 중금속을 담을 수 있는 고리 모양의 분자를 새롭게 합성했다고 말했다. 그렇게 하면 암세포가 방사선에 더 취약해질 수 있었다. 세슬러는 이 분자가 암세포에 선택적으로 축적되도록 설계할 수 있다고 생각했고, 이 분자가 텍사스주 깃발에 있는 별 모양을 닮았다고 생각해 '텍사피린texaphryns'이라는 이름을 붙였다. 밀러는 흥미를 느꼈다. 방사선 치료 효과를 높일 수 있다면 암 치료에 엄청난 혁신을 가져올 수 있을 터였다. "우리 이걸로 회사를 차릴 수 있어요." 밀러가 말했다.

1991년 밀러는 아이덱을 떠나 세슬러와 함께 파마사이클릭스를 설립했다. 아이덱을 지원했던 벤처 투자자로부터 자금을 조달했고, 이번에는 CEO가 되어 직접 경영을 맡았다. 그는 기대감에 넘쳤고 텍사피린의 접근 방식과 그 결과물인 엑사이트린을 믿었다. 월스트리트 또한 그랬다. 2000년, 파마사이클릭스는 상장 기업이 되었다.[4] 주식은 주당 80달러에 거래되었고 시장가치는 10억 달러(약 1.1조 원)가 넘었다.

그러나 연구 막바지 단계에서 엑사이트린의 대규모 임상시험이 실패하면서 주가는 폭락했다.[5] 2005년 겨울, 더건이 파마사이클릭스의 주식을 사들이기 시작하고 밀러와 처음 만난 후 엑사이트린의 두 번째 임상시험 역시 실패로 돌아갔다. 폐암에서 뇌로 전이된 암 환자를 대상으로 한 실험이었다.

야구광이었던 밀러는 이 실패가 무엇을 의미하는지 잘 알았다. 엑사이트린은 '투 스트라이크' 상태였다. 밀러는 자신이 안타 칠 수 있는 공을 던져줄 투수가 필요했다.

***

J. 크레이그 벤터Craig Venter는 생명공학 산업을 완전히 뒤바꿔놓을 혁신을 시작하겠다는 꿈을 안고 생명공학의 발상지인 캘리포니아 주 사우스 샌프란시스코로 왔다. 벤터는 2000년 빌 클린턴Bill Clinton 미국 전 대통령이 백악관에서 기념비적인 과학 발전을 발표할 때 클린

턴 옆에 서 있던 인물로도 알려져 있다.[6] 개성 강한 유전학자인 그는 셀레라제노믹스Celera Genomics(이하 셀레라)를 창립했고 회장이자 과학 담당 최고책임자로서 인간 유전체 지도를 밝히는 작업을 이끌었다. 미국 정부가 막대한 경제적 지원을 쏟아부은 인간 유전체 프로젝트와 세기의 과학적 경쟁을 펼친 것이다. 그러한 경쟁 덕분에 인간 유전체 프로젝트는 인간의 유전적 청사진을 해독하는 데 더욱 박차를 가했고, 마침내 성공적으로 인간 유전체 지도를 밝혀냈다. 인간 유전체 프로젝트와 셀레라는 백악관에서 이를 공동 발표했다.

벤터는 인간 유전체 지도가 새로운 의약품과 치료법 개발 같은 실용적 목적으로 활용될 수 있으리라 생각했다.[7] 월스트리트도 그 생각에 동의했고, 셀레라 주식은 시장가치가 140억 달러(약 15조 원)로 치솟았다. 셀레라는 직접 제약 산업에 뛰어들기 위해 크게 상승한 주식으로 액시스파마슈티컬스Axys Pharmaceuticals(이하 액시스)라는 회사를 1억 7400만 달러(약 2175억 원)에 인수했다.[8]

액시스 본사와 그 옆에 이웃한 약 1222평 규모의 화학 연구소는 생명공학계의 심장인 사우스 샌프란시스코에 있었다. 생명공학 회사의 시초격인 제넨텍Genentech이 101번 고속도로 동쪽에 있는 도시의 산업지구에 자리 잡은 이후로, 생명공학 산업은 샌프란시스코 베이의 서해안을 따라 꽃폈다.[9] 제넨텍은 합성 인슐린 개발에 앞장섰으며, 생명공학 회사로는 최초로 벤처 투자자로부터 자금을 조달하고 주식시장에서 기업공개를 시행했다.[10] 제넨텍의 주식이 바이오테크 투자 분야를 개척한 것이다. 이 시장은 새로운 의학적 돌파구에 집중하는 소규모 기업들에는 중요한 자금 조달 통로가 되어주었고, 투자자들에게는 한두 가지 약물만 개발하는 고위험 고수익 회사에 베팅할 기회를 제공했다. 약물 개발이 성공하면 투자자들은 큰돈을 벌 수 있었다. 하지만 주력으로 개발하던 약이 실패하면 그 충격을 완화할 장치가 아무것도 없었다. 바로 이 점이 다양한 포트폴리오를 갖춘 제약회사와 가장 큰 차이점이었다.

벤터는 셀레라의 본사가 있는 메릴랜드주 록빌에서 사우스 샌프란시스코로 가서, 의학을 소프트웨어 및 알고리즘과 융합하는 생명공학에 대한 자신의 비전을 공유했다. 그는 액시스의 화학자와 생물학자 55명을 향해 셀레라는 새롭게 개선된 방식으로 약을 만들기를 원한다고 말했다. 제넨텍이나 다른 대형 제약회사들이 해오던 방식은 예측할 수 없는 인간의 창의성, 운, 우연에 지나치게 의존했다. 이러한 방식은 과학적 빅데이터와 컴퓨터 기반 분석으로 구현되는 정밀도와 지식에 추월당할 게 뻔했다. 벤터가 생각하기에, 셀레라는 유전자 해독에서 얻은 통찰력을 활용해 특정 생물학적 표적에 집중하고 액시스의 화학자들은 그에 맞는 약물을 설계하는 방식으로 신약 개발이 이루어져야 했다. 셀레라는 약물이 유전자와 단백질과 상호작용하는 메커니즘을 시뮬레이션하여 그 효과를 파악할 수 있었다.[11] 그렇게 하면 실제 환자들을 대상으로 하는 임상시험에서의 성공률을 10퍼센트가 아닌 33퍼센트로 높일 수 있을 터였다.

벤터의 생각이 적중한다면, 셀레라는 아무 의미 없는 임상시험에 수십억 달러를 낭비하지 않을 수 있었다. 약물이 FDA 승인을 받으려면, 먼저 동물을 대상으로 하는 전임상시험을 통과해야 한다. 그다음 사람을 대상으로 하는 임상시험을 진행한다. 1상 임상시험은 약 20명 정도의 소수 인원을 대상으로 하고, 2상 임상시험에서는 좀 더 많은 수의 환자를 대상으로 약물의 안전성과 효능을 측정한다. 그리고 대규모로 진행되는 3상 임상시험에서는 규제 기관의 승인을 얻기 위해 다른 치료제와 대조하는 실험이 종종 진행된다. 이모든 과정을 거치는 데 한 가지 약물의 임상시험 비용만 10억 달러(약 1조 원)가 넘게 들었다. 벤터는 이보다 효율적이고 합리적으로 신약 개발을 할 수 있다고 주장한 것이다.

액시스의 화학자들은 대부분 미심쩍어했다. 신약 개발에 성공하는 길이 말도 안 되게 복잡하다는 사실을 잘 알고 있었기에 벤터의 아이디어가 얼토당토않다고 생각했다. 실제로 벤터의 돌풍 같은 방문 이후에도 별다른 변화는 일어나지 않았다. 벤터는 메릴랜드로 돌아갔고, 1년 이내에 셀레라를 떠났다. 액시스의 화학자들은 새로운 연구 개념을 탐구하거나 늘 해오던 방식대로 이런저런 화합물을 만드는 등 평소와 다름없는 일상으로 돌아갔다.

2002년경 액시스의 일부 화학자들이 티로신 키나아제tyrosine kinase 억제제에 관심을 두기 시작했다.

키나아제는 세포 발달, 신호 전달, 분열을 촉진하는 데 중요한 역할을 하는 효소다. 인체 내에는 수백 가지 서로 다른 키나아제가 존재하는데, 그중 하나인 티로신 키나아제는 세포의 성장 스위치를 통제한다.[12] 이 스위치에 이상이 생기면, 세포가 무분별하게 증식해 때로는 종양이 생기기도 한다.

티로신 키나아제 억제제는 말 그대로 티로신 키나아제가 스위치를 끄거나 켜는 것을 막는다. 고장 난 스위치를 고치는 셈이다.

셀레라에서는 몇몇 화학자들이 브루톤 티로신 키나아제Bruton's tyrosine kinase라는 효소를 차단해보자는 아이디어를 냈다. 그렇게 하면 손발 관절에 통증을 유발하는 고통스러운 질병인 류머티즘성관절염을 치료하는 데 도움이 될 것 같았다.

약어로 BTK라고 불리는 브루톤 티로신 키나아제는 신호 전달 효소다. B세포가 감염과 싸우고 증식할 수 있는 완전한 기능을 갖춘 세포로 성장하는 데 도움을 준다. 그러나 B세포가 과도하게 활성화되면 오히려 면역계에 자극이 될 수 있다. 그러면 면역계는 자기 몸을 보호하는 대신 염증세포와 항체를 생성하여 결국에는 건강한 신체 조직을 공격한다. 이것이 류머티즘성관절염 같은 자가면역질환이다. 셀레라의 신약 개발자들은 류머티즘성관절염이 수익성 높은 시장이라고 판단했고, BTK를 억제하면 과활성화된 B세포의 증식을 막을 수 있다고 여겼다.

화학자들은 BTK의 생물학적 특성을 파악하기 위해 표적(BTK)에 비가역적으로 결합하는 소분자, 즉 공유결합 탄두를 만들기로 했다. 당시 제약업계는 비가역성 때문에 공유 화합물을 극도로 피하는 분위기였다. 과학자들은 약물이 표적과 결합했다가 떨어지는 방식을 선호했다. 그러나 셀레라의 화학자들은 공유 화합물을 합성하려고 했다. BTK를 억제하면 세포 체계에 어떤 일이 벌어지는지, BTK를 표적으로 삼는 것이 올바른 방향인지를 확인하기 위해서였다. 즉 약물 후보가 아닌 도구로 의도된 것이었다. 실제로 셀레라의 연구원들은 약물 개발용으로 BTK와 결합하지 않는 억제제도 합성했다.

이처럼 고도로 기술적인 작업을 하던 중, 창의적이고 젊은 화학자 정잉 판Zhengying Pan이 화합물에 대한 한 가지 아이디어를 떠올렸다. 그는 계산화학자 폴 스프렝겔러Paul Sprengeler의 사무실로 달려갔다. 키가 크고 건장한 체격의 검은 더벅머리 사내, 판은 베이징대학교 화학과를 졸업한 후 1994년에 미국으로 건너왔다.[13] 뉴욕 컬럼비아대학교에서 유기화학 박사 학위를 땄고, 2000년에 스탠퍼드대학으로 가서 박사후과정을 밟았다. 2년 후, 판은 셀레라의 사우스 샌프란시스코 화학 연구소에서 일을 시작했다.

두 화학자는 사무실에 앉아서 판이 제안한 분자를 컴퓨터로 그려보았다. 판이 종이에 그려온 2D 구조를 3차원으로 옮긴 것이다. 사우스 샌프란시스코에 있는 셀레라의 화학자들은 이처럼 분자 구조를 그리는 일에 뛰어났다. 이 과정은 두 시간도 채 걸리지 않았다.

판은 스프렝겔러와 설계한 비가역적 화합물을 합성하기 위해 실험실에서 화학반응을 일으켰다. 며칠에 걸쳐 분자를 만들어냈다. 연구팀이 그중 하나를 쥐에 실험해본 결과, 그 화합물은 성공적으로 BTK를 겨냥해서 차단했다. 류머티즘성관절염의 특징이 완화되는 것도 확인됐다.

그러나 안타깝게도 셀레라에서 아무도 판의 연구를 특별히 중요하게 여기지 않았다. 초기 BTK 프로그램은 셀레라 경영진의 레이더에 전혀 걸리지 않았다. 오래지 않아 셀레라는 사우스 샌프란스코 시설에서 진행되던 모든 신약 개발을 중단하기로 했다. BTK 연구도 마찬가지였다. 메릴랜드에 있는 셀레라 경영진은 제약 산업에서 손을 떼고 시설을 폐쇄하기로 결정했다. 인간 유전체 지도로 약을 개발한다는 아이디어는 가능성이 없다고 판단했고, 이를 생명공학 업계에서 일어나는 수많은 실패 중 하나로 여겼다.

그런데도 셀레라가 사우스 샌프란시스코 연구소를 폐쇄하기 전, 판이 고안한 비가역적 BTK 억제제에는 CRA-032765라는 코드명이 부여됐다.

***

한편 서니베일에서는 리처드 밀러가 여전히 안타를 칠 공을 찾고 있었다. 파마사이클릭스 이사회와 신약 후보를 찾아보자는 이야기를 나누기도 했다. 하지만 어떻게 해야 할지 확신이 없었다. '좋은 약은 그냥 나무에서 자라지 않아.' 밀러는 혼자서 생각했다. 그 무렵인 2006년 3월, 셀레라의 젊은 계산화학자인 켄 브라멜드Ken Brameld로부터 전화를 받았다.

스탠퍼드 메디컬센터에 발을 담근 채 진료를 계속하면서 얻을 수 있는 한 가지 장점은 신세대 의사와 연구원 들과 인맥을 형성하고 그들의 생각을 들을 수 있다는 점이었다. 밀러는 항상 젊은 의사들과 수다를 떨고 교수들과 아이디어를 교환하면서 이들과 어울렸다. 레지던트 의사들은 정기적으로 밀러를 찾아와 환자에 대한 조언을 구했고, 그와 가깝게 지내기를 좋아했다. 밀러는 매우 밝고 친근한 사람이었다. 브라멜드 역시 이러한 인맥을 통해 밀러와 연락이 닿았다.

금요일 오후, 브라멜드는 밀러에게 조언을 구하기 위해 서니베일에 있는 파마사이클릭스 사무실로 갔다. 그는 셀레라가 신약 개발

을 포기하고 사우스 샌프란시스코의 모든 활동을 중단하기로 했다
는 사실을 알렸다. 정잉 판을 비롯한 화학자와 생물학자 들은 거의
해고되었다. 화학 연구소 대부분에 불이 꺼졌다. 일부 직원만 남아
시설을 정리했고, 나머지는 사무실 밖에서 새 일자리를 찾으며 시간
을 보냈다. 본사에서는 그들이 개발한 화합물을 매각하라는 지시를
내렸다. 재고떨이였다. 브라멜드는 자신이 연구한 바이러스 치료용
화합물을 빼와서 자기 회사를 시작하면 어떨지 고민했다. 그래서 밀
러를 찾아가 조언을 구한 것이었다.

밀러는 사무실 책상에 앉아서 사업 계획과 자금 조달에 대한 자
신의 경험과 통찰을 들려주었다. 그와 동시에 밀러의 기업가적 호
기심도 고개를 들었다. 밀러는 바이러스학에는 흥미가 없었지만, 파
마사이클릭스에 도움이 될 만한 뭔가가 셀레라에 있지 않을까 싶었
다. "셀레라에서 또 어떤 약을 개발 중이었나요?" 밀러가 물었다.

브라멜드는 셀레라에서 개발이 가장 많이 진행된 히스톤 디아세
틸라제 억제제histone deacetylase inhibitors, 줄여서 HDACs로 알려진 프로그
램과 연구 초기 단계에 있는 BTK 프로그램을 설명했다.

브라멜드가 사무실을 나서자마자 밀러는 전화기를 들었다.

다음 월요일, 밀러는 셀레라의 사무실이 있는 사우스 샌프란시
스코로 차를 몰았다. 오전 9시에 이루어진 회의에서 밀러는 늘 그랬
듯이 직설적이고 단호했다. 셀레라의 중간급 직원들이 자신들의 치
료 프로그램에 대해 프레젠테이션을 했다. 림프종 환자들을 대상으
로 1상 임상시험이 완료된 HDAC 억제제 화합물을 설명하는 데 가
장 많은 시간을 할애했다. 밀러는 바이러스 치료약에는 관심이 없다

고 말했다. 그러자 셀레라 직원들은 방향을 바꾸어 류머티즘성관절염을 표적으로 하는 여러 가역·비가역적 화합물로 구성된 BTK 억제제 프로그램을 설명하기 시작했다.

밀러가 아이디어를 제안했다. "BTK 억제제가 B세포 림프종을 치료하는 데도 효과가 있을지 모릅니다."

하지만 셀레라 그룹은 밀러의 아이디어가 성공하지 못할 것으로 생각했다. 회의는 두 시간 만에 끝났다.

밀러의 전문 분야는 B세포 림프종이었고, 아내도 림프종 전문가였다. 그가 개발에 참여했던 림프종 치료제인 리툭시맙은 악성화된 면역계의 특정 백혈구(B세포)에 개입하는 방식으로 작용했다. 리툭시맙은 B세포에 달라붙어서 그것들이 순환되지 못하게 했다. 밀러는 집으로 돌아가 곰곰이 생각했다. BTK를 억제하여 B세포의 기능과 신호를 방해하는 것으로 혈액암 환자를 도울 수 있지 않을까? 이러한 아이디어와 관련된 새로운 연구가 이미 진행 중이었다. 밀러가 매주 방문하는 동료 레비의 스탠퍼드 실험실에서 말이다.

어느 정도 생각을 마친 밀러는 셀레라에 전화를 걸어 HDAC 억제제를 인수하고 싶다고 말했다. 그 약은 이미 환자들을 대상으로 어느 정도 임상시험이 진행되었기 때문에 가치가 가장 높았다. 밀러는 또한 혈액 응고 치료제도 구매하고 싶다고 말하면서 한 가지 요청을 덧붙였다. BTK 억제제를 덤으로 끼워달라고 한 것이다. 거래는 빠르게 진행됐다. 파마사이클릭스의 자금이 넉넉하진 않았지만, 이사회는 밀러가 주식으로 거래하는 것을 승인했다.

문제는 하나 더 있었다. 보통 제약업계 거래에는 실제 자산의 인수가 이뤄지지 않는다. 회사는 라이선스 계약을 통해 해당 약물에 대한 상업적 권리를 구매한다. 그러나 BTK 억제제 프로그램은 셀레라에서 워낙 우선순위가 낮았기 때문에 판이 고안한 CRA-032765를 비롯한 화합물이 특허출원조차 되어 있지 않았다. 그것들은 그저 시험관에 담긴 하얀 가루일 뿐이었다. 따라서 파마사이클릭스가 CRA-032765와 그 밖의 BTK 억제제 화합물을 구매한 것은 다소 이례적이었다. 라이선스 계약을 할 지적 재산권이 존재하지 않아서 회사는 실물 거래를 해야 했다. 거래 전체가 너무 특이했기 때문에 밀러는 셀레라에서 누군가가 서니베일로 차를 몰고 와서 자신의 책상 위에 시험관 뭉치를 던져주지 않을까 걱정했다.

밀러의 우려와 달리, 셀레라는 정잉 판의 노트북을 포함한 모든 프로그램 파일을 넘겨주었다. 밀러는 셀레라에서 협상 중에 만난 몇몇 과학자들을 고용했다. 2006년 4월, 밀러와 셀레라는 세 가지 프로그램에 대해 현금 200만 달러(약 19억 원), 주식 450만 달러(약 43억 원)라는 파격적인 가격에 협상을 타결했다.[14] 거래 비용까지 포함하면 총금액은 660만 달러(약 63억 원)였다.

이 거래에서 셀레라가 BTK 억제제에 책정한 금전적 가치는 거의 0원이었다. 일반적으로 회사가 약물을 매각할 때는 향후 그 약물이 시장에 출시되면 발생할 순 매출액의 일정 부분을 가져가도록 거래하는데, 셀레라는 파마사이클릭스의 BTK 억제제 프로그램에서 그런 것을 확보할 생각조차 하지 않았다. BTK 억제제가 무언가가 되리라고는 전혀 기대하지 않았기 때문이었다. 셀레라 직원들이 보기에 회사는 그야말로 공짜로 CRA-032765를 넘긴 셈이었다.

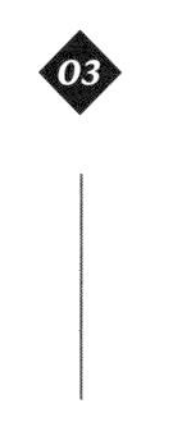

인수합병

1년 후, 밀러는 낙담하고 분노했다. 그는 자신을 괴롭히던 것들을 적기 시작했다. 화가 난 건 FDA와 혈액종양제품국_{OHOP} 때문이었다. OHOP 국장인 리처드 파즈두르_{Richard Pazdur}는 항암제 승인에 까다롭기로 유명했다.[1] 밀러는 FDA 직원들이 무엇이 진짜 중요한지를 놓치고 있다고 생각했다. 그래서 이에 대해 뭔가를 하기로 했다.

밀러는 FDA가 사실상 암 치료를 거부하고 있다고 비난하는 사설을 썼다.[2] 이론과 현실의 괴리가 FDA 승인 절차를 마비시켰고, 항암제 승인이 너무 까다로워 죽어가는 환자들을 도울 수가 없다고 지적했다. 밀러는 구체적으로 파마사이클릭스의 실험단계 뇌종양 치료제인 엑사이트린의 사례를 제시하며 이렇게 설명했다. "FDA는 가벼운 증상 약부터 새로운 암 치료제에 이르기까지, 모든 약에 뒤떨어진 통계적 기준을 엄격하게 적용하여 승인을 판단한다."

밀러는 이 사설을 〈월스트리트저널〉 오피니언 페이지에 투고했고, 그의 이름으로 기사가 크게 게재됐다.

몇 달 전, 밀러는 확률이 낮은 베팅을 했다.[3] 엑사이트린으로 FDA에 신약허가신청서New Drug Application를 낸 것이었다. 엑사이트린이 특히 폐암이 뇌로 전이된 환자들에게 어느 정도 효과가 있음을 보여주는 데이터가 규제 당국의 마음을 움직이기를 바랐다. 엑사이트린의 임상시험이 실패했던 것을 고려하면 가능성이 적다는 것은 알고 있었다. 그러나 적어도 FDA가 기회는 한 번 줄 것으로 기대했다. 그러나 FDA는 '검토 거절' 결정을 내렸다. 즉 엑사이트린의 신청서를 검토조차 하지 않겠다는 것이었다. 이로써 엑사이트린은 삼진 아웃됐다.

그래도 밀러는 포기하지 않았다. 2007년 4월, 그는 엑사이트린에 대한 신약허가신청 결과에 이의를 제기했다. 미국에서 의약품 승인을 받기 위한 절차로는 매우 이례적인 방식이었다. 어쨌든 밀러는 엑사이트린으로 세 번째 스윙을 날리고 삼진을 당했지만, 스트라이크 판정에 이의를 제기하며 타석을 떠나지 않은 셈이었다.

그리고 이번에는 파마사이클릭스와 엑사이트린의 성패를 좌우할 힘을 가진 정부 규제 기관을 상대로 〈월스트리트저널〉을 통해 문제를 더욱 확대했다.

밀러의 주장도 어느 정도 일리가 있긴 했지만, 생명공학 업계 사람들 대부분은 공개적으로 FDA의 결정을 저격하는 행동은 미친 짓이라고 여겼다. 앞으로 FDA 관계자들이 파마사이클릭스를 어떻게 대할 것인가? 누군가에게는 엑사이트린의 승인을 위해 싸우는 밀러가 풍차에 덤벼드는 돈키호테처럼 무모하고 비현실적으로 느껴졌다. 그들은 그 약이 일부 환자들의 피부를 올리브색으로 만드는 부작용을 일으켰다고 수군댔다. 피부를 초록색으로 만드는 약을 도대체 누가 먹으려 하겠는가?

그러나 밀러의 노력은 시작에 불과했다. 2007년 8월, 밀러는 〈월스트리트저널〉에 두 번째 사설을 실어서 "현재의 FDA 정책은 암과 그 밖의 치명적인 질병을 치료할 획기적인 신약 개발을 저해한다"고 주장했다.[4] 그리고 그해가 지나기 전에 다시 FDA의 '복잡하고 더디고 과도하게 제한적인 정책'을 비난하는 세 번째 사설을 실었다.[5]

***

밀러가 하와이의 호텔에서 아침 샤워를 마칠 무렵, 더건으로부터 전화 한 통이 걸려왔다. 밀러는 휴가를 즐기러 하와이에 온 것이 아니었다. 파마사이클릭스와 협력할 수 있을 것으로 생각되는 한 생명공학 회사와 미팅이 있었다.

"저는 지금 당신네 주식을 아주 많이 가지고 있습니다. 제 생각엔 저도 이사회에 들어가야 할 것 같은데요." 더건이 말했다.

"이런, 같이 만나서 이야기를 해보죠. 잠시 생각할 시간을 주세요." 밀러가 대답했다.

전화를 끊자마자 밀러는 변호사와 파마사이클릭스 이사회 몇 명에게 전화를 걸었다. 더건은 회사 주식의 15퍼센트인 390만 주를 보유하고 있었다.[6] 밀러는 더건이 이사회에 들어오는 것이 타당하다는 피드백을 받았다. 더건은 파마사이클릭스의 최대 주주였고 회사 주식은 상황이 별로 좋지 않았다. 최대 주주를 상대로 싸움을 시작할 수는 없는 노릇이었다. 더건은 2007년 9월부터 이사회에 합류했다.[7]

더건이 파마사이클릭스 이사회에 들어온 지 3개월이 지났을 때, 밀러는 FDA로부터 엑사이트린에 대한 이의 제기를 '거절'한다는 답변을 받았다.[8] 밀러 입장에는 모든 게임이 끝난 셈이었다. 이 약을 위해 가능한 모든 것을 다했고 이 여정에 거의 20년의 세월을 쏟았다. 할 수 있는 데까지 했다. 인정하기 힘들지만, 이제는 다음으로 나아가야 할 때였다. 밀러는 이제는 결과를 받아들일 수 있었다.

2008년 2월, 파마사이클릭스는 기업 재편을 발표했다.[9] 엑사이트린의 새로운 임상시험을 마무리하고 약을 매각하기로, 즉 라이선스를 넘기기로 했다. 밀러는 보도자료를 통해 이제부터 파마사이클릭스는 HDAC 억제제와 그 밖에 셀레라로부터 받은 다른 신약 후보들에 집중할 것이라고 발표했다.

밀러는 다음 페이지로 넘어갈 길을 찾던 중 중대한 결정을 내렸다. 그 결정이 얼마나 중요한지는 당시 밀러와 더건은 물론 그 누구도 제대로 알지 못했다(그 결정으로 파마사이클릭스는 텍사피린이나 뇌종양 치료제를 개발할 때보다 더 중요한 자리로 올라서게 된다). 밀러는 셀레라의 과학자들에게 이야기를 들은 뒤 마음 깊숙한 곳에 간직해왔던 아이디어를 시험해보기로 했다. 그는 비가역적 BTK 억제제 CRA-032765를 류머티즘성관절염이 아닌, 림프종 환자에게 실험해보고 싶었다.

논리는 간단했다. B세포는 바이러스나 박테리아와 싸울 때, 면역

방어를 위해 클론을 동원하고 증식하라는 신호를 받는다. 그러나 때로는 이러한 신호가 해킹되어, 아무런 위협이 없는데도 B세포가 비정상적으로 활성화되어 림프종이나 백혈병과 같은 혈액암을 일으킨다. 물론 밀러는 이 사실을 잘 알고 있었다. 몇 가지 증거에 따르면, 이러한 돌연변이 악성 B세포는 B세포 표면에 있는 단백질, 즉 B세포 수용체에 작용하는 신호에 반응했다. 그리고 그 B세포 수용체의 신호 전달 경로에서 중요한 역할을 하는 것이 바로 브루톤 티로신 키나아제였다. 그러니 BTK와 결합해서 신호 전달 경로를 차단할 수 있는 약물을 사용하면 악성 림프종 세포의 생존과 증식을 막을 수 있지 않을까? 정말로 그냥 직감일 뿐이었지만, 밀러는 이를 연구해보고 싶었다.

파마사이클릭스는 두 가지 계열의 BTK 억제제를 인수했다. 하나는 CRA-032765와 같이 비가역적으로 BTK와 공유 결합하는 화합물이고, 다른 하나는 가역적 화합물이었다. 셀레라에서 파마사이클릭스로 옮긴 화학자 중 한 명인 에릭 베르너Erik Verner가 실험실에서 스크리닝(특정 질환에 대한 검사 및 진단) 분석, 세포 분석, 동물 실험 등을 하면서 두 가지 화합물을 모두 연구했다.

성과가 그리 많지는 않았다. 실험에 사용할 적절한 세포나 동물 모델을 찾기가 쉽지 않았다. 그러나 한 가지 확실한 사실은 비가역적 화합물이 B세포 수용체의 신호 전달 경로를 차단하는 데 더 효과적이라는 것이었다. 베르너는 이 결과를 밀러에게 보고했다. 밀러 역시 비가역적 억제제를 개발하는 데 더 집중해야 한다는 의견에 동의했다. 그중에서도 CRA-032765가 가장 유망했다. 이 화합물에는

PCI-32765라는 새로운 코드명이 부여됐다. 이제 파마사이클릭스 소유였기 때문이다.

몇 가지 화합물이 신호 전달 경로를 차단한다는 사실을 발견한 베르너의 연구가 파마사이클릭스 주가에는 별 도움이 되지 않았다. 주가는 이제 거의 2달러까지 떨어졌다. 하지만 밀러는 림프종 환자들에게 PCI-32765를 테스트하는 소규모 임상시험에 100만 달러(약 9.5억 원)를 투자할 가치가 있다고 판단했다.

***

30세 대니얼 폴리아Daniel Pollyea는 스탠퍼드 메디컬센터에서 기회를 잡으려고 애쓰고 있었다. 주요 관심사는 혈액암이었고, 시카고대학 프리츠커의과대학원을 졸업한 후, 스탠퍼드 메디컬센터에서 펠로우 연구원으로 일하고 있었다. 오하이오주 콜럼버스에서 의사의 아들로 태어난 폴리아는 자존심 센 교수들의 경쟁과 정치 속에서 자신의 길을 찾으려 고군분투했다. 호닝 밑에서 펠로우로 있으면서 호닝의 남편인 밀러와도 종종 마주쳤다. 폴리아는 밀러가 든든한 지원군 같았다. 밀러와 함께하는 시간은 언제나 즐거웠고, 두 사람은 잘 맞았다.

어느 날 폴리아가 넥타이를 매고 흰 가운을 입은 채 환자들과 있는데, 밀러가 찾아와서 잠시 이야기를 나누고 싶다고 했다. 밀러는 스탠퍼드에 개인 사무실이 없었기 때문에 호닝의 사무실로 폴리아를 데려갔다. 두 사람은 호닝의 책상 앞에 놓인 의자에 앉았다.

"나한테 이런 약물이 있네. BTK 억제제야. 내 아내는 의견이 달라서 이 연구를 할 수 없다고 하네. 산드라는 논리적인 사람이지. 그래서 자네가 이 연구를 해줬으면 해."

폴리아는 환자들에게 실제 임상시험을 진행할 기회였기에 망설임 없이 뛰어들었다. 이것이야말로 그가 꿈꾸던 일이었다. 펠로우 연구원에게는 흔치 않은 기회였다.

폴리아는 노트를 펼쳐서 밀러의 지시 사항을 받아쓰기 시작했다.

BTK 억제제

BCR [B세포 수용체] 신호 전달 초기 단계

억제에 좀 더 집중...

비가역적... 안전성 문제?

사람에게 적용 가능!

란자나와 함께 작업?

이것이 처음으로 사람에게 PCI-32765를 테스트하기 위해 밀러가 설계한 임상 1상의 첫 번째 스케치였다. 폴리아와 그의 동료 란자나 아드바니 *Ranjana Advani* 가 임상시험을 진행했다. 이 첫 번째 임상시험을 가능케 한 것은 밀러였다. 밀러는 일명 프로토콜이라고 불리는 연구 계획을 작성했다. 임상시험은 여러 유형의 재발성(환자가 치료를 받고 호전됐다가 재발한 경우) 또는 불응성(치료의 효과가 나타나지 않는 경우) 림프종 환자들을 대상으로 했다. 밀러는 과거에 임상시험 프로토콜을 작성한 경험이 많았다. 이번에도 그가 직접 프로토콜을 작성했는

데, 프로토콜을 쓸 만한 사람이 거의 남지 않았기 때문이었다. 파마사이클릭스는 직원을 40퍼센트나 감축한 상태였다.

첫 번째 임상시험은 환자에게 안전한 약물 기준을 설정하기 위한 전형적인 용량 증량 연구였다. 연구 계획에 따르면 환자들은 4주간 매일 캡슐을 한 알씩 복용한 후, 일주일간 휴약기를 가져야 했다. 밀러는 아내와 며칠간 휴가를 떠난 동안에도 프로토콜을 작성했고, 때때로 호닝에게 조언을 구했다. "헤모글로빈 수치는 몇을 기준으로 할까?" "혈소판 수치는?"

당시에는 알지 못했지만, 밀러가 프로토콜을 쓰면서 내린 많은 결정 중에 특히 중요한 것이 하나 있었다. 임상시험에 만성 림프구성백혈병Chronic Lymphocytic Leukemia, CLL 환자를 포함하기로 한 것이다. CLL은 성인에게 가장 흔하게 나타나는 형태의 백혈병이었다.

림프종 프로토콜에 CLL 환자를 포함하는 것은 다소 이례적이었다. 그러나 그럴 만한 이유가 있었다. 암세포가 주로 림프절이나 그 밖의 조직에 생기는 다른 림프종과 달리, CLL은 주로 혈류에 암세포가 있었다. 밀러는 약물이 어떻게 암세포와 결합하는지를 관찰하고 측정하고 싶었다. 림프종 환자에게서 이를 확인하려면 복잡하고 번거로운 조직 검사를 해야 했지만, CLL 환자의 경우 혈액 채취만 하면 됐다. 더 나아가 파마사이클릭스는 여러 림프종과 CLL 환자를 대상으로 PCI-32765를 테스트하겠다는 임상시험계획 승인신청서를 FDA에 제출했다.[10]

　　＊＊＊

　더건은 파마사이클릭스의 행보가 마음에 들지 않았다. 우선 그는 엑사이트린을 포기할 마음이 없었다. 애초에 이 회사에 투자한 이유가 그 뇌종양 치료제였으니 말이다. 게다가 파마사이클릭스 투자에서 손실을 보고 있다는 점도 불쾌했다. 회사 주가는 이제 1달러 아래로 떨어졌고, 나스닥 증권거래소는 상장폐지를 위협하고 있었다.[11] 더건은 밀러에게 엑사이트린의 임상 3상을 다시 시작하자고 압박을 가했다. 누군가는 이 배를 바로잡아야 했다.

　더건은 오랜 동료인 라이너 에르트만Rainer Erdtmann에게 아이디어를 구했다. 에르트만은 키가 크고 체격도 좋아 람세스라는 별명을 갖고 있었다. 1990년대 중반 독일에서 미국으로 건너온 지 얼마 되지 않았을 때 더건을 만났다. 에르트만과 그의 어머니는 사이언톨로지 교도였고, 어머니의 사이언톨로지 친구 중 한 명이 더건의 아내 패트리샤를 알고 있어서 서로 연이 닿았다. 에르트만은 이전에 독일 프랑크푸르트에서 투자은행가와 포트폴리오 매니저(개인 또는 기관투자가의 투자 결정과 활동을 관리하는 사람-역주)로 일한 경력이 있었다.

　에르트만은 산타바바라에 있을 때 한동안 더건 밑에서 포트폴리오 매니저로 일했고, 이후로도 둘은 긴밀하게 연락을 주고받았다. 2007년, 더건은 이제 40대 초반에 들어선 에르트만에게 파마사이클릭스에 대해 조사해달라고 부탁했다. 에르트만은 생명공학 관련 경험이 거의 없었지만, 더건의 부탁을 받고 엑사이트린 임상시험을 자세히 파고들기 시작했다. 그는 병원에서 일하는 생물통계학자 친구에게 도움을 요청했다. 생물통계학자는 모든 데이터를 빠르게 분석한 끝에, 특정 하위 그룹(전이된 폐암 환자)에 초점을 맞춰서 임상 3상을 진행하면 성공할 수 있을 것 같다고 추측했다.

더건은 통계자료를 밀러에게 들이밀었다. 하지만 밀러는 받아들이지 않았다. 밀러는 데이터를 쪼개고 나누면 얼마든지 원하는 방향으로 결과를 얻을 수 있음을 경험으로 알고 있었다. 밀러는 더건과 대화하면서 더건의 생각이 여기저기로 튀어 따라가기 어렵다고 느꼈다. 더건이 매우 똑똑한 사람이라고 여기긴 했지만, 대화하기는 힘들었다. "더건에게 본페로니 교정Bonferroni corrections(하나의 데이터로 동시에 여러 검정을 할 때 생길 수 있는 오류를 보정하는 방법 중 하나-역주)과 생물통계학을 설명해보세요. 그건 불가능한 일이에요." 밀러는 이렇게 말하기도 했다. 때로는 더건과의 대화가 답답하게 느껴졌다. 한번은 더건이 밀러에게 BTK가 체내에 있는 것이냐고 물었다. "그건 B세포에 있어요." 밀러가 대답했다. 어쨌든 밀러는 엑사이트린 임상시험의 재진행을 반대했다.

2008년 5월, 더건은 새로운 엑사이트린 임상시험을 시작하도록 파마사이클릭스에 압박을 가하기 위해 주당 1.05달러(약 1080원)에 파마사이클릭스 주식 최대 400만 주를 공개매수(특정 기업의 주식을 장외에서 공개적으로 공고하여 불특정 다수로부터 대량 매수하는 것-역주)하기로 했다.[12] 더건이 주주들에게 내세운 공개매수의 목적은 "파마사이클릭스가 (이전에는 엑사이트린으로 알려진) MGD 약물의 승인을 위해 임상시험을 재진행하도록 독려하고 가능한 모든 수단을 쓰기 위함"이었다. 더건은 공개매수를 통해 200만 달러(약 20억 원)를 들여 190만 주를 추

가로 사들였다. 이로써 더건의 보유 주식은 590만 주가 되었다.[13]

이제 더건은 파마사이클릭스 주식의 거의 4분의 1을 소유했고, 회사의 운영 방식에도 더 큰 목소리를 낼 수 있게 되었다. 더건은 엑사이트린의 새로운 임상시험을 원했고, 결국 이를 진행했다. 밀러는 임상 경험이 있는 의사를 고용해서 프로토콜을 작성하고 뇌종양 치료제의 신규 3상 임상시험을 관리하도록 했다. "혹시 또 모르지." 그는 이렇게 합리화했다. 그가 뛰어든 사업은 흑백논리가 통하는 분야가 아니었다. "어쩌면 그 사람 말이 맞을지도 모르지. 이번 임상시험은 성공할지도 몰라."

더건은 밀러에게 점점 더 많은 것을 요구했다. 그중 하나는 사업 개발을 도울 마캄 잔가네_{Mahkam Zanganeh}를 채용하라는 것이었다. 밀러는 잔가네의 이력서를 검토했으나 별로 믿음이 가지 않았다. 잔가네는 제약이나 종양학 분야 경험이 전혀 없는 치과의사였다. 그러나 더건은 잔가네를 의지하고 있었고, 밀러는 더건의 뜻을 거스를 수 없었다.

이란 출신인 잔가네의 가족은 이란혁명(1979년) 이후 이란을 떠났고, 잔가네는 독일에서 고등학교를 졸업한 후 프랑스로 갔다.[14] 그리고 1997년 스트라스부르에 있는 루이파스퇴르대학교에서 치대 학위를 받았다. 잔가네는 친구 소개로 더건을 만나 프랑스의 컴퓨터모션에서 일을 시작했다. 그곳에서 일하는 동안 실러국제대학교에서 경영학 석사 학위도 땄다. 페르시아계 유럽 억양이 섞인 영어를 썼고, 프로젝트를 할 때는 아주 작은 세부사항까지 집중하는 편이었으며, 종종 좋은 결과를 끌어냈다.

잔가네는 더건에게 없어서는 안 될 존재가 되었다. 잔가네는 컴퓨터모션이 매각된 이후에는 산타바바라의 로버트더건&어소시에이츠에서 일했다. 더건은 잔가네 없이는 거의 아무런 결정도 내리지 못했다. 파마사이클릭스를 처음 알게 된 후 거기에 투자하자고 제안한 것도 잔가네였다. 일찍 아들을 잃은 더건의 마음을 헤아렸던 것이다. 금발에 갈색 눈, 매우 건강하고 날씬한 몸을 가진 서른여덟 살 잔가네는 파마사이클릭스에 있으면서 더건의 눈과 귀가 되어줄 것이었다. 밀러는 더건의 요구에 따라 잔가네를 사업 개발 담당 부사장으로 채용했다.

밀러가 잔가네를 고용한 지 얼마 지나지 않았을 때였다. 더건이 서니베일에 있는 밀러의 사무실로 찾아와 책상 위에 서류철 뭉치를 내려놓았다. 각각의 서류철에는 더건이 보기에 파마사이클릭스 이사회에 임명되어야 할 인물들의 이력서가 들어 있었다.

"이사회 구성원을 교체해야 할 것 같습니다." 더건이 말했다.

"무슨 말씀이에요. 누굴 누구로 교체하고 싶다는 거죠? 지금 이사회도 다들 훌륭하고 좋은 사람들입니다." 밀러가 말했다.

"여기 서류철에 있는 사람들을 한번 살펴봐주세요." 더건이 말했다.

더건은 파마사이클릭스에 새로운 이사회가 필요하다고 생각했다. 밀러가 좀 더 주주들에게 책임을 다할 수 있도록 압박할 수 있는 이사회 말이다. 밀러는 서류들을 살펴보기 시작했다. 더건이 내민 이사회 후보들은 하나같이 별로였다. 그중 한 명인 미네쉬 메타_{Minesh Mehta}는 방사선 종양학자이자 엑사이트린 임상시험을 하는 데 도움을 줬던 의학 연구원이었다. 하지만 나머지는 들어본 적도 없었고, 다들 별 볼일 없는 듯했다.

"더건, 당신 의견에 동의하지는 않아요. 이 사람들은 지금의 이사들과는 비교도 안 돼요. 그래도 한번 만나보긴 할게요."

"좋은 생각이에요. 당신은 이 사람들을 만나봐야 해요." 더건이 말했다.

밀러는 이후 몇 주간 더건이 추천한 이사회 후보들을 만났고, 그들이 파마사이클릭스 이사회에 전혀 맞지 않다고 판단했다. 그들은 지금의 이사들처럼 밀러에게 도움이 되는 조언을 해줄 능력도 없었다. 그저 더건의 꼭두각시처럼 움직일 사람들이었다. 밀러의 보고에도 더건은 자신의 뜻대로 이사회를 교체하겠다고 말했다. 필요하다면 위임장 대결(소수 주주의 위임장을 더 많이 받기 위해 벌이는 경쟁으로 기업 지배권을 인수하거나 자기 의견을 관철하기 위한 목적으로 활용됨-역주)을 해서라도 다수의 주주가 자신을 지지하도록 만들겠다고 했다. 이제 더건의 강경한 움직임은 다른 무엇보다도 경영권을 장악하기 위한 행동으로 보였다.

밀러는 변호사와 파마사이클릭스 이사들에게 전화를 걸었다. "여러분, 우리가 무엇을 할 수 있을까요?" 밀러가 물었다. 하지만 뾰족한 수가 없었다. 더건은 계속해서 파마사이클릭스 주식을 사들여 전체 지분의 29퍼센트나 보유하고 있었다.[15] 회사는 창립 이래 3억 2200만 달러(약 3220억 원)의 영업 손실이 누적됐고, 주가는 약 1달러 수준이었다.[16] 월스트리트에서는 밀러가 원인이라고 보고 있었다. 밀러가 위임장 대결에서 이길 가능성은 희박했다.

밀러는 파마사이클릭스 본사에서 샌프란시스코 쪽으로 약 22.5 킬로미터 떨어진 멘로 공원에 있는 레이섬&왓킨스 로펌 사무실로 이사회를 소집했다. 더건도 이사였지만 초대되지 않았다. 이사들은 더건과 위임장 대결을 펼치는 데 소극적이었다. 그랬다가 주주 소송이나 개인 책임으로 이어질 수도 있기 때문이었다. 그 대신 파마사이클릭스 이사 6명 중 3명이 사임을 결정했다. 이사로 재직 중이던 밀러도 고심 끝에 파마사이클릭스를 떠나기로 했다. 회사를 잃게 된 데 화가 난 밀러는 더건과 아무런 이야기도 나누고 싶지 않았다. 같이 사임하는 이사 중 한 명인 마일스 길번Miles Gilburne이 이 소식을 더건에게 전했다. 당시 더건은 사이언톨로지 교회의 영적 본부에 방문하기 위해 플로리다주 클리어워터에 있었다. 더건은 길번에게 밀러가 계속 남아주기를 바란다고 말했다. 단지 밀러에게 덜 우호적이고 밀러를 압박할 수 있는 이사회가 필요하다고 생각했을 뿐이었다.

다음날 아침인 2008년 9월 10일, 밀러는 더건에게 편지를 썼다. CEO직을 내려놓고 이사회에서 즉시 물러나겠다는 내용이었다. 회사의 최고재무책임자CFO도 같이 퇴사했다. 얼마 후 밀러는 파마사이클릭스 지분의 6.8퍼센트에 달하는 자신의 주식을 전부 매각하기 시작했다. 이 과정은 총 2~3년 정도가 걸렸다.

겉으로 보기에는, 휘청이는 생명공학 회사의 창립 CEO가 밀려나면서 아무것도 모르는 오만한 관리인에게 골칫덩어리를 남기고 간 것 같았다. 도대체 밀러와 더건은 무엇 때문에 싸웠던 걸까? 파마사이클릭스는 그야말로 침몰 직전의 배였다. 가진 것이라고는 실패한 뇌종양 치료제와 셀레라가 버리고 간 약물 세 가지뿐이었고, 그

중 하나인 BTK 억제제는 애초에 도구용으로 합성한 화합물이었다. 아무도 파마사이클릭스를 신경 쓰지 않았다. 그리고 이제는 밀러도 그랬다. 밀러는 연이은 임상시험의 실패와 더건과의 신경전으로 지칠 대로 지쳤다. 그의 호기심을 자극했던 BTK 억제제가 림프종에 적용될지도 확신할 수 없었다. BTK 억제제를 여기까지 끌고 온 데는 밀러의 역할이 컸다. 그가 이전에 개발에 참여했던 여러 약물도 그랬다. 그러나 밀러는 '그가 없어도 굴러가는 회사'를 세운 수많은 창립자 중 하나일 뿐이었다. 생명공학 업계에는 이런 이야기가 넘쳐 났다.

그런 것은 중요하지 않았다. 17년 전 밀러가 공동 창립한 회사인 파마사이클릭스는 이제 더건의 소유가 됐다.

새로운 시작

Starting Fresh

서니베일에 있는 파마사이클릭스의 사무실에 도착한 프란시스코 살바Francisco Salva는 작은 방으로 안내된 후 서류 뭉치를 건네받았다. 그 중에는 긴 객관식 테스트도 있었다. 살바는 답을 채우기 시작했다. 살바의 기질과 도덕성을 묻는 질문지였다. 수학이나 논리 문제는 없었다. 모든 것이 이상했다. 살바는 사이언톨로지 교회에서 하는 세 시간짜리 성격검사와 비슷하다고 느꼈다.

더건은 파마사이클릭스의 채용 절차에 사이언톨로지의 영향을 받은 성격검사가 포함되어 있다는 사실을 부인했으며, 훗날 자신 은 절대 그런 것을 승인한 적이 없다고 말했다. 어쨌든 살바는 그 경 험을 대수롭지 않게 여겼다. 그는 월스트리트 회사에서 투자은행가 이자 투자자로 커리어를 시작해 줄곧 지루하고 반복적인 일만 해왔다. 그러다가 이제 처음으로 자신이 직접 게임에 뛰어들어 생명공학 회사를 위해 일할 기회를 얻은 것이었다. 살바는 새로운 일을 간절히 바랐다.

살바는 파마사이클릭스의 임시 CEO이자 회장인 더건과 이미 면접을 봤다. 더건은 살바가 컨설턴트로 시작해서 기업 재무를 관리해주기를 원했다. 살바는 더건이 비록 바이오제약과 관련된 경험은 없지만 카리스마 있고 열정적인 사람이라고 생각했다. 면접 때 더건은 살바에게 엑사이트린의 새로운 임상 3상에 자금을 조달하는 데 도움이 필요하다고 말했다. 살바는 파마사이클릭스의 다른 직원들로부터 이 문제와 성격검사에 대해 미리 언질을 받았었다. "더건은 희망도 없는 약 때문에 자금을 모아오라고 시킬 거예요. 그런데도 정말로 이 일을 하고 싶어요?" 사람들은 이렇게 물었었다.

그러나 살바에게는 생명공학 산업에 뛰어들 절호의 기회였다. 살바는 제안을 받아들였고 잔가네 밑에서 일하게 됐다.

더건은 파마사이클릭스 이사회 교체를 너무 자신 있게 밀어붙이다가 일을 그르쳤다. 그가 원한 것은 파마사이클릭스를 통제하고 밀러를 압박하는 것이었지, 밀러를 제거하려던 게 아니었다. 그러나 밀러는 떠났고, 더건은 위태로울 정도로 현금이 부족한 파마사이클릭스의 경영권을 쥐게 됐다. 밀러가 떠나고 며칠 후, 뉴욕의 거대 투자은행인 리먼브라더스가 무너졌고, 금융 위기가 찾아왔다. 파마사이클릭스는 이제 선택의 여지가 없었다. 자금 조달이 불가능해졌고, 투자자들은 몸을 사렸다. 많은 소규모 생명공학 회사가 구조조정을 해야 할 처지에 놓였고, 일부는 파산 신청을 했다. 파마사이클릭스도 같은 결말을 향해 나아가고 있는 듯했다.

더건은 직접 나서기로 했다. 그는 파마사이클릭스가 그해를 버틸 수 있도록 500만 달러(약 59억 원)를 빌려주었다.[1] 2009년 3월에 다시 140만 달러(약 20억 원)를 추가로 빌려주었다. 그 사이 파마사이클릭스의 주가는 57센트까지 떨어졌다. 더건의 대출과 주식 지원이 없었다면 회사는 살아남지 못했을 터였다.

금융시장과 세계 경제가 벼랑 끝에 몰린 상황에서도 더건은 회사에서 목적을 찾았다.[2] 사람들, 특히 뇌종양 환자들의 삶을 바꿔줄 약을 찾고 싶었다. "우리는 우리가 아는 것에 대해 모든 책임을 지고 있으며, 우리가 하는 일이 그럴 만한 가치가 있는 일임을 알고 있습니다." 당시의 결정에 대해 그는 이렇게 말했다.

에르트만은 현금 마련을 위해 BTK 억제제를 매각하자고 제안했다. 더건은 그 아이디어가 탐탁지 않았다. "그것의 가치를 어찌 알겠나?" 그러나 그 시기에 파마사이클릭스는 PCI-32765의 지분을 포레스트랩스Forest Laboratories 등의 회사에 넘기는 것을 논의하고 있었다. 바이오제약 산업에 있는 누구라도 거의 공짜에 가까운 비용으로 이 약의 실질적인 소유권을 가져갈 수 있었다. 그러나 가격이 싼 데는 이유가 있었다. 비가역적 BTK 억제제를 체내에 투여하는 데 흥미를 갖는 사람은 아무도 없었다.

더건은 PCI-32765의 가치는 잘 몰랐지만, 파마사이클릭스의 유일한 자산인 실험단계 치료제들을 개발해야 한다는 사실은 알았다. 그 외의 다른 선택지는 그만두는 것뿐이었다. 금융 위기 속에서 회사는 PCI-32765의 임상 1상을 시작했다. 폴리아는 스탠퍼드 메디컬센터에서 첫 번째 환자들에게 약을 투여할 준비를 했다. 또한 더건은 자연적으로 림프종이 발생한 개들을 대상으로 PCI-32765 연구를 진행할 것을 재가했다.

파마사이클릭스의 직원 상당수는 새로운 비즈니스를 즉석에서 배우는 더건에게 매우 회의적이었다. 초기에 그는 맥도날드 초코칩 쿠키를 들고 회의실에 나타났다. "제가 이 레시피를 만들었어요. 몇 달 만에 완성했죠." 더건은 쿠키를 나눠주며 자랑스레 외쳤다. 자신의 쿠키 사업을 이야기하면서 설탕, 초콜릿, 밀가루, 달걀을 섞었던 것이 자신의 첫 화학적 경험이었다고 농담을 던지기도 했다. 몇몇 과학자들은 쿠키를 만들던 사람이 어떻게 신약 개발에 도움을 줄 것인지 의아했다.

일부 회사 직원들도 더건을 불편해했다. 더건이 사이언톨로지 교리를 회사에 전파하거나 그것을 회사의 경영 철학에 적용하려는 것처럼 보였기 때문이다. 더건은 '풍요로운 교환'에 관해 직원들에게 설명했다. 사람 또는 기업이 자기가 받은 것보다 더 많은 것을 고객 또는 파트너에게 돌려주면, 그것이 곧 소개, 신뢰, 충성도와 같은 결과로 이어진다고 했다. 더건은 대화 중에 계속해서 단어를 정의하곤 했는데, 이러한 습관 역시 허버드의 가르침으로 보였다. 파마사이클릭스의 재무부장으로 합류한 에르트만은 살바에게 사이언톨로지 모임에 참석해보라고 다정하게 권하기도 했다. 결국 살바는 사이언톨로지 샌프란시스코 지부에 가서 몇 가지 수업을 들었다. 그러나 더는 나가지 않았고, 에르트만도 더 권하지는 않았다.

그러나 더건이 잘 아는 한 가지가 있었으니 바로 특허였다. 그가 컴퓨터모션을 성공적으로 매각할 수 있었던 것은 특허 전략과 소송 덕분이었다. 특허를 내지 않을 거라면 그 약물이 효과가 있는지를 알아볼 필요도 없었다. 파마사이클릭스의 전임상시험 팀은 미국 특허청에 출원서를 낼 준비를 했다. 거기에는 PCI-32765의 최초 특허는 물론, 베르너가 작성한 BTK 억제제에 대한 보다 포괄적인 특허가 포함됐다. 이 억제제는 헤테로 고리(2개 이상의 원소가 고리를 이루는 구조의 화합물−역주)를 변형하고 질소를 이동시켜서 분자의 핵심 구조를 바꾸었다.

더건은 생명과학 회사를 운영하는 데 금세 익숙해졌고, 임시직이 아닌 정식 CEO가 되기로 했다. 그는 도전을 좋아했다. 무엇보다 어느 한 가지 약물의 성공이 아닌, 회사 전체의 성공을 바랐다. 그가 못 할 이유가 뭐가 있겠는가? 더건은 파마사이클릭스의 기업 강령을 발표했다. 첫 번째 문장은 '성공할 수 있는 바이오제약 회사를 만들기 위해'로 시작됐다. 이를 위한 더건의 계획은 거창하고 모호했다. '유망한 제품 후보'를 발굴하고 개발하여 '더 나은 세상을 위한 변화를 만들겠다'는 것이 그의 포부였다.

더건은 전문가 위원회를 구성해 엑사이트린에 대한 조언을 구했다. 종합적인 검토 결과, 위원회 중 그 누구도 엑사이트린의 새로운 임상시험을 지지하지 않았다. 의견은 만장일치였다. 주가가 폭락하고 엑사이트린의 후기 임상시험을 진행할 돈도 없는 상황이었기에 더건도 이러한 의견을 마냥 무시할 수만은 없었다. 더건은 목표가 생기면 집요하게 파고들었지만, 일단 결정을 내리면 빠르게 방향을 전환할 줄도 알았다.

더건은 "우리가 여기에 발을 들여놓은 이유가 더는 유효하지 않다. 하지만 어쨌든 우리는 계속 나아가야 한다"고 말했다. 2009년 2월, 더건은 뇌종양 치료제의 새로운 임상 개발을 중단했다.[3] 자동으로 파마사이클릭스가 셀레라로부터 인수한 세 가지 약물이 더 나은 선택지가 됐다.

이를 진전시키려면 최고의료책임자와 임상 개발을 진행할 사람이 필요했다.

***

아메드 함디는 엘란파마슈티컬스Elan Pharmaceuticals(이하 엘란)의 사우스 샌프란시스코 사무실에서 일하고 있었다. 그러던 어느 날, 파마사이클릭스의 채용 담당자로부터 스카우트 제의를 받았다. 함디는 엘란의 중간급 책임자로서 위장병과 자가면역질환 치료제의 임상 개발을 관리했다. 함디는 엘란에 입사하기 전에 밀러에게 이력서를 보낸 적이 있었는데, 이번에는 파마사이클릭스가 가장 높은 직책인 최고의료책임자 자리를 두고 이야기를 나누고 싶어 했다. 함디는 더건과 만났다. 더건은 이 자리가 함디의 첫 번째 임원직이라는 점이 마음에 든다고 말했다. 그래야 더욱 열정적으로 일할 것이기 때문이었다.

함디는 파마사이클릭스에 입사했다. 물론 회사 재정 상태는 위태로웠다. 그러나 위기는 곧 엄청난 기회를 의미했고, 회사가 잘못되더라도 다른 더 큰 것들을 얻을 수 있으리라 여겼다. 출퇴근 시간이 짧아지는 것도 맘에 들었다. 함디는 태평양 연안의 화창하고 여유로운 산타크루즈에 사는 건 좋았지만, 실리콘밸리의 끔찍한 교통체증 때문에 엘란의 사무실이 있는 사우스 샌프란시스코까지 약 105킬로미터를 매일 몇 시간씩 운전해야 했다. 그러나 서니베일에 있는 파마사이클릭스에서 일하면 출퇴근 시간이 반으로 줄었다. 심지어 가는 길에 렉싱턴 저수지에 있는 조정 클럽에 들를 수도 있었다.

게다가 함디에게 파마사이클릭스는 일종의 복권이었다. 연봉 31만 5000달러(약 4억 6000만 원)에 사이닝보너스signing bonus(회사에 처음 입사할 때 주는 일회성 보너스—역주)가 2만 5000달러(약 3600만 원)였다.**4** 이전 직장보다 급여가 크게 오른 것이다. 또 파마사이클릭스 주식이 겨우 주당 73센트에 거래될 때 스톡옵션(회사 주식을 시세보다 훨씬 낮은 가격으로 매수할 수 있는 권한을 주는 제도—역주) 30만 주를 받았고, 앞으로 더 많은 스톡옵션도 보장받았다. 옵션 가격이 워낙 낮았기 때문에 주가가 불과 몇 년 전 수준인 10달러로 오르기만 해도 함디는 백만장자가 될 수 있었다. 만약 밀러가 있던 시절처럼 80달러까지 오른다면 그야말로 엄청난 부를 거머쥐게 될 터였다.

45세의 함디는 짙은 갈색 머리에 키가 크고 다부졌다. 게다가 의사였다. 최고책임자란 생명공학 회사에서 환자의 이익을 보호하는 책임을 지는 자리이므로, 함디는 기본적인 자격을 갖춘 셈이었다. 그는 개발 중인 화합물의 안전성을 감시하고 환자들에게 실험단계 치료제를 투여하는 연구원(의사과학자)들과 협력하는 역할을 맡았다. 환자에게 약물이 정확하게 투여되고 있는지를 확인하는 것 등이 그의 일반적인 업무였고, 모든 종류의 심각한 안전 문제를 놓치지 않고 파악하는 것도 그의 일이었다. 그의 역할에는 상당한 비즈니스 경험도 필요했다. 파마사이클릭스처럼 작은 회사에서는 그 역할이 더 커질 터였다. 함디는 임상 개발 담당 부사장으로서 시험 계획을 세우고 결과를 해석하고 최종 연구 보고를 작성하는 일도 해야 했는데, 어떻게 보면 신약 개발 과정의 거의 모든 부분이 어떤 식으로든 그의 손을 거치는 셈이었다. 그야말로 최고경영자급 역할이었다. 함디는 이를 절호의 기회로 여겼다. 바로 이 자리를 얻기 위해 지금까지 달려온 것만 같았다.

함디는 이집트 카이로에서 육군 장군의 외아들로 태어나 나일강에 있는 작은 섬에서 자랐다. 그는 어린 시절, 아파트 창문으로 나일강에서 노를 젓는 사람들을 구경했다. 그러다가 조정을 배웠고, 이집트 국가대표팀이 됐다. 1980년 러시아 모스크바 올림픽에 참가할 예정이었으나, 미국이 주도한 올림픽 보이콧에 이집트도 동참하면서 함디의 올림픽 꿈은 좌절됐다. 실망감은 이루 말할 수 없었다.

한편으로 함디는 오랫동안 의학에 대한 열정을 품고 있었다. 그는 거기에 뛰어들기로 했다. 카이로대학교에서 학부와 대학원을 마친 뒤, 1989년 비뇨의학과 전문의가 되었다. 그러나 이집트의 공적 생활에서 종교의 역할이 점점 커졌고, 함디는 불안해졌다. 카이로 의료계의 부정부패를 지켜보는 것도 괴로웠다. 함디는 과학에 몸담고 싶었고, 다른 무엇보다 인맥이 가장 중요하게 작용하는 이집트는 자기와 맞지 않는다고 생각하게 됐다. 함디는 미국으로 가고 싶었다.

그는 애틀랜타에 있는 미국 질병통제예방센터CDC에서 방문 과학자로 일자리를 구했다. 이후 콜로라도대학교에서 전립선암을 연구하면서 실험 병리학 박사 과정을 밟았다. 그러다가 돈을 벌고 가정을 꾸리고 싶다는 생각에 박사 학위를 받기 전에 대학을 떠났다. 그리고 솔트레이크시티에 있는 왓슨파마슈티컬스Watson Pharmaceuticals(이하 왓슨)에 취업해 비뇨의학과 임상 프로그램을 이끌었다.

이후 몇 년간 함디는 캘리포니아를 향해 더 서쪽으로 이동했다. 엄청난 부를 이룰 수 있는 곳이자 온갖 근사한 방법으로 사람들에게 도움이 되는 일을 할 수 있는 곳이라는 매력에 이끌렸다. 실리콘밸리에서 첨단 기술을 다루는 사람들은 자신이 개발한 혁신적인 제품에 대해 그럴듯한 말을 하면서 막대한 부를 꿈꿀 수 있었다. 하지만 아이폰 앱이나 페이스북이 지닌 인간적 가치가 도대체 무엇인가? 함디는 생명공학으로 사람들의 생명을 구할 수 있었다. 생명공학 종사자들은 언제나 자신이 환자들을 위해 일한다는 신념을 갖고 있었다.

함디가 캘리포니아에서 제일 먼저 일한 곳은 PDL바이오파마PDL Biopharma였다. 이후 엘란으로 이직하여 신약 개발을 담당하는 중간관리자로 일했다. 그리고 파마사이클릭스에서 네 번째로 높은 직위를 차지하게 된 것이다.

2009년 3월 함디는 파마사이클릭스에 첫 출근을 했다. 직원 수 46명의 파마사이클릭스는 실리콘밸리의 생명공학 바다에 떨어진 아주 작은 물방울에 불과했다.[5] (최초의 생명공학 회사인 제넨텍은 당시 직원이 1만 1000명이었다.)[6] 함디는 파마사이클릭스의 사장으로 임명된 글렌 라이스Glenn Rice와 가깝게 일하면서 새직장에 빨리 적응하고자 노력했다. 라이스는 세포와 분자 생물학 박사 학위 소지자로, 이전에는 자신이 설립한 여러 소규모 생명공학 회사의 CEO로 일했다. 그러나 더건이 라이스를 채용한 가장 큰 이유는 그가 제넨텍에서 실험실 책임자로 일한 경력이었다. 사우스 샌프란시스코에 있는 제넨텍은 생명공학 산업의 시초나 다름없는 회사였다. 더건은 제넨텍에 엄청난 존경심을 갖고 있었고, 거기서 성공적으로 일한 사람이라면 누구나 의미 있는 영향력을 발휘할 수 있다고 생각하는 듯했다.

파마사이클릭스는 혈액암, 그중에서도 주로 림프종에 사용되는 두 가지 프로그램, HDAC와 BTK 억제제를 보유하고 있었다. 함디는 다양한 질병과 증상을 다루는 회사에서 비뇨의학과 연구원으로 일했던 경험 덕분에 새로운 치료 분야를 배우는 데 익숙했다. 그는 온화한 미소와 느긋한 태도로 마치 능숙한 외교관처럼 일했다. 그는 성격이 다정했고, 사람들은 그를 좋아했다. 이는 그의 가장 강력한 무기이자 중요한 장점이었다. 작은 회사에서 진행하는 초기 임상시험에 의사들을 참여시키는 데 강한 유대감이 도움이 됐기 때문이다.

잘 알려지지 않은 실험단계 치료제를 테스트하는 시험에 환자들을 등록하기란 매우 어려웠다. 각 병원 또는 현장과의 계약, 예산, 각종 이사회 및 위원회의 감독 등을 포함한 규제는 엄청난 부담이었다. 진료만으로도 바쁜 의사들이 환자들에게 임상시험을 설명하고 이들을 설득하는 데 상당한 시간을 쏟는 건 엄청난 수고였다. 따라서 의사들에게 다가가는 것이 절대적으로 중요했다. 함디는 이메일을 보내고, 자문 위원회를 만들고, 혈액암 치료제 실험에 참여해줘야 할 혈액암 전문의들과 관계를 쌓아나갔다.

그 무렵, 스탠퍼드 메디컬센터에서는 첫 번째 환자에게 파마사이클릭스의 BTK 억제제인 PCI-32765를 투여했다. 시험은 천천히 진행됐다. 몇 주 후, 두 번째 환자에게도 약이 투여됐다. 함디는 이번 임상시험에서 PCI-32765의 안전성과 효능을 조금이라도 확인할 수 있기를 바랐다. 또한 CLL 분야에서 가장 저명한 의사인 오하이오주립대학교의 존 버드John Byrd와 텍사스휴스턴대학교의 수잔 오브라이언Susan O'Brien이 임상시험에 함께해주기를 진심으로 원했다. 두 사람모두 새로운 치료제에 대한 갈망이 컸기에, 이름도 들어본 적 없는 작은 생명공학 회사의 최고의료책임자를 기꺼이 만났다. 그러나 실험 참여는 거절했는데, PCI-32765의 임상 1상이 쉬운 환자만 선별하도록 설계된 것 같다고 그 이유를 밝혔다.

버드는 임상시험과 관련하여 두 가지 원칙을 지키고자 했다. 첫째는 환자들을 위험하게 하지 않는 것이고, 둘째는 치료하기 쉬운 환자만 고르지 않는 것이었다. 그는 바이오제약 회사들이 자기 회사의 약이 좋아 보이도록 초기 임상시험을 설계하는 경향이 있다고 의심했다. 완전히 엉터리 약이 아닌 이상, 환자들의 자격 요건을 조정하면 얼마든지 빠르게 임상 2상으로 넘어갈 수 있다는 사실을 버드는 알고 있었다. 그는 혈소판과 헤모글로빈 수치가 낮은 환자들도 PCI-32765의 임상시험에 포함돼야 한다고 생각했다. 주로 그런 환자들이 예후가 좋지 않기 때문이었다. 그는 임상 1상에 자격 요건을 두는 것이 말도 안 된다고 생각했다. 파마사이클릭스의 조건에 따르면, 의사들은 상태가 그리 나쁘지 않은 환자들, 가령 이전에 다른 치료를 받아본 적이 거의 없고 혈소판 수치가 정상에 가까운 환자들만 임상시험에 등록할 수 있었다. "진짜 환자들이 대상이 되어야 합니다. 진지하게 임할 준비가 되면 연락 주세요." 버드는 함디에게 이렇게 말했다.

함디는 림프종과 백혈병 분야에서 가장 명성이 높은 인물과 협력하고 싶었다. 한편으로는 임상시험의 성공 가능성을 높이고 싶은 마음도 있었다. 중요한 게임에 들어가기 전, 몇 번의 승리를 쉽게 거두고 싶었다. 함디는 임상시험을 이끌어줄 후보자 파일을 계속 검토했다. 후보자 목록 상위권에 루이스 스타우트Louis Staudt와 윈덤 윌슨Wyndham Wilson이 있었다.

***

스타우트는 수년간의 연구를 거쳐 미국에서 가장 저명한 의사과학자 중 한 명으로 자리매김했다. 1988년 그는 메릴랜드주 베데스다에 있는 미국 국립보건원NIH 산하의 국립암연구소NCI 캠퍼스에 연구실을 마련했다. 그곳에서 암 연구, 특히 림프종 분야에 엄청난 공헌을 했다. 그는 새로운 유전자 도구를 활용하여 분자적으로 구분되는 암의 하위 유형을 발견했고, 그 기준에 따라 림프종의 하위 유형을 정의해 그것을 각각의 질병으로 구분했다. 스타우트는 여러 유형의 림프종에 대한 수수께끼를 밝혀냈으며,[7] 정밀의학이라는 것이 알려지기도 전에 이미 각각의 환자에 적합한 다양한 치료 전략을 언급했다. 그 과정에서 스탠퍼드대학교의 신경생물학 박사이자 림프종 전문가인 윌슨과 협력하게 됐는데, 이것이 이후 그의 경력에 엄청난 영향을 미쳤다.

2000년대 초반 스타우트와 윌슨은 그들이 파악한 새로운 유형의 림프종을 치료할 방법을 찾기 시작했다. 그리고 2008년경 스타우트는 말 그대로 "아하!" 하고 깨닫는 순간을 맞이했다. '어쩌면 림프종 자체가 B세포 수용체에 의존하는 것은 아닐까?' 하는 생각이 든 것이다. 밀러가 그랬듯이 스타우트도 B세포 수용체의 신호 전달 경로에 있는 BTK에 점점 흥미를 갖게 되었다. 그리고 스타우트의 연구실에 있는 박사후과정 연구원 두 명이 림프종 세포의 생존에 B세포 수용체의 신호 전달이 필요하다는 유전적 증거를 발견했다.

스타우트는 이러한 발견을 〈네이처Nature〉에 제출했다. 〈네이처〉는 해당 논문을 심사한 후, 그 사실을 뒷받침하는 실험과 추가 연구를 요청했다. 그 사이에 스타우트는 2009년 4월 덴버에서 열리는 미국암연구학회American Association of Cancer Research 연례학술대회에서 강연을 하기로 했다. 의학 학회에서 아직 발표되지 않은 연구를 소개하는 경우는 잘 없었지만, 스타우트는 그렇게 하기로 했다. 그는 강연에서 B세포 수용체의 신호 전달이 림프종 세포에 영향을 미치며, 그 과정에서 BTK가 중요한 역할을 한다는 사실을 보여주는 간단한 증거들을 발표했다. 강연이 끝나자마자 거기에 참석했던 파마사이클릭스 직원 몇 명이 스타우트에게 가 이렇게 말했다. "당신에게 보여주고 싶은 약이 있습니다."

스타우트는 그날 콘퍼런스에서 파마사이클릭스의 BTK 억제제에 관심을 보인 몇 안 되는 사람 중 하나였다. 파마사이클릭스는 이 콘퍼런스를 통해 PCI-32765의 임상 1상이 시작되었음을 공식 발표하여 화제를 불러일으키고자 했다.[8] 회사의 전임상시험 팀은 그들이 지금까지 림프종과 BTK 억제제에 관해 연구한 내용을 15분간 발표하기도 했다. 거기에는 자연적으로 림프종이 생긴 개를 대상으로 한 PCI-32765 초기 연구 자료도 포함되어 있었다. 그러나 네 마리 중 한 마리가 부분적으로 치료제에 반응했다[9]는 데이터에 관심을 두는 사람은 거의 없었다.

파마사이클릭스 직원들조차도 PCI-32765가 회사의 최우선 과제인지 확신하지 못했다. 파마사이클릭스는 BTK 억제제 회사가 아니었다. 그 약은 심지어 공식 이름도 없었다.

한편 파마사이클릭스의 또 다른 혈액암 치료제인 HDAC 억제제는 점점 더 사람들의 관심을 끌었다. 사업 개발 담당 부사장이었던 잔가네는 프랑스에서 쌓은 인맥을 이용해 프랑스에서 두 번째로 큰 제약회사인 세르비에Laboratoires Servier와 거래를 협상했다. 세르비에는 미국 외 지역에서의 HDAC 억제제 판권을 선지급금 1100만 달러(약 160억 원)에 매입했다.[10] 또한 HDAC 억제제 연구비로 400만 달러(약 58억 원)를 지급하고 단계별로 2450만 달러(약 355억 원)를 추가로 지급하는 데 동의했다. 이로써 파마사이클릭스는 현금이 조금 생겼다.

그러나 더 많은 현금이 필요했다.

월스트리트

Wall Street

"마음의 준비를 하세요." 트라우트그룹Trout Group은 이렇게 경고했다. 더건, 라이스, 살바는 뉴욕으로 갔다. 트라우트그룹에게서 잠재적 투자자들에 대한 자문을 받은 뒤, 헤지펀드(소수의 투자자로부터 자금을 모아서 주식, 채권, 파생상품 등의 다양한 상품에 투자해 높은 수익을 얻는 것을 목표로 하는 펀드-역주)와 투자회사에 파마사이클릭스를 소개하고 자금을 조달하기 위해서였다. 트라우트그룹은 파마사이클릭스 경영진에게 이번 회의는 일반적인 PPT나 Q&A와는 많이 다를 거라고 귀띔해주었다. "로스바움은 가끔 정말로 잔인해진답니다. 당신들이 거짓말을 한다고 비난할 수도 있어요."

회의는 바이오주 전문 트레이더인 웨인 로스바움Wayne Rothbaum과 진행됐다. 토마스 투랄스키Thomas Turalski도 함께였다. "로스바움은 친구 토미와 팀을 이루는 것을 좋아합니다. 토미는 조 에델만Joe Edelman 밑에서 일하지요." 트라우트그룹 측에서 알려주었다.

더건은 현금이 부족한 파마사이클릭스를 유지하기 위해 개인 대출까지 한 상황에서, 2009년 여름에 기존 파마사이클릭스 주주들로부터 2400만 달러(약 312억 원)를 모금할 주식 공모를 계획했다.[1] 회사 운영에 필요한 자금을 조달하고 회사가 도약하는 데 필요한 신약 임상시험을 시작하는 것이 목표였다. 더건은 투자 유치를 위해 그가 회사에 빌려준 640만 달러(약 83억 원)를 파마사이클릭스 주식으로 바꿔서 투자자들과 함께 더 많은 주식을 매수할 계획이었다. 돈을 빼지도, 더 낮은 가격에 주식을 매수하지도 않으려 했다. 스스로 늘 강조하던 '풍요로운 교환' 철학을 실천하기 위해서였다.

로스바움의 사무실에 앉은 더건은 이 상황을 어떻게 다뤄야 할지 직관적으로 알 수 있었다. 더건도 로스바움처럼 경영진을 평가하는 예비 투자자의 입장이었던 적이 많았다. 대침체Great Recession가 세계 경제를 강타했을 때도 더건은 돈이나 아이디어가 부족해서 무언가를 못 한다는 말은 어불성설이라고 믿었다. 부족한 것은 아이디어에 대한 자신감뿐이었다. 자신감을 가지려면, 내가 하겠다고 말한 것은 무엇이든 하고 내가 할 수 없는 일은 함부로 약속하지 않는 것이 핵심이었다.

라이스와 살바가 주로 이야기했다. 이들은 HDAC 억제제와 혈액 응고 치료제를 비롯한 파마사이클릭스의 파이프라인을 발표했다. 라이스는 BTK 억제제를 설명하는 데 많은 시간을 할애하면서 그 약이 림프종을 표적으로 하며 어쩌면 자가면역질환이나 천식에도 적용될 수 있다고 강조했다. CLL은 전혀 언급하지 않았다. "이것은 좀 더 안전한 버전의 경구용 리툭시맙입니다." 라이스는 혈액암 치료제로 유명한 리툭시맙과 BTK 억제제를 비교하며 이렇게 말했다. 리툭시맙은 수십 년 전에 밀러가 공동 창립한 회사인 아이덱에서 개발한 단클론 항체 약물이었다. 로스바움과 투랄스키가 질문을 쏟아냈다.

로스바움은 라이스에게는 크게 관심을 두지 않았지만, 더건에게는 강한 인상을 받았다. 더건은 이더넷 회사나 맥도날드에 납품한 쿠키 등 자신의 배경을 조금 언급하긴 했지만, 대부분은 조용히 있었다. 로스바움과 투랄스키가 하는 말에 주의를 기울이면서 할 수 있을 때만 대답했다.

로스바움이 보기에 더건은 모르는 것을 아는 척하지 않고 주의 깊게 경청하는 사람이었다. 뉴욕의 생명공학 투자업계에서는 더건이 어떤 사업이든 성공시키는 사람이라는 평이 돌고 있었다. 더건에게 생명공학 관련 경험이 없다는 사실은 중요하지 않았다. 종교는 더더욱 상관없었다.

더건은 정직하고 직설적인 사람처럼 보였다. 로스바움은 그가 성공할 가능성을 가졌다고 판단했다.

***

롱아일랜드 열차를 타면 뉴욕 스미스타운에서 맨해튼까지 약 80분 정도 걸린다. 로스바움이 뉴욕에 입성하기까지는 그보다 훨씬 많은 시간이 걸렸다. 스마스타운에서 태어난 그는 아일랜드, 이탈리아, 유대인 핏줄이 섞인 중산층 가정에서 자랐다. 야구와 축구를 즐겼으며, 42평 정도 되는 집에서 쌍둥이 여동생과 함께 컸다. 고등학교 축구 코치는 그에게 '랍비'라는 별명을 붙여주었다. 1980년대였다.

로스바움의 아버지는 가게에 보안 서비스를 제공하는 작은 회사를 공동 소유하고 있었다. 아버지는 제품과 판매에 집중했고, 보석상인 투자자가 자금을 관리했다. 보석상은 결국 아버지의 지분을 희석시키는 거래를 했고, 로스바움은 아버지가 망하는 것을 눈으로 보고 피부로 느꼈다. 그러면서 자기는 절대로 그런 일을 겪지 않으리라 결심했다.

로스바움은 뉴욕 빙엄턴주립대학교에서 의과대학원 준비를 했지만, 이내 포기하고 1990년에 정치학과 심리학을 복수 전공하여 졸업했다. 이후 스파이가 되겠다는 꿈을 안고 국제 관계를 공부하기 위해 조지워싱턴대학교로 향했다. 그러나 미국 중앙정보국CIA 입사 시험을 치르러 갔다가 꿈을 접었다. 로스바움은 칙칙하기 그지없는 시험장을 보고는, CIA에서 일하는 것이 '제임스 본드'처럼 살고 싶은 환상과는 매우 다를지도 모르겠다고 생각했고, 더는 채용 절차를 밟지 않았다.

로스바움은 일자리를 구하기 위해 맨해튼으로 갔다. 그곳에서 카슨그룹Carson Group이라는 전략 컨설팅 회사에 입사했다.

이후 10년간 카슨그룹에서 생명과학 분야를 담당했다. 로스바움은 월스트리트에서도 눈에 띄는 열정으로 냉철하게 비즈니스를 배웠고, 바이오테크 기업과 자산을 분석하는 데 매우 뛰어난 재능을 보였다. 심지어는 카슨그룹 내에서 바이오테크 기업의 자금 조달을 조율하는 투자은행을 시작하기도 했다. 로스바움은 자신을 도와줄 사람으로 애널리스트인 투랄스키를 고용했다. 당시 투랄스키는 콜롬비아대학교에서 경제학과 정치학을 전공하고 졸업한 지 얼마 되지 않은 사회 초년생이었다.

2001년, 카슨그룹은 정보와 데이터를 다루는 대기업인 톰슨코퍼레이션Thomson Corporation에 매각됐다. 이 거래가 로스바움에게 전환점이 되었다. 로스바움은 지난 몇 년간 생명공학 관련 거래에 대한 컨설팅을 훌륭하게 수행해왔다. 이제 그는 직접 투자자가 되고 싶었다. 카슨그룹 매각으로 얻은 수익(세후 100만 달러, 한화로 약 13억 원)으로 쿼그캐피털Quogue Capital이라는 투자회사를 세웠다. 쿼그는 그의 여름 별장이 있는 롱아일랜드 햄튼의 마을에서 따온 이름이었다.

로스바움은 바이오테크 투자에 뛰어들 때, 에델만을 멘토로 삼았다. 두 사람은 1990년대 맨해튼의 어느 파티에서 처음 만났고, 바로 호감을 느꼈다. 에델만이 진지한 말투로 던지는 유머에 로스바움은 밤새도록 웃었다. 로스바움보다 열세 살 많은 에델만은 생명공학 분야를 다루는 리서치 애널리스트로 일하다가 1999년에 바이오주를 거래하는 작은 헤지펀드 회사인 퍼셉티브어드바이저스Perceptive Advisors(이하 퍼셉티브)를 시작했다.

에델만과 로스바움은 지난 수년간 월스트리트에서 다른 투자자들의 거래를 대신해주면서 수수료를 받고 일해왔기에 이제는 직접 투자자가 되어 게임에 참여하고 싶은 열망이 컸다. 자신들이 구매자가 되고 싶었다. 얼마나 잘할 수 있을까? 그들은 몹시 궁금했다.

한때는 에델만이 로스바움과 함께 퍼셉티브를 시작하는 것도 고려했지만, 두 사람은 그러지 않기로 했다. 서로의 성향을 잘 알았기 때문에 공동 창업이 좋지 않은 아이디어일 수도 있음을 이해했다. 에델만은 시장에서 성과를 내려면 좋은 베팅에 기꺼이 '올인'할 수 있어야 한다고 굳게 믿었다. 그의 포트폴리오 중 가장 많은 지분을 차지하는 다섯 가지가 전체 포트폴리오의 과반에 해당할 때가 많았다. 로스바움 역시 에델만으로부터 이러한 가르침을 받았다. 그리고 그는 거기서 한 단계 더 나아갔다. 단 한 번의 투자에 모든 것을 걸 준비가 되어 있었다. 에델만의 위험 감수 능력도 상당했지만, 로스바움의 앞뒤 보지 않는 공격성에는 비할 바가 아니었다.

"진짜 부자가 될 수 있는 유일한 방법은 기막힌 아이디어에 정말로 크게 한 번 거는 것뿐이에요." 각자 거의 동시에 투자회사를 준비하며 로스바움은 에델만에게 이렇게 말하곤 했다. 처음 서로를 알게 됐을 때는 주로 에델만이 로스바움에게 생명공학 업계와 투자에 대해 가르쳐주었으나, 얼마 지나지 않아 에델만이 로스바움에게 배우게 됐다. 로스바움과 에델만은 매일 대화하고, 아이디어를 교환하고, 조사한 것들을 공유하고, 다양한 투자 결정에 대해 의견을 나누었다. 매주 토요일, 그들은 맨해튼의 한 식당에서 같이 아침을 먹었다. 에델만은 로스바움의 소개로 투랄스키를 고용했다. 이 세 사람은 늘 긴밀한 관계를 유지했다. 에델만의 퍼셉티브 헤지펀드는 첫해에 129퍼센트의 순이익률을 기록했다. 이런 수익률을 얻은 건 엔존 파마슈티컬스Enzon Pharmaceuticals(이하 엔존)에 투자한 덕분이었는데, 이는 로스바움의 아이디어였다.

로스바움은 생명공학 분야에서 일하면서 인체가 작동하는 방식에 점점 더 경이로움을 느꼈다. 인체의 메커니즘, 연쇄 반응 그리고 모든 것이 서로 맞물려 돌아가는 점이 놀라웠다. 그는 인체가 분자 기어, 톱니바퀴, 켜고 끌 수 있는 스위치 등의 부품으로 이루어진 정교한 생체 기계 같다고 생각했다. 이 기계는 유전자 코드와 전기 신호로 정의되는 규칙을 따랐다. 전기 신호 전달 경로에서 키나아제가 세포를 활성화하는 중요한 역할을 했다.

로스바움은 인체라는 기계에 질병이 미치는 영향을 분석한 끝에 망가진 부분에 집중했다. "암은 다양한 이유로 고장 난 시스템의 한 유형일 뿐이다." 그는 이렇게 판단했다. 로스바움은 임상 데이터가 남긴 흔적을 통해 인체라는 생체 기계의 작동 원리를 이해하고, 이를 근거로 주식시장에 베팅하고자 했다. 이를 위해 생물학, 화학, 의학 등의 다양한 분야를 잇는 중개연구(기초 의학의 연구 결과를 임상 의학에 적용할 수 있도록 전환하는 연구 및 과정—역주)를 활용했다. 로스바움은 자신이 의사, 과학자, 제약회사 연구원보다 더 뛰어나진 않더라도, 적어도 그만큼은 인체를 잘 이해하고 있다고 여겼다. 그들은 외부와 담쌓은 채 림프종 등의 한 분야만 파고들었지만, 자신은 직업 특성상 전체적인 그림을 보는 훈련이 잘 되어 있었고, 대상을 그림으로 기억하는 능력도 갖추고 있었다.

한편 로스바움은 인간의 행동에 대해서는 더 냉소적인 관점을 가졌다. 그는 사람들이 종종 불안, 질투, 이기심에 지배된다고 보았다. 또한 로스바움은 편집증적 성향이 강했는데, 헤지펀드 업계가 원래 별로 투명하지 않다는 사실을 고려하더라도 그는 극도로 사생활을 숨겼다. 언론 인터뷰와 콘퍼런스 강연도 하지 않았으며, 자선 단체에도 익명으로 기부했다. 그의 사진이 인터넷에 올라온 적은 한 번도 없었다.

로스바움은 트레이더로 크게 성공했는데도, 쿼그캐피털이 투자자로부터 자금을 모으는 것을 반대했다. 많은 헤지펀드 매니저가 그런 식으로 거액의 수수료를 받아서 부자가 되었으나, 로스바움은 그러지 않았다. 그는 헤지펀드의 견고함은 모두 갖추되 고객은 두지 않는 형태로 운영했다. 고객을 관리하거나 응대하고 싶지 않기 때문이었다.

로스바움은 자기 돈만 투자했고 자신의 능력에 반하는 투자는 하지 않았다. 투자 논리, 투자 결정, 위험과 보상 등 모든 것을 자기가 결정하고 자기가 책임졌다. 모든 투자를 자기 돈으로만 했기 때문에 전부 자기 게임이었고 누구에게도 아무것도 빚지지 않았다. 충분한 돈과 그것을 잃을 수 있는 배짱 덕분에 로스바움은 독립적으로 움직일 수 있었다. 그는 자기 자신을 믿는 사람인 듯했다.

로스바움은 체격이 매우 탄탄했으며 윗머리는 짧게, 옆머리는 거의 피부가 보일 정도로 더 짧게 깎았다. 좁디좁은 월스트리트 바닥에서 로스바움은 그의 외모만큼이나 대담하기로 유명했다. 그는 자기가 판단하기에 효과가 있을 것으로 생각되는 약물에 거액을 베팅했다. 오히려 로스바움은 다른 투자자들이 왜 포트폴리오를 다양하게 구성하고 소극적으로 투자하는지를 이해하지 못했다. 새롭게 개발되는 약물 중 대부분이 실패하는 산업에 분산투자하는 것은 멍청한 짓이라 여겼다.

로스바움은 처음 10년간 큰 성공을 거두었다. 그의 거래가 유일하게 문제를 일으켰던 건 2008년, 연방 규제 당국이 로스바움을 고발했을 때였다. 당시 마흔 살이었던 로스바움은 생명공학 회사 네 곳의 주식을 공매도한 후 주식 공모에서 매입한 주식을 팔아서 그것을 충당했고, 이에 대해 부적절한 공매도 또는 베팅을 했다는 혐의를 받았다.[2] 이 민사 소송은 미국 증권거래위원회SEC에서 실시한 광범위한 규제 조사의 일환이었다. 당시 에델만의 퍼셉티브를 비롯해 많은 헤지펀드가 적발됐다. 그러나 대체로 헤지펀드 회사만 주목을 받았을 뿐 그 배후에 있는 사람은 언급되지 않았던 반면, 로스바움은 자기 돈으로만 투자하고 있었기에 조사 대상에 이름이 올랐다. 로스바움은 혐의를 인정하지도 부인하지도 않았고, 결국 그가 2005년에 벌어들인 돈 78만 2902달러(약 10억 원)와 벌금 39만 달러(약 5억 원)를 내는 것으로 SEC와 합의했다. 그러고는 일터로 복귀했다.

2009년 여름, 로스바움은 더건과 그의 팀을 만나 이야기를 들은 후 파마사이클릭스의 주식 공모에 소액 투자자로 참여했다. 투랄스키의 설득으로 에델만도 투자에 참여했다. 당시 파마사이클릭스 주가는 1.28달러로 매우 저렴했다.[3] 로스바움과 에델만의 퍼셉티브 헤지펀드는 그 공모에 참여한 주요 투자자 다섯 중 둘이었다.

더건은 파마사이클릭스의 공모를 통해 2880만 달러(약 360억 원)를 모았는데,[4] 그중 600만 달러(약 75억 원) 이상은 자신이 보유한 회사채를 전환한 것이었다. 이 시점에 더건은 개인적으로 파마사이클릭스 지분의 23.5퍼센트를 소유하고 있었는데, 이 지분율은 다른 투자자들의 신규 주식 매입으로 약간 희석된 것이었다.

더건은 밀러와 처음으로 통화한 이후, 5년에 걸쳐 파마사이클릭스의 지분을 사는 데 3180만 달러(약 398억 원)를 썼지만, 어쨌든 그는 회사를 살렸고 재무적으로 상당히 탄탄한 기반을 마련했다. 이제는 파마사이클릭스의 약물 중 하나가 가능성을 보여줄 때였다.

＊＊＊

2009년 8월 5일, 더건이 파마사이클릭스의 주식 공모를 성공적으로 마쳤다고 발표한 바로 그날, 82세 여성이 오리건주 스프링필드에 있는 작은 병원에 찾아왔다.

이 병원은 알버슨스 식료품점을 비롯한 상점들이 일렬로 늘어선 거리의 어느 1층 건물에 자리 잡았으며, 유진Eugene 근처에 본사를 둔 윌래밋밸리 암연구소Willamette Valley Cancer Institute의 지사였다. 여성은 CLL로 화학요법 치료를 받았으나 재발하여 한쪽 겨드랑이의 림프절이 골프공 크기만큼 부풀어 오른 상태였다.

CLL은 성인 백혈병에서 가장 흔한 형태로, 매년 미국 전체에서 새롭게 발생하는 백혈병 환자의 3분의 1이 이에 해당한다. 연간 미국인 2만 1000명이 CLL 판정을 받으며 주로 고령 환자다.[5] 비교적 희귀한 암으로 구분되긴 하지만, 사실 그렇게 드문 병은 아니다. 진행이 더딘 탓에 CLL 환자가 언제나 약 18만 6000명 정도는 존재한다.[6] 환자 연령 중간값은 71세이지만,[7] 노인들만 이 병에 걸리는 건 아니다. CLL 환자의 11퍼센트는 55세 미만이며, 따라서 젊은 환자의 절대적인 수도 여전히 상당하다.

　의사들에게 CLL 치료는 단조로운 동시에 까다로운 일이었다. 게다가 CLL 분야에서는 오랫동안 주요한 의학적 발전이 없었다. 암은 대부분 매우 더디게 진행돼서 환자들은 처음엔 그냥 암과 함께 사는 것과 다름없이 지냈다. 의사들은 대개 6개월에 한 번씩 환자들을 만나 혈액 검사 결과가 좋다고 말할 뿐이었다. 그러나 결국에는 상태가 나빠졌고, 환자는 평소와 다름없이 병원에 방문했다가 어느 날 갑자기 치료를 시작해야 한다는 권유를 받았다. 대개는 가능한 치료법이 두 가지뿐이었는데, 하나는 좋은 세포와 나쁜 세포를 모두 무차별적으로 죽이는 화학요법을 하는 것, 다른 하나는 아이덱에서 밀러와 그의 팀이 개발한 단클론 항체 치료제인 리툭시맙을 투약하는 것이었다. 두 가지 치료법이 종종 병행되기도 했다. 그러나 치료 효과가 오래 지속되는 경우는 거의 없었다.

　특정 유전자 돌연변이를 가진 일부 환자들에게는 화학요법이 더 효과적이었지만, 화학요법은 워낙 센 치료라서 젊은 환자들만 버틸 수 있었다. 그 외에는 보통 2~4년 이내에 암이 재발했다. 악성 B세포가 림프절에 모이면서 겨드랑이, 목, 배에 있는 콩알만 한 분비샘이 오렌지 크기까지 부풀어 올랐다. 환자들은 종종 체중이 감소했고 끔찍한 통증을 느꼈다. 일부 환자는 그로 인한 골수 기능 부전을 치료하기 위해 골수 이식을 선택하기도 했다. 그러나 대부분은 더는 치료할 방법이 없어서 CLL이나 합병증에 그리고 환자의 면역계를 망가뜨리는 화학요법에 무릎을 꿇었다.

　윌래밋 병원에 도착한 82세 여성도 마찬가지였다. 더는 화학요법을 할 수 없는 환자였다. 당시 병원에 있던 종양 전문의 두 명

중 하나인 제프 샤먼Jeff Sharman이 새로운 연구에 참여해볼 것을 제안했다. 바로 파마사이클릭스에서 진행 중인 실험단계 치료제 PCI-32765의 임상시험이었다.

이 순간이 일어나는 데는 수많은 우연이 작용했다. 샤먼은 파마사이클릭스와 PCI-32765에 대해 잘 알고 있었다. 그는 스탠퍼드에서 밀러를 처음 만났다. 혈액암을 공부하던 서른한 살의 샤먼은 레비의 연구실에서 혈액암에 걸린 B세포 수용체의 신호 전달을 차단하는 연구를 했는데, 이때 밀러가 자주 연구실에 방문하곤 했다. 당시 샤먼은 BTK가 아니라 Syk라는 다른 형태의 티로신 키나아제로 B세포 수용체의 신호 전달 경로를 차단했었다. 몇몇 스탠퍼드 의사들은 애초에 밀러가 림프종 환자를 대상으로 BTK 억제제를 시험하게 된 데 샤먼의 연구가 영감을 줬다고 생각했다. 밀러는 파마사이클릭스를 떠나기 전, 좀 더 쉽게 결과를 분석할 수 있도록 PCI-32765의 최초 임상시험에 CLL 환자를 포함하도록 설계했었다.

1년 전, 샤먼은 윌래밋밸리 암연구소에서 환자들을 돌보기 위해 오리건에 도착했다. 한편 파마사이클릭스에서는 함디의 지시 아래, PCI-32765 임상시험에 참여하는 환자 수를 늘리기 위해서 임상 연구자와 의사과학자들을 새로 영입했다. 그중 한 명이 샤먼이었고, 이제 샤먼은 CLL로 고통받는 노인에게 파마사이클릭스의 BTK 억제제를 시험해볼 것을 권하고 있었다.

샤먼은 이 환자가 실험단계 치료제를 복용할 수 있도록 환자 정보를 데이터베이스에 입력했다. 그리고 함디에게 전화를 걸었다. 샤먼은 함디에게 처음에는 환자의 백혈구 수치가 증가할 수도 있다고 경고했다. 백혈구 수치 증가는 보통 암이 진행 중임을 뜻했지만, 스탠퍼드에서 Syk를 억제해본 경험 덕분에 샤먼은 올라간 백혈구 수치가 나중에는 떨어질 수도 있음을 알았다.

"(백혈구 수치가 올라가도) 놀라지 마세요." 샤먼이 말했다.

다음 날, 환자는 혈액 채취를 위해 병원에 방문했다. 샤먼의 예상대로 그의 백혈구 수치는 급등했다. 그날 저녁, 샤먼은 진흙투성이 뒷마당에서 함디에게 전화를 걸어 이 사실을 전했다. 함디는 당황했다. 약이 암을 더 악화했단 말인가?

"우리가 암을 더 빠르게 진행시킨 건가요?" 함디가 수화기에 대고 소리쳤다.

하지만 샤먼은 뭔가 다른 신호를 느꼈다.

"환자의 겨드랑이 림프절을 만져봤는데, 작아졌어요." 사먼이 말했다.

샤먼이 보기에 피부 아래에 부풀어 오른 단단한 덩어리가 혈액암의 가장 확실한 증상이었다. 악성 백혈구가 그만큼 림프절에 많이 모였음을 뜻하기 때문이다. 따라서 림프절이 줄어들었다는 것은 긍정적인 신호였다. 샤먼은 시간이 지날수록 백혈구 수치가 떨어질 것이라고 자신 있게 말했다. 그가 스탠퍼드에서 Syk 억제제인 포스타마티닙fostamatinib으로 실험했을 때도 그랬었다.

함디는 CT 스캔을 요청했다. CT 영상 결과, 실제로 환자의 부풀어 오른 림프절이 25퍼센트 이상 감소한 것으로 나타났다.

얼마 지나지 않아 이 노인 환자의 림프절은 50퍼센트 이상 축소됐고, 환자의 상태도 눈에 띄게 호전됐다. 휴약 기간 일주일 동안 백혈구 수치도 감소했다. 환자는 약물에 부분관해(종양이 30퍼센트 이상 축소된 상태가 4주 이상 지속되는 경우-역주)를 보인 것으로 보고됐다. 그해 가을, 샤먼은 또 다른 CLL 재발 환자를 등록했다. 환자는 62세로 수년간 알래스카에서 택시 운전을 했다. 그 환자도 PCI-32765를 투약하는 동안 부분관해를 경험했다.

PCI-32765의 부분관해 소식에 파마사이클릭스 사람들은 크게 안도했다. 임상시험을 시작하고 처음 몇 달간, 약이 효과가 있다는 지표가 전혀 나타나지 않았기 때문이다. 부작용 사례도 나타나지 않았지만(다행이긴 하지만), 상태가 호전되었다는 보고도 없었다.

금요일 회의 때, 더건은 최초로 부분관해가 나타났다는 소식을 들은 후 회의실 테이블로 올라가 아일랜드 지그 춤을 췄다. 훗날 더건은 그런 춤을 춘 적이 없다고 부인했지만, 라이스에게 그 순간은 영원히 잊지 못할 경험이었다.

뉴올리언스

The Big Easy

2009년 12월 초, 뉴올리언스에는 한파가 몰아쳐 기온이 영하 1도 아래로 뚝 떨어졌다. 더건은 날씨에 맞는 옷을 차려입은 채, 나흘 동안 열리는 미국 혈액학회American Society of Hematology, ASH 연례학술대회에 참석하기 위해 뉴올리언스에 왔다. 2만 1000여 명의 참석자[1] 중에서 더건과 파마사이클릭스를 아는 사람은 거의 없었다. 파마사이클릭스는 최근에야 혈액질환과 관련된 의학 분야인 혈액학에 관심을 갖기 시작했다.

더건은 사람들에게 지울 수 없는 첫인상을 남겼다. 길고 두꺼운 모피 코트를 입고 어니스트엔모리얼 컨벤션센터Ernest N. Morial Convention Center에 들어섰기 때문이다. 무난한 비즈니스 캐주얼로 차려입은 사람들은 그를 보고 깜짝 놀랐다. 더건은 과학자와 투자자 들에게 새로운 아이디어와 발견을 소개하는 수백 개의 포스터 앞을 쓱 지나쳤다. 그런 것들에는 관심이 없었다. 그가 할 일은 따로 있었다.

투랄스키는 더건을 보고 경악을 금치 못했다. 그의 헤지펀드가 의학 학회에 모피 코트를 입고 나타나는 남자에게 투자했다니! 에델만은 퍼셉티브의 애널리스트들에게 '투자한 회사의 CEO에게서 아주 작은 경고 신호도 놓치지 말아야 한다'고 강조했었다. 투랄스키와 에델만은 최근에도 다른 투자 건으로 긴장한 적이 있었다. 투랄스키가 맨해튼 길거리에서 우연히 그 회사의 경영진이 이상하게 행동하는 것을 목격했던 것이다. 어쨌든 투랄스키는 더건의 이상한 복장을 에델만에게 보고해야 할지 고민하다가 코트 하나 때문에 상사를 귀찮게 할 필요는 없다고 판단했다. 그런데 일을 재고해봐야 할지 고민한 건 투랄스키만이 아니었다.

ASH 콘퍼런스가 열리기 얼마 전인 추수감사절 즈음, 더건은 학회 전략을 논의하기 위해 함디의 사무실로 갔다. 더건은 의학 학회가 바이오제약 산업에서 필수적인 부분임을 배웠다. 학회는 여러 만남이 활발하게 이루어지고 사람들에게 인상을 남길 수 있는 자리였다. 파마사이클릭스도 존재를 알릴 필요가 있었다. 파마사이클릭스는 BTK 억제제 PCI-32765의 임상 1상 데이터를 포스터로 제출했다. 사람을 대상으로 PCI-32765를 투여한 임상시험의 중간 결과 보고였다. 더건은 초기 데이터를 발표하는 것이 좋은 생각인지 모르겠다며 포스터를 폐기할까 고민도 했으나, 함디가 반대했다. 함디는 임상 1상 결과가 사람들의 흥미를 끌 것이라 보았다.

"ASH에 참석해서 이 데이터를 발표해야 합니다." 함디는 이렇게 주장했다.

주 발표자는 폴리아였다. 스탠퍼드의 젊은 연구원이었던 폴리아는 난생처음 학회에서 데이터를 발표한다는 사실에 한껏 들떠 뉴올리언스로 갔다. 흰색과 빨간색으로 디자인된 포스터에는 49~82세 환자 16명에게 PCI-32765를 투여한 결과가 자세히 적혀 있었다.[2] 환자들은 28일간 연속으로 하루에 한 알씩 캡슐을 복용했고, 이후 일주일간 휴약기를 가졌다. 일부 환자들은 다른 사람들보다 복용량이 좀 더 많았다.

포스터에 따르면 환자 16명 중 5명이 부분관해를 보였다. 비대해진 림프절이 최소 50퍼센트 이상 줄어들었고, 여러 다른 지표들이 극적으로 개선되었다. 반응을 보인 환자 중 2명은 재발성 또는 불응성 외투세포림프종 환자였고, 1명은 소포림프종 환자였다. 나머지 2명은 샤먼이 이전에 치료했던 CLL 환자였다. 심각한 부작용으로 볼 만한 증상이 나타난 환자는 3명뿐이었으며, 나머지 13명은 약을 잘 견뎠다. 그러나 ASH 참석자 대부분은 개발 초기 단계에 있는 약물의 데이터는 별로 중요하지 않다고 생각했다. 처음에는 놀라운 결과를 보여도 결국 별 의미가 없는 경우가 빈번했기 때문이다.

어쨌든 폴리아는 성실하게 포스터 옆을 지켰다. 더건이 찾아와 폴리아와 악수를 했고, 두 사람은 얼마간 대화를 나눴다. 폴리아는 모든 것이 감격스러웠다. 일개 연구원이 ASH에서 포스터를 지키고 있다니! 생명공학 회사 CEO와 어울리고 있다니!

그러나 폴리아와 그의 포스터에 관심을 보이는 사람은 거의 없었다. 단 한 명의 의사도 다가오지 않았다. 더건은 포스터 옆에 서서 주변에서 일어나는 일들을 유심히 관찰했다.

한번은 호닝이 폴리아가 잘하고 있는지 보고 도움도 줄 겸 해서 들렀다. 더건이 호닝의 남편인 밀러를, 그가 구상하고 설립해서 17년간 이끌어온 파마사이클릭스에서 사실상 쫓아내다시피 한 뒤였다. 두 사람은 파마사이클릭스 이름이 적힌 포스터 앞에 나란히 서 있었다. 호닝도, 더건도 소란을 피우지 않았다. 세련되고 사교적인 호닝은 최근 학계를 떠나 제넨텍에서 종양학 및 혈액학 담당 글로벌 책임자라는 엄청난 자리를 맡았다. 더건과 감정싸움을 할 만큼 한가하지 않았다.

의사와 과학자 대부분은 폴리아의 포스터를 무시했지만, 월스트리트의 한 투자자가 보이지 않는 어떤 동물적 감각에 이끌리기라도 한 듯 파마사이클릭스의 포스터를 발견했다. 리처드 클렘Richard Klemm은 뉴욕에서 비교적 큰 바이오테크 헤지펀드인 오비메드어드바이저스OrbiMed Advisors(이하 오비메드)에서 일했다. 그는 다가가 포스터를 자세히 살폈다. 파마사이클릭스의 실험단계 치료제가 CLL에서 두 가지 부분관해를 일으켰다는 사실이 눈길을 끌었다. CLL에서 부분관해가 나타나는 경우는 매우 드물었다. 환자가 아플 때 도움 받을 수 있는 치료법이 거의 없는 질병이었다. 포스터는 림프종 섹션에 배치되어 있었지만, 클렘은 해당 치료제가 백혈병에 도움이 될지도 모른다는 신호를 읽어냈다. (림프종 측면에서 보면 그 포스터의 초기 데이터는 그다지 흥미로워 보이지 않았다.) 클렘은 뉴욕에 있는 상사 스벤 보르호Sven Borho에게 전화를 걸었다. 그들은 파마사이클릭스의 주식이 마지막으로 2.35달러에 거래된 것을 확인했다.[3] 다음날 아침 오비메드는 주식을 사들이기 시작했다. 보르호가 처음으로 파마사이클릭스 주식을 구매한 가격은 2.31달러였다.

뉴욕에서는 또 다른 주식 트레이더가 파마사이클릭스의 CLL 데이터에 주목하고 있었다. 주식시장이 열리기 전, 파마사이클릭스는 임상 1상의 중간 결과를 자세히 설명하는 보도자료를 배포했다.[4] 거기에는 포스터에는 없는 정보, 즉 포스터가 준비된 이후에 확인된 데이터가 포함되어 있었다. CLL 환자 3명이 추가로 부분관해를 경험했다는 내용이었다. CLL 환자 6명 중 5명한테서 부분관해가 나타난 것이라고 파마사이클릭스는 기록했다.

"미쳤군. 6명 중 5명이라니! 이거 정말 엄청나잖아." 로스바움이 중얼거렸다.

로스바움은 CLL에 대해 많이 알고 있었고, BTK가 흥미로운 투자 대상이라고 생각해 실제로 파마사이클릭스의 하계 주식 공모에 투자하기도 했다. 파마사이클릭스의 임상시험에 참여한 환자 수가 아직 적긴 하지만, 그 결과는 충분히 주목할 만하다고 여겼다. 얼마 안 되는 데이터를 토대로 투자 근거를 판단하고 대담하게 실행에 옮기는 것이 바로 로스바움의 특기였다.

뉴올리언스에 모인 의사와 과학자 들은 아무도 신경 쓰지 않았지만(심지어 파마사이클릭스의 포스터에 눈길 한 번 주지 않았다), 뉴욕 사무실에 앉아서 거래 화면을 지켜보던 로스바움은 브로커에게 전화를 걸었다.

"가능한 모든 방법을 써서 최대 100만 주까지 구해주세요."

브로커가 증권사 등으로부터 대량의 주식을 구하는 동안, 로스바움도 개인적 거래 플랫폼을 통해 파마사이클릭스 주식을 매수하기 시작했다. 브로커가 전화를 걸어서 20만 주를 팔 의사가 있는 사람을 찾았다고 말했다. "진행해주세요. 구할 수 있는 것은 무엇이든 매수해주세요!" 로스바움이 대답했다.

로스바움은 6개의 거래 화면을 보면서 파마사이클릭스 주가가 꾸준히 상승하는 것을 확인했다. 다른 누군가도 주식을 사들이고 있었다. 브로커가 로스바움에게 전화를 걸어 또 다른 큰손이 파마사이클릭스 주식을 전부 매수하고 있다고 말했다. 로스바움은 브로커에게 더 높은 가격을 부르라고 말했다. "얼마든 상관없으니 사세요."

또 다른 구매자는 보르호와 오비메드였다. 로스바움과 보르호는 친구였다. 당시에는 몰랐지만, 두 명의 뉴욕 투자자는 치열하게 입찰 경쟁을 벌이고 있었다.

일반적으로 파마사이클릭스의 주식은 거래량이 많은 날엔 한 세션 동안 10만 주가 거래되었다. 그러나 로스바움과 오비메드가 수요에 박차를 가하면서 100만 주 이상이 거래되었고,[5] 주가도 하루 만에 17퍼센트나 상승했다. 다음날에도 74만 1000주가 추가 거래되었고, 주가는 2.93달러에 마감되었다. 로스바움은 100만 주를 매입했다. 얼마 지나지 않아 에델만의 퍼셉티브 헤지펀드도 파마사이클릭스 주식을 대량 매수했다.

파마사이클릭스의 시장가치는 3700만 달러(약 425억 원)로 10년 전과 비교하면 아직도 96퍼센트나 하락한 수준이었다.[6] 그러나 좀 더 자세히 들여다보면, 누군가가 또는 몇 명이 갑자기 이 회사의 무언가에 흥미를 갖게 된 것이 분명했다.

***

한편 함디는 ASH 콘퍼런스를 유능한 인재 채용의 기회로 보기도 했다. 파마사이클릭스의 임상 운영을 강화할 필요가 있기 때문이었다. 마침 함디는 ASH 콘퍼런스의 포스터 홀 밖에서 라켈 이즈미Raquel Izumi를 보았다.

"내가 찾던 사람이야." 함디가 혼잣말을 했다.

함디는 PDL 바이오파마에서 이즈미와 함께 근무했었다. 직접적으로 같이 일한 적은 없었지만(같은 회의에 들어간 적도 없었다) 두 사람은 언제나 서로에게 우호적이었다. 두 사람의 상사가 같아서 함디는 이즈미의 평가가 매우 좋았다는 것을 알고 있었다.

"라켈!" 함디가 그를 불렀다.

이즈미의 어머니는 콜롬비아 출신이었다. 이즈미의 어머니는 40년 전 임신 사실을 비밀로 한 채, 뱃속 아이가 미국 시민으로 살아가길 바라 미국에 입국했다. 이즈미는 미국에서 태어나 북부 캘리포니아에서 자랐다. 다섯 살 때 부모님이 이혼하면서 일본계 미국인인 양아버지에게 입양됐다. 이즈미는 미 공군이었던 양아버지로부터 일본 성씨와 호랑이 같은 엄격한 군기를 얻었다고 농담하곤 했다. 여성인 이즈미가 UCSB에서 생물학을 전공하고 UCLA에서 미생물학과 면역학 박사 학위를 받는 등 남성이 압도적으로 많은 분야에서 살아가는 데는 이러한 환경이 도움 됐을 것이다.

학계에서는 큰돈을 벌지 못하는 것을 본 이즈미는 생명공학 산업을 선택했고, 임상 신약 개발 분야에서 일하고 싶어서 상대적으로 잘 알려지지 않은 메디컬 라이터medical writer(임상시험 연구와 관련된 프로토콜, 계획서, 보고서 등의 문서를 작성하는 사람−역주)라는 직업의 길을 찾았다.

의사들은 대개 큰 어려움 없이 임상 개발에 뛰어들 수 있었다. 그러나 의학 박사들은 어떤가? 그들은 보통 임상 연구원이 되어야 했는데, 임상 연구원은 환자들에게 실험단계 치료제를 투약하기 위해 의료센터 출장이 잦아서 힘든 직업이었다.

자녀가 있는 이즈미로서는 임상 연구원은 꿈도 꿀 수 없었다. 그러다가 한 멘토에게서 메디컬 라이터가 되면 의사, 과학자, 규제 기관 등 임상 개발 과정에 참여하는 모든 사람과 일할 수 있고, 임상 개발이 어떻게 이루어지는지 전체적으로 볼 수도 있을 것이라는 얘기를 들었다. 메디컬 라이터가 하는 일은 문서, 특히 규제 기관과 의료센터를 위해 연구 내용, 임상시험, 통계, 결과 등을 설명하는 문서를 작성하는 것이었다. 이즈미는 글을 잘 썼다.

이즈미는 암젠Amgen, PDL 같은 생명공학 회사에서 임상 개발 부서를 거쳐 최종적으로 슈퍼젠SuperGen에서 임상 운영을 담당하고 있었다. 슈퍼젠도 ASH에 포스터 두 개를 제출한 상태였고, 이즈미도 대규모 암 학회에 참석하는 것을 좋아하는 편이었기에 그날도 그 자리에 있었던 것이다. 이즈미가 포스터 홀을 한 바퀴 둘러본 후 잠깐 쉬려던 차에 누군가가 그의 이름을 불렀다.

이즈미는 함디를 알아보았고 둘은 대화를 나누기 시작했다. 이즈미는 함디가 최고의료책임자가 됐다는 소식은커녕 파마사이클릭스에 들어갔다는 것도 몰랐다. 함디는 더 많은 소식을 들려주었다.

그리고 조용하게, 마치 비밀이라도 알려주듯 BTK 억제제를 적용한 초기 임상시험 결과, 혈액암에서 부분관해가 나타났다는 사실을 알려주었다. 이즈미의 눈이 휘둥그레졌다. 함디는 이즈미에게 파마사이클릭스의 임상 1상 데이터 일부를 살짝 보여줬다.

"당신도 여기로 와서 함께 일했으면 좋겠어요." 함디가 말했다.

이즈미는 생명공학 업계에 몸담은 지 10년이 지났지만, 임상 1상에서 부분관해가 나타난 항암제를 접한 것은 처음이었다. 항암제 개발에 처음부터 참여할 기회를 얻는다니, 그것은 이즈미가 지금까지 해온 그 어떤 일보다 훨씬 흥분됐다. 게다가 파마사이클릭스 같은 작은 회사에서 함디를 최고의료책임자로 두고 함께 일한다면 정말로 신약 개발에 공헌할 기회를 얻을 수 있을 것 같았다. 이즈미는 이 일에 뛰어들기로 결심했다.

이즈미는 호텔 방으로 올라가 이력서를 업데이트하기 시작했다.

***

의료계는 대부분 미지근한 반응을 보였지만, 더건은 뉴올리언스에서 열린 ASH 콘퍼런스로부터 다시 힘을 얻었다. 서니베일로 돌아온 그는 이즈미와의 면접을 준비했다. 파마사이클릭스처럼 작은 생명공학 회사에서는 CEO가 직접 면접을 보는 일이 드물지 않았다. 더건은 이즈미의 이력 가운데 1993년에 UCSB에서 학위를 딴 것이 맘에 들었다.

더건은 비록 졸업은 못 했지만, 한때 경제학을 공부하고 지금의 아내를 만난 UCSB에 강한 애정을 느꼈다. 수년간 UCSB 재단 이사회에서 활동하기도 했다. 최근에는 UCSB 졸업식 때 수학, 생명과학, 물리 부문 연설자로 초청도 받았다.

"저는 최근에 북부 캘리포니아에 있는 한 생명공학 회사의 CEO가 되었습니다. 솔직히 말하면 그 회사는 재앙을 피할 수 없는 상황이었죠." 잠시 뜸을 들인 후 더건은 졸업생들에게 힘주어 말했다. "그러나 그랬기 때문에 제가 그 회사를 인수할 수 있었습니다!"[7]

졸업식 연설에서 더건은 '졸업'이라는 단어를 '축하의 날이자 새로운 시작'이라는 의미로 정의했다.[8] 또한 최근에 어린이용 서적을 읽다가 인체는 75조 개의 세포로 이루어져 있으며 세포마다 해야 할 일이 있다는 사실을 배웠다고 말했다. 더건은 완전히 새로운 차원에서 업무적 소양을 쌓았다. 배경지식이 없어 말 그대로 어린이 책에서 인체를 배우면서 말이다.

이즈미는 좀 더 보편적인 방식으로 더건과의 면접을 준비했다. 자신의 경력과 박사 학위, 혈액암에 관해 이야기하려고 했다. 그러나 놀랍게도 면접은 처음부터 끝까지 UCSB 얘기로 이뤄졌다. 그밖의 다른 이야기는 거의 나누지 않았다. 면접을 마치면서 이즈미는 더건이 생명공학 산업에 대해서는 아는 바가 거의 없고, 자신의 일에 열정이 있으며, 일을 매우 중시하는 사람이라는 결론을 내렸다. 또한 파마사이클릭스의 임상 개발 담당자로 일자리를 구하는데 UCSB 출신인 점이 큰 도움이 되었음을 느꼈다. 이즈미는 앞으로 BTK 억제제의 임상시험을 관리·감독하고, 연구 계획부터 실행에 이르는 전 과정에 참여하게 될 터였다.

뉴올리언스에서의 학회가 끝난 후, 더건은 파마사이클릭스가 전환점을 맞이할지도 모른다고 생각했다. 비록 이를 알아차린 사람은 거의 없었지만 말이다. HDAC 억제제의 새로운 데이터도 ASH에 발표되면서 어느 정도 주목을 받았다. 두 가지 약물 중 어떤 것에 투자해야 좋을지는 확실치 않았지만, 적어도 선택의 폭이 넓어졌다는 사실은 알 수 있었다.

몇 주 후인 2010년 1월, BTK 억제제는 국립암연구소의 저명한 의사과학자인 스타우트 덕분에 또다시 추진력을 얻었다. 스타우트 팀의 논문이 마침내 심사를 통과하여 〈네이처〉에 실렸다. 이 논문에는 여러 유형의 림프종이 B세포 수용체의 신호 전달로 유발되는데, 이를 좌우하는 것이 BTK 활동이라고 자세히 설명돼 있었다. 스타우트는 "BTK는 림프종 세포의 생존에 중요한 키나아제"라고 썼다.[9] 심지어 PCI-32765를 적용한 실험을 진행한 후, B세포 수용체의 신호 전달이 이에 반응할 수 있다고 언급했다.

파마사이클릭스 입장에서는 스타우트의 논문이 BTK 억제제를 검증해준 것 같았다. 파마사이클릭스는 해당 논문을 회사 웹사이트에 소개했다. 이제 더건과 함디는 그 약이 CLL에 어떤 효과를 보일지 알아보고 싶었다. 그러나 그들이 많은 사람의 삶, 특히 그들 자신의 삶을 크게 바꿔놓을 여정을 시작하고 있음을 당시에는 둘 다 거의 알지 못했다.

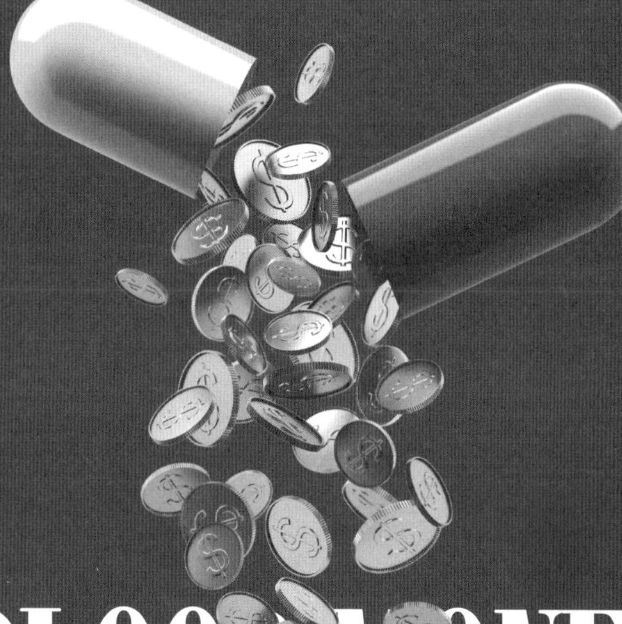
PART
II
BLOOD MONEY

다음 단계

The Next Phase

어느 오후, 함디가 공항 게이트를 향해 걸어가고 있는데 그의 핸드폰이 울렸다. 로스바움의 전화였다. 함디는 헤지펀드 사람들로부터 연락을 받는 데 익숙해져 있었다. 지난 몇 달간 여러 차례 투자자들을 상대로 프레젠테이션을 하면서 파마사이클릭스가 혈액암 분야에 진출한 것을 월스트리트에 홍보했던 터였다.

로스바움은 경쟁사인 칼리스토가파마슈티컬스Calistoga Pharmaceuticals (이하 칼리스토가)가 한참 앞서 나가는데 왜 파마사이클릭스 주식을 계속 사들여야 하는지를 단도직입적으로 물었다.

칼리스토가는 시애틀에 있는 비상장 기업으로, 실험단계 혈액암 치료제 이델라리시브idelalisib를 개발 중이었다. 이델라리시브는 세포 수용체의 신호 전달 경로에 관여하는 또 다른 키나아제인 PI3K 델타를 표적으로 했다. 로스바움은 칼리스토가에 대규모 투자를 고려하고 있었고, 자신이 조사한 내용을 보면서 왜 함디와 더건이 신경 쓰이는지 알고 싶었다.

"만약 제게 돈이 있다면, 저는 두 군데 주식을 모두 살 겁니다." 함디가 말했다.

실험단계 치료제를 보유한 작은 생명공학 회사들은 기본적으로 두 가지 방법을 통해 꿈을 실현하기 위한 자금을 조달한다. 하나는 칼리스토가와 파마사이클릭스처럼 회사를 상장하지 않고 벤처 투자자들로부터 자금을 모으는 방법이다. 실리콘밸리의 스타트업 회사들이 대체로 이 방식을 택한다. 또 다른 방법은 기업공개를 통해 또는 일부 경우에는 상장된 페이퍼컴퍼니에 역합병(인수회사가 소멸하고 피인수회사가 남는 합병—역주)하는 방식으로 증권거래소에 상장하는 것이다. 상장회사들은 자금 조달을 위해 주식을 발행할 수 있고, 주가가 높을수록 더 많은 자금을 모을 수 있다.

파마사이클릭스에서는 여전히 CEO인 더건이 최대 주주였다. 그러나 이제는 로스바움도 상당한 지분을 소유하고 있었다.

로스바움은 ASH 콘퍼런스가 끝나고 몇 주 후 뉴욕에서 더건과 파마사이클릭스 팀을 만났다. 그는 CLL 환자 수가 상대적으로 많으므로 PCI-32765가 CLL 치료제로서 승인을 받아야 훨씬 가치 있다고 강조했다. 2010년 2월 로스바움은 FDA 승인을 빨리 받을 방법을 제안하는 편지를 더건에게 보냈다. 그는 더건이 BTK 억제제보다 HDAC 억제제에 더 집중할까 봐 우려했다. 파마사이클릭스는 그 외에 혈액 응고 치료제도 개발 중이었으므로, 총 세 가지 약물에 관심이 분산되어 있었다. 파마사이클릭스처럼 작은 회사에서 한 번에 세 가지 프로젝트를 진행하기는 쉽지 않았다. 로스바움은 또한 더건이 BTK 억제제를 개발하기 위해 더 큰 제약회사와 파트너십을 맺어서 약의 소유권을 일부 넘길까 봐 걱정하기도 했다. 로스바움은 파마사이클릭스가 PCI-32765처럼 잠재적 가치가 높은 상품을 100퍼센트 소유하기를 바랐다.

"저는 PCI-32765가 대단히 특별하고 고유한 자산이라고 생각합니다. 아직 초기 단계긴 하지만 현재까지 임상 1상 데이터가 CLL에서 보인 대단히 명확하고 강력한 잠재력은 굉장히 놀랍습니다."[1] 로스바움은 더건에게 보내는 편지에 이렇게 썼다. "더 큰 회사의 자본과 전문성이 필요하다는 잘못된 믿음 때문에 대형 제약회사와 불필요한 파트너십을 맺는 경우가 많다"며 거듭 경고했다. "PCI-32765으로 파트너십을 맺지 마십시오." 로스바움은 이 문장을 대문자로 강조하기까지 했다.

며칠 후 더건은 투자자와 애널리스트 들에게 최신 근황을 공유하기 위해 화상회의를 진행했다. 회의가 시작되자 함디는 연말에 PCI-32765의 임상 2상 프로그램을 새롭게 시작할 계획이라고 말했다.[2] 그러나 정확히 어떤 질병을 표적으로 하는지는 언급을 아꼈다. 한 주식 애널리스트가 파마사이클릭스의 재정적 부담을 덜기 위해 전략적 파트너를 찾아보는 것이 어떤지 물었다. 더건은 이에 모호하게 답변했다.

"사업 개발에 뛰어들어 미래를 예측하기 시작하고 보니, 과거에 제가 찾았던 길은 온통 지뢰밭이었더군요. 저희는 모든 약물을 가능한 한 빨리 상용화하겠다는 정책을 취하고 있습니다."

그러자 로스바움이 타석에 들어선 타자처럼 날카롭게 끼어들었다. 그는 BTK 억제제에 집중했다. 로스바움은 더건이 세 가지 선택지를 갖고 있다고 말했다. 독립적으로 가거나, 파트너를 찾거나, 회사를 팔거나. 독립적으로 가면 보상이 가장 클 텐데, 더건의 답변으로 미루어 짐작하건대 더건은 파트너를 찾을 의향이 있는 듯 보였다. 로스바움은 셀진Celgene을 예로 들었다. 셀진은 회사의 핵심 상품을 가지고 어떠한 파트너십도 맺지 않았고 초기에 매각하지도 않았다. 혼자 힘으로 버텼고, 그 결과 가장 큰 바이오테크 회사 중 하나로 성장했다.

더건이 로스바움의 의견에 반박했다. 셀진은 신약 개발 프로그램에 필요한 자금을 모으기 위해 계속해서 주식을 발행했고 그로 인해 초기 주주들의 보상이 희석되었음을 지적한 것이다. "셀진의 총 발행 주식 수는 지난 10년간 4500만 주에서 약 4억 5000만 주로 늘었습니다. 어쨌든 지분 가치가 희석되었죠. 회사는 주주에게 자산을 줄 수도 있지만, 지분을 줄 수도 있습니다."

이에 로스바움이 비꼬듯 말했다. "그리고 시가총액이 280억 달러(약 32조 원)가 되었죠." 셀진은 결국 주식시장에서 엄청난 가치를 인정받아 주주들에게 이익을 가져다주었다.

"그렇습니다." 더건이 맞받아쳤다.

더건은 로스바움이 자신의 실행력과 추진력을 충분히 인정하지 않는다고 느꼈다. 자신이 지금껏 회사에 쏟아부은 모든 노력(그리고 지극히 고통스러운 개인적 사명)을 고려하면 로스바움의 오만함은 받아들이기 힘들었다.

"저도, 여기에 있는 다른 사람들도 전부 당신과 같은 입장입니다. 우리 모두 이 회사가 성공하길 원합니다. 바로 그 때문에 경영진이 있는 것이고요." 더건이 말했다.

그는 계속 말을 이어갔다. "1년 전, 아니 6개월 전만 해도 파마사이클릭스의 순자산은 마이너스였습니다. 그러나 현재는 은행에 3000만 달러(약 345억 원)가 넘는 돈이 있습니다. … 하루에 고작 수천 건이 거래되던 주식이 지금은 수십만 주나 거래됩니다. … 그러나 가장 중요한 것은, 우리 약물이 효과를 보이고 있다는 사실입니다. … 무엇보다도 환자들이 기뻐하고 있습니다. 이들은 대체로 세 번의 고통을 경험한 사람들입니다. 첫 번째, 암 진단을 받고 눈물을 흘리면서 집으로 돌아갑니다. 약이 효과가 있지 않을까 희망을 품어보지만, 아뇨, 그렇지 않죠. 두 번째, 치료를 시도해보지만 전혀 효과가 없습니다. 세 번째, 시도 끝에 '어, 효과가 있나?' 싶지만 금세 재발합니다. 네 번째 시도는 어떨까요? 미국인 암 환자 중에서 항암제 임상 시험에 참여할 의사가 있는 환자는 겨우 3퍼센트밖에 안 됩니다. 그러나 BTK 억제제 임상시험은 하루 만에 환자 등록을 마쳤습니다."

더건이 말하는 동안 로스바움은 가만있었다.

로스바움은 더건이 향후 수익의 일부에 대한 권리를 판매함으로써 BTK 억제제를 함께 개발할 파트너를 구하리라고 추측했다. 그 생각이 마음에 들지 않았다. 바이오테크 업계에서는 자산 희석이 지분 희석보다 더 출혈이 클 수 있다는 것이 로스바움의 지론이었다. 다시 말해 자금 조달을 위해 약물의 소유권을 일부 파는 것(자산 희석)

이 회사 주식을 팔아서(지분 희석) 자금을 조달하는 것보다 더 큰 손해라고 보았다. 로스바움은 신약 개발과 바이오테크 기업 운영에 대해 자기만의 신념이 있었다. 그리고 더건만큼이나 의지가 강했다.

그러나 더건은 자신이 원치 않는 일은 절대 하지 않는 인물이었다. 로스바움은 그저 트레이더일 뿐이었고, 이 시점에서 그가 할 수 있는 일이라고는 투자 결정의 근거로 삼을 수 있는 좀 더 실질적인 정보를 짜내는 것뿐이었다.

그래서 로스바움은 BTK 억제제 개발의 다음 단계에 대해 자세히 알아보기 시작했다. 이 약이 제대로 개발되기만 한다면 파마사이클릭스는 물론 암 환자 수십만 명의 운명을 바꿀 수 있으리라 생각했다. 그러나 잘못되면 막다른 골목에 다다른, 또 하나의 전도유망했던 약 중 하나로 영원히 버려질 터였다. BTK 억제제가 정말로 생명을 구할 수 있는 암 치료제라고 해도 파마사이클릭스가 다음 단계를 통과하기 위해 올바른 결정을 내리지 못한다면, 결국엔 아무도 그 사실을 알 수 없을 것이었다. 잘못 설계된 연구 때문에 모든 가능성이 훼손될 수 있었다.

로스바움은 함디가 회의 초반에 언급했던 임상 2상에 대해 물었다. 연구가 정확히 어떤 질병을 대상으로 진행되는지 알고 싶었다. 그러나 함디는 답변을 피했다. "여러분과 공유할 수 있는 구체적인 계획은 아직 없습니다." 함디는 이렇게 답했다.

　　　　　　　　　　　　　***

　함디는 캘리포니아주 팔로알토에 있는 가든코트 호텔에서 그가 초빙한 의사들 앞에 섰다. CLL 분야의 최고 권위자들이 참석한 자리였다. 함디는 이들이 PCI-32765를 환자들에게 투여할 임상 연구자가 되어주기를 원했다. 함디는 이 자문위원회 회의에서 임상 1상 중간 결과를 보고하여 큰 관심을 불러일으켰다.

　더건은 회의를 시작하기에 앞서 이제는 당당하게 자기 회사라고 말할 수 있는 파마사이클릭스를 의사들에게 소개했다. 아들의 죽음 그리고 그 아픔으로 인해 파마사이클릭스와 인연이 닿게 된 이야기를 했다. 짤막한 회사 소개에 밀러는 언급되지 않았다. 더건은 함디에게 진행을 넘긴 후 회의실 뒤편에 앉았다. 함디는 자신과 이즈미를 소개하고 임상 1상 데이터를 발표했다. 이어서 오리건주에서 비행기를 타고 날아온 샤먼이 CLL 환자들에게 약물 치료를 시행한 사례를 발표했다.

　오하이오주립대의 버드와 텍사스주립대의 오브라이언 등 이 회의실에 있는 의사 몇 명은 불과 몇 달 전까지만 해도 임상 1상이 쉬운 환자만 선별하는 것 같다며 함디의 제안을 거절했었다. 함디는 두 사람에게 파마사이클릭스가 이제 그들의 높은 기준을 충족할 준비가 되었다고 장담했다.

　생명공학 회사와 의사과학자 간의 관계는 상호 신뢰를 요구하는 섬세한 춤과 같다. 회사는 의사들이 실험단계 치료제에 진심으로 관심을 가지고 연구에 전념하고 있다고 믿어야 하고, 의사들은 그 과학이 타당하다고 믿어야 한다. 회의실에 모인 의사 중 그 누구도 함디의 임상시험 아이디어를 좋아하지 않았다. 지나치게 복잡하다고 생각했다. 그러나 버드와 오브라이언은 데이터에서 흥미로운 톱니 모양의 패턴을 발견했다.

임상 1상에서 환자들은 4주간 매일 캡슐 한 알씩을 복용한 후 일주일간 휴약기를 가졌다. 데이터에 따르면, 약을 복용한 4주간 환자들의 비대해진 림프절이 줄어들었고 백혈구 또는 림프구 수치가 증가한 것으로 나타났다. 이처럼 백혈구 수치가 증가하는 것을 림프구 증가증이라고 하는데, 이는 일반적으로 암이 진행되고 있다는 나쁜 신호로 받아들여진다. 한편 약물을 중단한 주에는 환자의 백혈구 수치가 떨어졌다. 그랬다가 환자가 약을 먹으면 백혈구 수치도 다시 극적으로 치솟았다. 버드와 오브라이언은 이처럼 증가와 감소를 반복하면서 만들어진 톱니 모양의 패턴이 유의미하다고 보았다. 의사 대부분은 백혈구 수치가 증가한 것 때문에 겁을 먹었지만, 버드는 이러한 패턴이 좋은 신호일지도 모른다고 여겼다. 환자가 약을 먹기 시작하면 백혈구 수치가 다시 증가하긴 하지만, 그 수치가 이전 주기의 최대치에는 절대 도달하지 않는다는 점도 주목했다.

버드와 오브라이언은 텍사스주립대에서 오브라이언의 의사과학자 동료인 잰 버거Jan Burger가 진행했던 연구를 알고 있었다. 버거는 샤먼이 스탠퍼드에 있을 때 썼던 것과 같은 Syk 억제제인 포스타마티닙을 복용한 환자들의 혈액 샘플을 분석했다.[3] 버거의 연구는 B세포 수용체의 신호 전달 기전이 CLL 세포 주변의 *외부* 조직(림프 조직, 골수 등)에서 나오는 중요한 생존 신호를 어떻게 향상시키는지를 보여줬는데, 이 점에서 그의 연구는 중요했다. 버드는 B세포 수용체의 신호 전달을 차단하는 억제제를 혈액암에 시도해본 적이 있었다. 해당 억제제는 칼리스토가의 이델라리시브였다. 칼리스토가와 파마사이클릭스는 경쟁 관계에 있었지만, 버드는 중립적인 입장이었다. 환자에 도움이 될 수 있는 약을 개발하는 게 어떤 회사인지는 중요치 않았다. 버드는 한 회사의 약을 시험하면서 얻은 지식을 다른 회사의 약을 시험할 때 활용했다. 이는 과학자이자 의사의 사명이었다. 버드는 칼리스토가의 약물을 적용했을 때도 처음에는 환자의 백혈구 수치가 증가했음을 떠올렸다.

버드는 파마사이클릭스의 약물이 골수와 림프절에 있는 B세포를 혈류로 이동시키는지 궁금했다. 보호와 자극의 틈새에서 빠져나온 B세포는 혈액에 있을 때 훨씬 취약할 터였다. 만약 B세포가 골수와 림프절 안에 숨어 있지 않고 혈류에 노출되어 있으면, PCI-32765가 악성 B세포를 찾아서 공격하기가 더 쉬울 것이었다. 버드는 시간이 지날수록 톱니 패턴이 전반적으로 감소하는 추세를 보이고 질병의 강도도 낮아질 수 있다고 보았다. 임상 1상에 참여한 환자들이 부작용을 거의 겪지 않았고 심각한 부작용을 겪은 환자는 한 명도 없었다는 점 또한 버드가 긍정적으로 검토하게 된 이유 중 하나였다.

데이터에 흥미를 느낀 버드와 오브라이언은 이전 치료에서 실험한 CLL 환자들과 이제 막 치료를 시작한 노인 CLL 환자를 대상으로 새롭고 매우 간단한 임상 1B/2상(1B상 임상시험은 1회 투여로 안전성을 확인한 약물에 대해 투여 횟수를 늘려 낮은 용량부터 반복 투여하면서 안전성을 확인하는 시험-역주)을 추천했다. 함디는 얼마간 조용히 서서 그들의 의견을 매우 신중하게 경청한 후, 잠시 멈췄다가 입을 열었다. 자신의 초기 임상시험 아이디어는 단순 초안일 뿐이라고 어깨를 으쓱한 후, 재빨리 버드와 오브라이언의 제안에 지지를 보냈다. 회의의 나머지 시간은 그 약이 CLL에 효과가 있는지를 확인하기 위한 비교적 대규모 임상시험을 설계하는 데 쓰였다.

버드는 모든 것이 함께 어우러지는 모습에 감동했다. 제약회사와 생명공학 회사는 때때로 의사들이 낸 의견에 고마움을 표하며 그 방법을 지지해주었다. 함디는 회의실에 모인 전문의들의 말에 귀를 기울였다. 그는 경청에 매우 뛰어난 사람이었다. 버드는 최대한 많은 CLL 환자를 임상시험에 등록해야겠다는 의욕을 불태우며 팔로알토를 떠났다.

＊＊＊

버드는 미국에서 가장 가난한 지역 중 하나인 아칸소주 오거스타의 작은 마을에서 소규모 유리회사를 운영하는 유리공의 아들로 태어나고 자랐다. 버드의 가족은 가까스로 가난에서 벗어났지만 풍족하게 살지는 못했다. 버드의 부모님은 대학을 가지 않았다. 부모님은 아들이 동네 공립학교에 다니기에는 지나치게 똑똑하다는 사실을 깨달았고, 버드가 열네 살 때 아칸소주의 가톨릭 기숙학교에 보냈다. 버드는 몇 년간 장학금을 받아야 했다. 집을 떠나 생활하는 것은 몹시 힘들었다. 게다가 말을 더듬는 버릇 때문에 어려움을 겪었는데, 이는 나이가 들수록 오히려 더 심해졌다. 때로는 적절한 단어를 찾기가 어려워 엉뚱한 말이 튀어나오기도 했다.

버드는 아칸소주 콘웨이에 있는 헨드릭스대학에서 화학을 전공했다. 아칸소대학교 의과대학원에 다닐 학비를 마련하기 위해 군에 입대했고, 1991년 워싱턴 DC의 월터리드육군의료센터Walter Reed Army Medical Center(이하 월터리드)에 배치되었다. 군 생활은 즐거웠다. 환자를 돌보고 임상 연구를 하고 사격장에서 M-16 소총 사격도 할 수 있었다. 가끔은 1950년대 월터리드의 전 소아과 과장이던 오그던 브루톤Ogden Bruton의 이름을 딴 식당에서 식사를 하기도 했다. 브루톤은 월터리드에서 흔한 소아질환으로 고통받는 소년들을 치료했었다. 의사 브루톤은 아이의 몸에서 성숙한 B세포의 생성을 막아 면역계를 무너뜨리는 질병을 발견했고, 수십 년 후 이 질병의 원인이 되는 효소가 발견되었다. 그 효소는 그의 이름을 따서 브루톤 티로신 키나아제 또는 BTK로 불리게 됐다.

월터리드에서 버드는 백혈병을 전문으로 하는 종양 전문의가 되었다. 그는 CLL 환자들이 선택할 수 있는 치료법이 너무 적다는 사실에 분노했다. 그는 "우리는 더 나아져야 합니다"라고 말하곤 했다. 버드는 군대에 있는 동안 화학요법을 매우 싫어하게 됐는데, 환자들이 극심한 고통과 괴로움을 겪고 몸과 마음 모두 피폐해지는 것을 목격했기 때문이다. 어머니가 암 때문에 화학요법을 받으면서 그의 반감은 더욱 커졌다. 어머니는 결국 세상을 떠났다.

화학요법은 좀 더 인도적인 치료법으로 대체되어야 했다. 화학요법은 몸 전체를 순환하면서 분열하는 세포들을 무차별적으로 죽이는 방식인데, 암세포가 건강한 세포보다 자주 분열하기 때문에 암세포를 공격할 확률이 더 높긴 했으나, 필연적으로 건강한 세포도 공격했다. 이 같은 의학적 접근은 2차 세계대전의 참혹한 현장으로 거슬러 올라간다. 당시 사용된 독가스 연구가 암세포를 죽이는 화학요법으로 발전했다. 그러나 이 방법은 정확성이 떨어지고 많은 부작용을 낳았다. 버드는 환자들이 이보다 나은 치료를 받을 수 있도록 하겠다고 결심했다. 그는 자기와 똑같은 목표를 가진 의사와 과학자가 매우 많다는 사실을 알고 깜짝 놀랐다. 암세포만 공격하고 건강한 세포는 죽이지 않는 새로운 치료법을 찾는 것이 암 치료제 개발의 희망이었다.

10년 후, 버드는 소령으로 전역했다. 2001년 콜롬비아로 가서 오하이오주립대 의과대학 교수진에 합류했다. 파마사이클릭스의 임상시험에 참여할 무렵에는 혈액학 부문의 책임자이자 백혈병 연구 프로그램의 리더가 되어 50명이 넘는 교수진을 통솔했다.

버드의 가톨릭 신앙은 수년에 걸쳐 더욱 깊어졌다. 그는 신이 PCI-32765를 개발하여 환자들을 돕길 원한다고 믿었다. 오하이오주립대에는 이를 실현할 수 있는 환경이 갖춰져 있었다. 미국 최대의 암 병원 중 하나인 아서G.제임스암병원_{Arthur G. James Cancer Hospital}이 그것이었다. 알버슨스 식료품점 옆에 있는 한 층짜리 병원과는 비교도 안 되었다. 버드는 수많은 의사, 간호사, 행정직원을 데리고 있었고, 이 거대한 힘을 파마사이클릭스의 임상시험에 투입할 준비가 되어 있었다.

휴스턴에 있는 미국 최대 암센터인 MD앤더슨암센터_{MD Anderson Cancer Center}의 오브라이언 역시 파마사이클릭스의 연구를 지원하기 위해 자신이 가진 막대한 자원을 활용했다.

함디와 이즈미는 팔로알토에서 자문위원회의 조언을 받아 구체화된 새로운 임상 1B/2상을 준비했다. 이들은 약물의 효과와 안전성을 측정하기 위해 CLL 환자 130명에게 약을 투여하도록 임상시험 계획을 작성했다. 무작위 임상시험은 아니었다. 다시 말해 다른 약물이나 플라시보를 투여하는 대조군 환자 없이 복용량만 달리했다.

이즈미는 파마사이클릭스처럼 급부상한 작은 조직에서 자신의 가치를 증명해냈다. 그는 자신의 공식적 역할과는 상관없이, 암젠 이후 근무했던 모든 생명공학 회사에서 규제 기관과 의학 연구원들을 위한 문서를 작성하는 일을 했었다. 그 과정에서 철저하고 설득력 있게 그리고 신속하게 글을 쓰는 능력으로 두각을 나타냈다. 흐르는 듯한 갈색 머리와 녹색 눈동자를 가진 이즈미는 활기가 넘쳤고, 간단명료한 업무 방식에 헌신과 강인함도 겸비하고 있었다. 이즈미는 임상 운영 경험이 있는 과학자였으므로 모든 데이터를 취합해서 원활하게 프로토콜을 작성할 수 있었다. 과학적 측면을 충족할 뿐만 아니라 병원이나 의료센터에서 실제로 실행할 수 있도록 계획을 짰다. 연구를 가로막는 모든 문을 활짝 열어 의사와 연구원 들이 쓸데없는 일에 신경 쓰지 않고 연구에만 몰두할 수 있게 했다.

함디와 이즈미는 가능한 한 많은 환자를, 가능한 한 빠르게 임상시험에 등록하고 싶었다. 이러한 노력에 박차를 가하기 위해 이즈미는 메디컬 라이터로 일했던 경력을 살려 수많은 문서를 작성했다. FDA에 제출할 문서, 임상시험에 참여하는 10개 의료센터를 위한 문서, 주정부 기관에 내야 할 문서 등을 끊임없이 작업했다. 의사와 규제 기관에 과학적 정보를 제공하기 위해 작성해야 할 문서로는 안내 책자부터 연구 계획, 임상시험 계약서, 안전성 보고, 환자 정보, 규제 기관의 질문에 대한 답변에 이르기까지 매우 다양했다. 신약 개발의 엔진에는 잘 정의된 로드맵이 필요했고, 이즈미는 환자, 연구원, 의사, 건강 전문가, 규제 기관에 그 로드맵의 규칙을 전달하는 역할을 맡았다. 잠긴 문이 가득한 미로였지만, 이즈미는 그 모든 문의 열쇠를 갖고 있었다.

파마사이클릭스에서도 이러한 패턴이 반복됐다. 이즈미 덕분에 (그리고 그의 머릿속에 든 놀라운 양의 정보 덕분에) 파마사이클릭스는 130명의 절박한 환자들에게 PCI-32765를 투약할 수 있게 됐다. 함디와 이즈미는 서로를 잘 보완했다. 함디는 핵심 의사들과의 관계를 유지하고 임상시험에 뒤따르는 의료 책임을 다루는 등 전체적인 그림을 잘 파악했다. 이즈미는 놀라운 직업윤리를 바탕으로 세부사항을 챙김으로써 함디를 보조했다. 함디와 이즈미는 서로와 일하는 것이 좋았고, 스트레스를 풀기 위해 함께 웃음을 터트리는 순간들을 찾곤 했다. 2010년 4월, 57일 만에 임상시험이 시작됐다. 임상시험의 평균 준비 기간이 5~6개월인 점을 고려하면 상당히 빠른 것이었다.[4] 바로 환자 등록이 이뤄졌다.

버드는 이 약물의 작용 원리를 아주 근사한 방법으로 환자들에게 설명했다. 환자들이 진료실에 앉으면 전등 스위치가 있는 곳으로 걸어가 불을 껐다. 그러고는 티로신 키나아제 억제제가 손가락과 같은 역할을 한다고 말했다. 불이 켜지면 암이 퍼졌다. 불이 꺼지면 암도 멈췄다. 그런 뒤 버드는 테이프로 스위치를 막았다. 테이프는 비가역적 억제제였다. 이 새로운 실험단계 치료제가 작용하는 방식도 이와 같았다. 물론 화학요법으로도 불을 끌 수 있다. 그러나 화학요법은 손가락이나 테이프가 아닌, 쇠망치를 사용하는 것과 같았다. 많은 환자가 쇠망치를 이미 경험한 바 있었다. 그들은 기꺼이 테이프를 시도해보길 원했다.

함디는 서니베일의 사무실에 에어 혼(압축 공기로 작동하는 경적―역주)을 두었다. 새로운 환자가 임상시험에 등록할 때마다 에어 혼을 울려서 사무실에 있는 사람들을 깜짝 놀라게 했다.

더건은 끊임없이 업데이트를 요구했다. 때로는 사전을 옆구리에 낀 채로 사무실을 돌아다녔다. 투자자 마인드를 가진 그는 함디와 그의 직원들이 하는 일을 이중으로 점검하고 때로는 질문하기 위해 컨설턴트를 고용했다. 함디는 더건과의 회의를 준비할 때마다 더건과 그의 컨설턴트들이 던질 질문에 대비해 임상시험 중인 환자들의 최신 진행 상황을 외워야 했다.

압박이 강한 근무 환경이었다. 때때로 더건은 이즈미의 사무실을 찾아가 환자들의 최신 정보를 보여달라고 요구했다. 그러면서 이즈미의 어깨너머로 그의 컴퓨터 화면을 힐끗 훔쳐보았다. 이즈미는 개의치 않았다. 일의 진행 상황을 이해하려는 더건의 노력에 감탄할 뿐이었다. 그러나 가끔 더건의 다소 별난 성격이 튀어나왔다. 한번은 세포가 어떻게 빛의 속도로 움직이는지에 대해 이야기하려고 했다. 이즈미는 그냥 무시했다. 임상시험이 시작됐고 해야 할 일이 있었기 때문이다.

***

파마사이클릭스의 BTK 억제제에 대한 로스바움의 열정은 여전했다. 월스트리트의 다른 사람들도 기회의 냄새를 맡았다. 파마사이클릭스의 주가는 계속 상승했다. 2010년 6월, 회사는 투자자들에게 주가 6.51달러의 주식을 발행해 5080만 달러(약 625억 원)의 영업비용을 모금했다.[5] 로스바움도 주식을 사들였다. 2010년 8월 말, 그는 5퍼센트의 지분을 보유해 더건에 이어 두 번째 대주주가 되었다.[6] 에델만도 더 많은 주식을 사들였다. 퍼셉티브 헤지펀드는 로스바움과 거의 비슷한 지분을 보유하게 됐다. 다만 에델만은 대부분 다른 사람들의 돈으로 주식을 샀지만, 로스바움은 자기 돈으로만 투자했다는 점이 달랐다. 로스바움은 B세포 수용체의 신호 전달 경로에서 키나아제를 억제하면 CLL를 치료할 수 있다고 믿었다. 그는 칼리스토가의 이델라리시브에도 거액을 투자했다. 2010년 6월에 공시된 4000만 달러(약 약 492억 원)의 자금 조달에 참여하면서 이 비상장회사의 지분을 약 10퍼센트 확보했다.[7]

비슷한 시기에 파마사이클릭스는 시카고에서 열린 미국 임상종양학회 연례학술대회에서 PCI-32765의 초기 임상 1상 데이터를 업데이트하여 발표했다. 이제는 CLL 환자 13명 중 8명이 부분관해를 보였다.[8] 데이터 발표 후, 파마사이클릭스는 의사들과 투자자들을 위해 저녁 리셉션을 열었다. 버드 역시 참석했고, 그곳에서 처음으로 로스바움을 만났다.

사람들이 테이블에 둘러앉아 저녁 식사를 하는 동안, 함디는

PCI-32765 임상 프로그램에 대한 프레젠테이션을 했다. 일부 투자자들이 함디를 압박했다. 어째서 일일 복용량을 최대 내약 용량(나쁜 부작용을 일으키지 않는 범위 내에서 가장 높은 용량)에 도달할 때까지 늘려서 시험하지 않느냐고 다그쳤다. 그들은 왜 파마사이클릭스가 최소한의 부작용으로 최대한의 효과를 낼 수 있는 완벽한 치료 범위therapeutic window를 찾으려 하지 않는지 의아해했다. 어쩌면 파마사이클릭스가 약의 효과를 최대로 활용하고 있지 못하는 것은 아닐까? 복용량을 늘리면 효과가 더 좋을지 몰랐다. 이에 대해 함디는 저용량으로도 이미 목표한 BTK 신호 억제율의 90퍼센트를 달성했으므로 환자들을 한계까지 밀어붙일 필요가 없다고 답했다. 로스바움은 귀를 기울였다. 그는 이미 사석에서 더건에게 같은 지적을 한 바 있었다. 로스바움은 이 논쟁에 뛰어들었고, 회사가 최대내약용량을 찾는 것이 과학적으로 합리적이라고 주장했다.

긴장감이 감돌았다. 더건은 자리에서 일어나 로스바움의 테이블로 조용히 걸어갔다. 로스바움의 팔을 잡아 세게 비틀고는 가까이 몸을 기울여 "우리도 고려 중입니다" 하고 로스바움의 귀에 대고 속삭였다. "그러니 이제 그만 닥쳐요."

해고

···

Fired

2010년 10월, 60세의 로버트 아조파르디Robert Azopardi는 괴롭고 절박한 심정으로 롱아일랜드에서 맨하튼의 어퍼 이스트사이드로 짧은 여행을 떠났다.[1] 그곳에서 리처드 퍼먼Richard Furman과의 진료 약속이 잡혀 있었다. 퍼먼은 웨일코넬의과대학에서 CLL 연구소를 운영하는 종양 전문의였다. 이 약속이 아조파르디의 마지막 희망이었다. 그의 주치의는 여러 차례 화학요법을 시행한 후, 더는 그의 CLL을 막을 방법이 없다고 말했다. 앞으로 3개월 정도밖에 살지 못하니 호스피스 치료를 준비하라고도 권했다. 아조파르디는 최후의 시도로 퍼먼을 만나러 갔다.

아조파르디는 아내가 밀어주는 휠체어를 타고 퍼먼의 진료실로 향했다. 등에 있는 림프절이 커져서 그의 좌골 신경을 눌렀다. 극심한 통증 때문에 몸을 구부릴 수밖에 없었다. 아조파르디는 지난 몇 달간 걷지 못했다. 목 양쪽과 팔 아래에 있는 림프절도 전부 부풀어 올랐다. 퍼먼은 PCI-32765의 임상시험을 해보자고 했다. "이게 도움이 될지는 저도 알 수 없습니다. 그러나 시도해볼 만한 가치는 있습니다." 퍼먼이 말했다.

치료를 시작하고 약 4주가 지났을 때였다.[2] 아조파르디는 아침에 눈을 떴는데 다리를 타고 흐르는 익숙한 통증이 느껴지지 않았다. 그는 잠시 자신이 죽은 건가 생각했다.

한 달간 약을 복용한 후, 아조파르디는 다시 맨해튼으로 갔다. 퍼먼의 진료실에 앉아 그를 기다렸다. 퍼먼이 진료실에 들어오자 아조파르디는 자리에서 일어나 똑바로 섰다. "안녕하세요, 선생님. 저 좀 보세요!"

아조파르디가 매우 극적으로 호전된 것을 본 퍼먼은 함디에게 직접 전화를 걸어 이 사실을 알렸다. 원래 임상 환자는 개인 정보 보호를 위해 일련번호가 부여되고, 그에 대한 정보는 전산상으로 데이터베이스에 입력된다. 그러나 제약회사와 의사과학자들 사이에는 언제나 논의가 이루어졌다.

이 같은 소식을 전해온 것은 퍼먼뿐이 아니었다. 함디는 전국 곳곳의 의료진으로부터 림프절이 작아졌다는 연락을 받았다. 이즈미는 이제 막 호스피스 치료를 시작한 환자가 약을 복용한 후 상태가 아주 좋아져서 직접 외출하여 할리데이비슨 오토바이를 샀다는 이야기도 들었다.

오하이오주립대에서는 버드가 2상 임상시험에 환자들을 등록시키고 있었다. 파마사이클릭스의 BTK 억제제를 복용한 많은 환자가 림프절이 작아지는 것을 목격했다. 임상시험에 참여한 의료센터 사이에서 약에 대한 소문이 돌았고, 새로운 CLL 환자들이 임상시험에 자원하고자 몰려들었다. 파마사이클릭스의 서니베일 사무실에서는 환자가 약에 반응을 보일 때마다 입구에 종이를 접어서 걸어두었다.

오하이오주 콜럼버스의 제임스암병원에서 버드와 그의 팀은 PCI-32765를 복용한 환자들에게서 뚜렷한 패턴을 발견했다. 환자들이 매일 약을 먹기 시작하면서 백혈구 수치가 증가하고 림프절이 줄어들었다. 휴스턴의 오브라이언, 뉴욕의 퍼먼, 오리건의 샤먼 등 다른 의사과학자들도 모두 같은 패턴을 목격했다.

초기 소규모 임상 1상에서는 환자들이 4주간 약을 복용한 후 일주일간 휴약기를 가졌다. 그러면 그 일주일 동안 백혈구 수치가 떨어졌다. 휴약기가 끝나면 환자들은 다시 4주간 약을 먹고 다시 휴약기를 가졌다. 그에 따라 환자들의 백혈구 수치는 계속 증가와 감소를 반복했다. 그러나 임상 2상에서는 CLL 환자들이 휴약기를 가지지 않았다. 그러자 대부분 환자의 백혈구 수치가 계속 증가한 채로 유지됐다. 함디와 이즈미는 이것이 나쁜 신호일까 걱정했다. 적어도 CLL의 기존 진단 기준에 따르면 림프구 증가증은 병이 진행되고 있음을 뜻했기 때문이다.

그러나 버드, 오브라이언, 퍼먼, 샤먼은 달랐다. 림프구 증가증을 심각하게 받아들이기는 했지만, 다른 긍정적인 신호들을 무시하지 않았다. 많은 CLL 환자가 약을 복용한 이후 림프절이 확연히 작아졌다. 혈소판, 호중구, 헤모글로빈 수치 등과 같은 다른 중요한 지표들도 위태로울 정도로 낮은 수준이었다가 다시 증가하는 사례가 종종 나타났다. 데이터와 통계 분석이 지배하는 세계에서도, 환자의 림프절이 극적으로 감소하는 것을 보고 느끼는 경험은 중요한 의미가 있었다. 무엇보다도 환자들이 원했다. 그들은 백혈구 수치가 높아졌다는 이야기를 들은 후에도 약을 계속 복용하겠다고 결정했다. 그들에게는 당연하고 쉬운 선택이었다. 몸 상태가 좋아지는 걸 직접 느끼기 때문이었다.

서니베일의 사무실에 있는 이즈미 또한 무슨 일이 일어나고 있는지를 파악하려고 계속 노력했다. 한 가지 주요 지표인 백혈구 수치는 증가했지만, 나머지 다른 지표들은 전부 호전되는 방향으로 움직이고 있었다. 함디가 처음에 샤먼에게 표현했던 두려움을 이즈미도 갖고 있었다. 약물이 병을 더 악화하는 것은 아닐까? 기존 '관해기준'에 따르면, 림프절이 줄어들고 림프구 수치가 50퍼센트 이하로 감소한 경우에만 환자가 나아지고 있다고 볼 수 있었다. 현장에 있는 의사들은 새로운 기준이 필요한 것은 아닐지 고민하기 시작했다. 어쩌면 림프절이 작아지는 것만으로도 충분한 것은 아닐까?

2010년 12월, 파마사이클릭스 팀은 ASH 연례학회가 열리는 올랜도로 향했다. 1년 전 뉴올리언스에서는 PCI-32765에 대한 간단한 포스터 하나만 제출했었다. 이번에는 구두발표를 위한 초록 3건과 포스터 1개를 준비했다.[3] 혈액암 학계가 파마사이클릭스를 주목하고 있었다. PCI-32765 임상시험 데이터는 여전히 규모가 작았지만, 흥미를 자극하기에 충분했다. 회사는 초기 임상 1상과 1B/2상에서 총 45명의 CLL 환자에게 BTK 억제제를 투여했다.[4] 분석 결과, 평가

가능한 환자 중 80퍼센트가 림프절이 극적으로 줄어들었다. 이러한 관점에서 볼 때 이 치료법은 매우 유망했다.

다만 한 가지 짚고 넘어가야 할 점이 있었다. 파마사이클릭스는 기존 지표를 기준으로 하면 반응률이 50퍼센트 미만으로 훨씬 낮다고 설명했다. 이는 대부분 백혈구 수치 때문이었다. 파마사이클릭스는 임상 1상 데이터를 근거로 환자들이 약을 계속 복용하면 시간이 지남에 따라 백혈구 수치가 감소했으며, 따라서 약을 더 오랫동안 복용하면 부분관해가 나타날 수 있다고 주장했다.[5]

올랜도에서 발표된 데이터와 파마사이클릭스 측의 주장에 대해서는 의견이 분분했다. 어떤 사람들은 파마사이클릭스와 일부 의사들이 데이터에 맞춰서 관해 기준을 새롭게 설정했다고 생각했다. 그러나 월스트리트의 많은 투자자는 데이터에 흥미를 느꼈다. 뉴욕에서 바이오주 전문 헤지펀드를 공동 운영 중인 펠릭스 베이커Felix Baker와 그의 동생 줄리안 베이커Junlian Baker도 그중 하나였다. 펠릭스 베이커는 스탠퍼드대학에서 면역학 박사 학위를 취득하고 2년간 의학전문대학원을 마쳤다.[6] 그는 베이커브라더스어드바이저스Baker Brothers Advisors(이하 베이커브라더스)를 통해 파마사이클릭스 주식을 사들이기 시작했다.[7] 그해 말, 파마사이클릭스 주가는 6달러 수준을 맴돌았다.[8]

반면 로스바움은 자신이 보고 있는 것이 마음에 들지 않았다. 그는 파마사이클릭스가 공개한 정보에 겁을 먹었다. 버드와 샤먼처럼 로스바움도 이델라리시브를 경험한 적이 있었다. 이델라리시브는 B세포 수용체 경로에서 또 다른 키나아제를 표적으로 하는 약물로,

개발 과정이 PCI-32765보다 훨씬 앞서 있었다. 로스바움은 이델라리시브를 개발 중인 회사 칼리스토가의 지분을 10퍼센트 보유하고 있어서 이사회 참관인 자격이 있었다. 그는 PCI-32765의 미래를 내다본 것 같아 두려웠다.

칼리스토가의 약물은 그가 기대했던 것만큼 효과가 나타나지 않았다. 이델라리시브도 처음에는 백혈구 수치를 치솟게 했다. 이델라리시브를 오랜 기간 복용한 환자들의 경우, 백혈구 수치가 약을 복용하기 전 수준까지는 내려갔지만 그 밑으로 낮아지지는 않았다. 약은 실제로 혈액에서 암세포를 제거하지 못했다.

로스바움은 PCI-32765의 두 번째 임상시험에서 환자들의 백혈구 수치가 상승한 것이 나쁜 신호일지 걱정했다. 사실은 파마사이클릭스 약물도 안전성과 효과가 별로 좋지 않으며, 칼리스토가의 약물과 큰 차이가 없음을 보여주는 이른 징후일 수도 있었다. 어쩌면 B세포 수용체의 신호 전달을 차단한다는 것 자체가 희망이 없는 일일지도 몰랐다.

로스바움은 어떤 투자 이론에도 얽매이지 않고, 언제나 그에 반하는 새로운 정보를 고려하도록 스스로 훈련해왔다. 이제 그는 파마사이클릭스에 대한 확신을 버리기로 했다.

로스바움과 그의 헤지펀드 동료 에델만은 파마사이클릭스 주식 대부분을 팔아서 제법 괜찮은 수익을 남겼다.[9] 그러나 이는 훗날 로스바움의 인생을 재정의하는 결정이 될 터였다.

***

함디는 한 가지 아이디어에 사로잡혀 있었다. 초기 1상 임상시험에는 외투세포림프종 환자 9명이 포함되었다. 외투세포림프종은 CLL보다 드물고 진행도 빠른 끔찍한 혈액암이다. 임상시험에 참여한 9명 중 7명이 적어도 부분적으로라도 약물에 반응했다. 함디는 이제 외투세포림프종 환자를 대상으로 PCI-32765의 2상 임상시험을 시작하고 싶었다.

임상 2상은 비용이 많이 들기 때문에 더건의 승인을 받으려면 그를 설득해야 했다. 더건은 그웬 피페Gwen Fyfe를 컨설턴트로 고용해 파마사이클릭스 이사회에 앉혔다. 피페는 제넨텍에서 10년 넘게 일하면서 가장 대표적인 암 치료제 개발에 참여했었다. 그 후 항암제 개발 담당 부사장 자리까지 올랐다가 최근에 퇴사했다. 피페가 참여했던 약물 중 하나가 바로 제넨텍과 아이덱이 공동 개발한 리툭시맙이었다. 피페를 포함해서 더건이 고용한 제넨텍 출신 임원 전원이 함디의 아이디어에 반대했다.

제넨텍 출신 임원들은 대체로 함디를 별로 신뢰하지 않았다. 피페를 비롯한 다른 사람들은 종양학자인 데 반해, 함디는 비뇨의학과 전문의였다. 외투세포림프종은 극도로 까다롭고 희귀한 질병이었다. 미국에서 이 병을 진단받는 환자 수는 매년 3000명 미만으로[10] 림프종 환자 중에서 차지하는 비율이 매우 낮았다. 금전적 측면에서 보면 아주 작은 시장이었다. 즉 함디의 주장은 상대적으로 적은 수의 환자를 도와서 적은 수익을 얻자고 큰 위험을 감수하자는 것이었다. 제넨텍 출신 임원들은 파마사이클릭스의 제한적인 자원을 고려했을 때, 성인 백혈병 중 가장 흔한 유형인 CLL에 계속 집중해야 한다고 생각했다. 수십만 명의 CLL 환자가 치료를 필요로 했다. 외투세포림프종은 나중에 신경 써도 될 일이었다.

물론 함디도 회사가 자원을 현명하게 사용하고 재정적으로 올바른 결정을 내리기를 원했다. 그러나 함디가 보기에 외투세포림프종 진단을 받은 환자들은 사실상 무방비 상태였다. 암이 진단될 때 이미 림프절과 골수로 전이된 경우가 많았기 때문이다. 함디는 비록 환자 수가 적더라도 이러한 환자들도 도와야 할 의무가 있다고 느꼈다. 또한 전략적 관점에서도 그것이 합리적이라고 여겨졌다.

일반적으로 새로운 약물이 FDA의 승인을 받으려면 기존 치료제와 대조하는 임상시험을 거쳐야 했다. 이는 시간도 오래 걸리고 비용도 많이 드는 절차였다. 그러나 외투세포림프종은 기존 치료법이 거의 존재하지 않았기에 FDA 승인이 빠르게 이루어질 가능성이 크다는 것이 함디의 생각이었다. 큰 비용을 들여서 다른 치료제와 대조하는 대규모 임상시험을 진행할 필요 없이 PCI-32765의 안전성과 효능만 입증하면 FDA 승인을 기대할 수 있었다.

비록 시장은 작더라도 FDA 승인을 받은 약물을 보유하는 것은 엄청난 가치가 있었다. 다른 질병에 대한 승인을 받기도 더 쉬워질 터였다. 함디는 PCI-32765가 효과가 있으며 외투세포림프종에서 안전하고 효율적으로 BTK를 차단한다는 사실을 증명하여 이 약물을 빠르게 시장에 내놓아야 한다고 주장했다. 일단 그러고 나면 CLL과 같은 다른 증상에 대해서도 규제 기관의 승인을 확보할 수 있다고 강조했다.

함디는 자신의 전략을 밀어붙였고, 이즈미와 함께 외투세포림프종 환자에 대한 임상 2상을 설계하여 착수했다.

그러나 안타깝게도 함디의 다음 결정이 그를 잘못된 길로 이끌었다. 제넨텍 출신 임원들의 조언과 반대로, 함디는 약물의 효과를 최대로 끌어내고 있는지를 확인하기 위해 일부 환자들의 PCI-32765 복용량을 늘리는 쪽으로 임상시험 프로토콜을 수정했다. 이는 로스바움이 제안했던 방향이었다. 실험 결과, 용량을 늘려도 효능에는 별 차이가 나타나지 않았고, 오히려 백혈구 수치가 더 많이 증가했다. 일부는 이것이 약물의 또 다른 부작용으로 여겨질까 우려했다.

함디와 제넨텍 출신 임원들 간의 갈등은 점점 깊어졌다. 그들이 보기에 이 비뇨의학과 전문의는 자기가 무슨 일을 하는지도 잘 모르는 것 같았다. 그리고 게임의 판돈(생과 사 그리고 돈)은 확연하게 커지고 있었다.

* * *

피터 레보위츠Peter Lebowitz는 캘리포니아 동부 해안에서 근무를 시작한 지 3주 후, 서니베일에 있는 작은 회사에 방문하기 위해 북부 캘리포니아로 향했다.[11] 존슨앤드존슨Johnson&Johnson(이하 J&J)의 얀센Janssen 제약은 항암제 파이프라인을 강화하기 위해 또 다른 대기업인 글락소스미스클라인GlaxoSmithKline에서 레보위츠를 혈액암 부문 책임자로 스카우트했다. 레보위츠의 역할은 작은 생명공학 회사에서 개발 초기 단계에 있는 약을 찾아 해당 회사와 파트너십을 맺는 것이었다. J&J 제약 부문의 연구개발 최고책임자인 폴 스토펠스Paul Stoffels는 새로운 치료제를 발굴할 계획을 세웠다. 그는 이것을 '프로젝트 플레이북Project Playbook'이라고 불렀다. 그들은 각각의 질병을 과녁 모양의 차트로 정리했다. 혈앰암 차트는 25가지 실험단계 치료제로 구성되었는데, PCI-32765는 가장 바깥에 있었다. 약이 개발 극초기 단계에 있다는 뜻이었다.

그런데도 레보위츠는 파마사이클릭스에 흥미를 느꼈다. 레보위츠는 이 작은 스타트업 회사가 대박 복권을 갖고 있을지 궁금해하며 더건에게 전화를 걸었다. 한편 더건은 돈이 필요했다. 연구실 운영, 임상 절차, 현장 감독, 직원 및 행정, 환자 모집, 통계 분석, 각종 규제 준수 등에 비용을 대려면 최소한 10억 달러(약 1.1조 원)는 필요했다. 그래서 더건은 레보위츠나 그 밖의 대형 제약회사에서 BTK 억제제에 대해 파마사이클릭스와 파트너십을 맺고 싶다는 연락이 오면 이에 다 응했다.

더건은 함디에게 에르트만과 함께 대기업들을 대상으로 한 프레젠테이션을 준비하라고 지시했다. 그들은 셀진, 노바르티스Novartis, J&J 얀센을 위한 발표를 준비했다. 함디는 대기업 임원들이 직접 와서 데이터를 검토할 수 있도록 컴퓨터와 보안장치를 갖춘 자료실도 마련했다.

레보위츠는 파마사이클릭스의 프레젠테이션을 들은 후 사흘간 자료실에서 시간을 보냈다.[12] 함디는 프레젠테이션에서 이번 임상시험에는 외투세포림프종 환자도 포함되었다고 강조했다. 이러한 시도가 잠재적 파트너들의 관심을 사길 바랐다. "어쩌면 외투세포림프종으로 가장 먼저 FDA 승인을 받을 수도 있습니다. 우리는 외투세포림프종 승인을 받는 데 자원을 집중해야 합니다. 물론 CLL 임상시험도 계속 진행할 것입니다."

그 자리에는 피페도 있었다. 피페는 함디의 말을 자르며 끼어들었다. "저는 거기에 동의하지 않습니다." 그는 회사의 에너지와 자원 대부분을 CLL 임상시험에 쏟아야 한다고 덧붙였다.

레보위츠는 쉬는 시간에 함디에게 다가가 외투세포림프종 아이디어에 장점이 있다고 말했다. 어떤 이들은 내부 갈등이 보이면 불안을 느끼지만, 레보위츠는 그렇지 않았다. 레보위츠는 J&J가 모든 수단과 방법을 동원해 BTK 억제제에 대해 파트너십을 맺어야 한다고 확신했다. 레보위츠는 그의 상사에게 이메일을 보냈다. "우리가 이 약을 확보해야 합니다."

더건은 기쁜 듯 보였다. 대형 제약회사들과의 협상이 순조롭게 진행됐다. 함디는 국립암연구소의 스타우트와 윌슨과 긴밀한 관계를 유지했다. 국립암연구소는 비호지킨림프종과 다발성골수종 환자들을 대상으로 하는 PCI-32765 임상시험 두 건을 지원할 예정이었다. 이로써 약물의 신뢰도가 더욱 올라갈 터였다.

또한 함디는 버드 팀과 파마사이클릭스 전임상시험 팀과 함께 몇 가지 중요한 과학적 연구를 마무리하고 있었다. 해당 논문은 ASH에서 발행하는 의학저널인 〈블러드Blood〉에 곧 게재될 예정이었는데, PCI-32765가 CLL 세포 내의 주요 신호 전달 경로를 어떻게 차단하는지를 설명하는 내용이었다.[13] 또한 이 약물이 CLL 세포 자체를 공격할 뿐만 아니라, CLL 세포가 외부의 생존 신호에 반응하는 것을 막는 역할도 한다는 내용도 담겨 있었다. PCI-32765가 CLL과 싸울 수 있는 데는 최소한 두 가지 메커니즘이 존재한다는 뜻이었다.

약물의 복용량을 늘린 CLL 환자들의 데이터를 논의하는 회의에서 더건은 함디의 어깨에 손을 얹으며, 다가오는 학회에서 데이터가 나오면 모든 것이 잘될 것이라고 말했다. "당신은 좋은 사람이에요." 더건이 말했다.

2001년 4월, 더건은 이즈미를 사무실로 불렀다. 이즈미는 PCI-32765 임상시험에 환자들을 등록하기 위해 지칠 줄도 모르고 일하고 있었다. 더건도 계속 사무실에 머무르면서 직원들이 빠르고 열정적으로 일하도록 압박하고 있었기에, 이즈미가 얼마나 열심히 일하는지 잘 알았다. 그는 이즈미에게 임금을 30퍼센트 가까이 올려줄 것이라고 말했다. 이즈미는 이렇게 인상 폭이 큰 임금 인상은 처음이었다. "당신은 이 조직의 핵심이에요." 더건은 이렇게 말했다.

그 무렵 더건은 함디와 피페 사이에 점점 고조되는 갈등을 머릿속에서 떨치기 힘들었다. 그 문제가 자꾸 그의 주의를 흐트러뜨렸다. 그들은 공공연하게 상대방의 의견에 반박했다. 그냥 서로 잘 맞지 않는 것 같았다. 파마사이클릭스가 BTK 억제제를 시장에 내놓을 기회는 단 한 번뿐이었다. 더건은 시간을 앞당겨 발전 초기 단계에 있는 파마사이클릭스를 마지막 단계로 빠르게 성장시키고 싶었다. 대형 제약회사와의 파트너십이 이를 가속화할 거라는 믿음도 있었다. 직원 구성에도 변화가 필요해 보였다. 파마사이클릭스의 사장으로서 약물의 개발 초기 단계를 함께했던 라이스가 퇴사할 예정이었기 때문이다. 살바는 이미 후보에서 제외된 상태였다.

더건은 자신이 이성적이고 냉정한 선택을 할 수 있는 비즈니스 경영자라고 자부했다. 성공을 위협하는 문제를 해결할 수만 있다면 언제든지 마음을 바꿀 준비가 되어 있었다. 그 누구도, 그 어떤 것도 중요하지 않았다. 후회로 괴로워하는 일도 거의 없었다. 그는 파마사이클릭스의 CEO이자 이사회 회장이었다. 회사 주식을 20퍼센트 이상 보유하고 있었고, 파마사이클릭스에 대한 절대 권력을 갖고 있었다. 파마사이클릭스의 전 직원이 더건을 위해 일하고 있었고, 모두가 더건의 뜻에 따라 일하고 있음을 인지했다.

2011년 5월 어느 목요일, 더건은 함디와 이야기를 나누기로 했다.

더건은 함디에게 "당신은 개발 초기 단계에 적합한 사람"이므로, 후기 단계의 개발 경험이 풍부한 사람을 채용하여 함디 위에 앉힐 생각이라고 말했다. 더건의 설명은 간단했다. 함디는 혈액학자가 아니었고, 파마사이클릭스는 이제 혈액암 전문 회사라는 것이었다. 파마사이클릭스는 이 분야의 전문가들이 필요했다. 지금 발을 헛디디면 모든 노력이 물거품이 될지도 몰랐다.

더건은 함디와 제넨텍 출신 임원들이 갈등을 빚는 걸 싫어했다. 이는 함디도 잘 알고 있었다. 외투세포림프종을 표적으로 삼을 것인지를 두고 마찰을 빚는 것도 그랬다. 또 다른 문제는 함디의 업무 방식이 작은 기업에서만 일한 사람으로서의 한계를 드러낸다는 것이었다. 함디는 여러 가지 일을 한꺼번에, 때로는 제대로 된 협의 없이 진행하려고 했다. 이렇게 하면 진행 속도는 빠르지만, 한편으로는 일이 깔끔하지 않았다. 피페를 비롯한 제넨텍 출신 임원들은 큰 회사에서 경험을 쌓은 사람들이었다. 그들은 순차적이고 원칙에 맞게 일을 처리했다.

함디는 주말 동안 머릿속이 복잡했다.

***

다음 주 월요일 아침, 함디는 자리에 앉아서 해야 할 일에 집중하려고 노력했다. 그러나 마음을 다잡기도 전에 잔가네가 와서 메시지를 전했다. "더건이 당신과 이야기하고 싶대요."

함디는 자리에서 일어나 더건의 사무실로 향했다. 자신의 사무실에서 겨우 문 두 개만 지나면 됐다. 함디는 파마사이클릭스의 인사팀장도 와 있는 것을 알아차리지 못했다. 함디가 의자에 앉자마자 더건이 본론으로 들어갔다.

"당신을 내보내야 할 것 같습니다." 더건이 말했다.

함디는 당황하고 충격을 받은 채 가까스로 해고 사유를 물었다. 더건은 제대로 대답하지 않았다. 그러나 개인적으로 그는 함디와 제넨텍 출신 임원들 사이의 갈등이 커지는 것을 보았고 이를 막아야 한다고 생각했다. 그리고 고민 끝에, 함디를 해고하는 것이 유일한 방법이라고 결론 내렸다.

모든 대화가 끝나기까지 30초도 채 걸리지 않았다. 함디가 자리에서 일어났다. 그제야 인사팀장이 자기 옆에 있는 것을 알아차렸다. 그는 함디가 파마사이클릭스 사무실에서 나와 차까지 가는 길을 함께 걸었다. 함디는 차를 몰아 근처에 있는 프라이즈일렉트로닉스 주차장으로 들어갔다. 그러고는 몇 시간 동안 차에 앉아서 가족들에게 뭐라고 말해야 할지 고민했다.

회사 내에서 약간의 갈등과 경쟁이 있긴 했지만, 해고되리라고는 생각도 못 했다. 당장 수입이 사라진 함디는 자신의 재정 상황과 파마사이클릭스 주식에 대해 생각했다.

함디는 2009년 파마사이클릭스에 입사할 때 받은 5장짜리 계약서를 기억하고 있었다.[14] 스톡옵션 30만 주를 주당 73센트밖에 안 되는 행사 가격에 매수할 수 있다는 내용이었다. 옵션 중 7만 5000주는 함디가 첫 1년을 근무한 후에 행사할 수 있고, 나머지 22만 5000주는 1년 이후 36회에 걸쳐 매월 균등하게 나누어 지급된다고 했다. 즉 모든 옵션을 행사하려면 최소 4년간 일해야 했다.

옵션에 대한 단서 조항도 하나 달려 있었다. "옵션에 대한 모든 권한은 고용 종료와 함께 중단된다."[15] 끝으로 함디의 고용은 '회사의 자유의사'이며 회사는 '이유 여하를 불문하고' 함디의 고용을 종료할 수 있다고 명시되어 있었다. 그것은 실리콘밸리의 표준 계약서였다. 함디는 변호사 검토 없이 거기에 바로 서명했었다.

함디는 더건이 그를 해고하기로 결정할 때, 그가 아직 받지 못한 엄청나게 저렴한 옵션을 모두 회수하게 된다는 사실도 고려했는지 궁금했다. 함디는 해고로 인해 13만 7000주의 옵션을 잃게 됐다. 어쨌든 함디는 앞으로의 일이 어느 정도 결정되기 전까지 생계를 위해 스톡옵션을 팔아야 했다. 파마사이클릭스 주식이 더 오를 것 같았지만 어쩔 수 없었다.

함디를 해고한 바로 그날, 더건은 이즈미도 불렀다.

이즈미는 더건이 말을 시작하기도 전에 인사팀장이 그 방에 있는 것을 알아차렸다. 더건이 무슨 말을 할지 눈치를 챘다. 그러면서도 그가 정말로 그 말을 입 밖으로 낼 거라고는 믿기 어려워했다. 더건은 이즈미 역시 더는 회사에 필요하지 않다고 말했다.

불과 한 달 전에 더건은 이즈미의 경력에서 가장 큰 폭의 임금 인상을 해주었다. 그러나 지금은 해고 통보를 하고 있었다. 이즈미는 건물 밖으로 나가는 길에 잠시 화장실에 들러 방금 겪은 일을 남편에게 문자로 알렸다. 화장실에서 나온 이즈미는 여전히 믿을 수 없다는 표정이었다. 이즈미는 이제 다시는 사무실로 돌아갈 수 없었다.

파트너

Partners

이즈미는 시카고의 한 호텔 방에서 눈을 떴다. 이즈미는 그럴 돈이 없었지만, 그의 친구가, 아니 친구의 회사가 비용을 냈다. 이즈미는 해고된 후 며칠간 소파에 무기력하게 누워 있었다. 아무리 생각해도 지금까지 그만큼 멋지게 일을 해낸 적은 없었다. 어쩌면 앞으로도 없을 듯했다. 그러나 그 결과는 해고였다. 함디를 숙청하는 과정에서 자기도 해고됐을 가능성이 크다는 것은 알았지만, 자신이 범죄자라도 되는 것처럼 인사팀장이 차까지 따라왔던 일에 대해서는 좀처럼 무뎌지지 않았다. 보다 못한 남편이 이즈미에게 이제 그만 일어나라고 말했다. 이제 앞으로 나아가야 했다.

이즈미는 미국 임상종양학회 연례학술대회에 참석하기 위해 시카고로 향했다. 버드가 PCI-32765를 CLL에 적용한 데이터를 발표할 예정이었다. 이즈미도 발표를 듣고 싶었다. 문제는 경비를 부담하기에는 자금 사정이 너무 빠듯하다는 것이었다. 이즈미는 시카고에서 머물 호텔을 물색했다. 마침 친구의 동료 중 한 명이 학회의 월요일 아침 일정에 불참하게 돼서 그의 이름을 빌렸다. 이즈미는 인도 남자 이름이 적힌 학회 배지를 달고, 맥코믹플레이스 컨벤션센터로 조용히 들어갔다. 그리고 아리크라운 극장으로 가서 버드가 발표를 시작하기 직전인 오전 9시 30분에 5000석 중 한 곳에 앉았다.

이즈미가 보기에 데이터는 굉장히 고무적이었다. CLL 환자 83명으로 구성된 임상 1B/2상 연구의 중간 결과에 따르면, 6~7개월간의 치료 후 증가했던 백혈구 수치가 다시 떨어지고 혈액에서 암세포가 사라지기 시작했다.[1] CLL 치료가 처음인 노인 환자 중 3분의 2에서 부분관해가 나타났고, 이전에 치료를 받지 않은 다른 환자 상당수가 림프절이 많이 줄어드는 것을 경험했다. 하지만 다른 치료에 실패했던 CLL 환자 중에서 PCI-32765에 부분관해를 보인 수는 50퍼센트 미만으로, 그리 인상적인 수치는 아니었다.

그래도 연구에 참여한 환자 중 겨우 3명만이 가벼운 설사, 메스꺼움, 구토 등의 부작용으로 약을 중단했고, 암이 진행된 환자도 3명뿐이었다. 어느 모로 봐도 적은 수였다.

이즈미는 매우 씁쓸했다. 암 환자에게 도움이 될 것이라 믿었던 약물을 개발하는 데 자신이 핵심적인 역할을 했었다. 〈임상종양학회지Journal of Clinical Oncology〉에 실린 논문 초록에도 자신의 이름이 올라가 있었다.[2] 이즈미는 매우 자랑스러우면서도 이처럼 엄청난 약을 계속 연구할 기회를 빼앗겨 몹시 슬펐다. 이즈미가 없어도 약물 개발은 계속 진행될 것이었다. 버드가 프레젠테이션을 이어가는 동안 이즈미는 아리크라운 극장에 앉아 눈물을 흘렸다.

버드의 발표가 끝난 직후, 로스바움은 더건, 잔가네, 피페와 함께 방금 발표된 새로운 데이터에 대해 논의하기 위해 모였다. 그날 시카고의 날씨가 워낙 화창하고 아름다워서 모임은 야외에서 진행됐다. 로스바움은 몇 달 전에 파마사이클릭스 주식을 반 이상 처분했지만, 여전히 주주였고 관심이 많았다. 늘 그랬듯이 투랄스키도 함께였다. 로스바움은 자리에 앉아 더건 쪽으로 몸을 돌렸다.

"한 가지 질문이 있습니다. 물론 제가 상관할 바도 아니고, 대답하지 않더라도 이해합니다." 로스바움이 입을 열었다. "함디는 어떻게 된 건가요? 전 그가 정말로 일을 잘한다고 생각했거든요."

더건이 고개를 들어 로스바움을 잠시 응시한 후 대답했다. "제가 할 수 있는 말은, 배를 탔으면 모두가 한 방향으로 노를 저어야 한다는 것뿐입니다."

회의에서 제시된 데이터를 보면, 그 약이 정말로 CLL 환자에게 임상적 차이를 가져다준 듯했다. 로스바움이 겁을 먹었던 림프구 증가증(백혈구 수치 증가) 역시 걱정을 덜어도 될 것 같았다. 주식의 상당 수를 너무 빨리 매도했나 하는 아쉬움이 조용히 고개를 들었지만, 그렇다고 해서 지금 다시 더 높은 가격에 매입할 수는 없는 노릇이었다. 투랄스키의 헤지펀드 사장인 에델만도 마찬가지였다.

로스바움은 자신의 선택을 합리화하려고 노력했다. 그는 마음속으로 데이터에서 허점을 찾으려고 애썼다. 약은 아직도 비교적 적은 수의 환자들을 대상으로 시험됐다. 장기적인 안전성과 지속성은 여전히 불투명했다. 파마사이클릭스의 두 번째 임상시험에서 CLL 환자 대부분은 겨우 6~7개월간 약을 복용했다. 중간보고는 어쩌면 일부 환자를 선별한 데이터일지 몰랐다.

하지만 무언가 다른 일이 벌어지고 있었다. 로스바움이 처음 파마사이클릭스 주식을 샀을 때는 주가가 1~2달러 사이였다. 그러나 지금은 8달러에 거래되고 있었다. 로스바움은 파마사이클릭스 주식의 상당 부분을 약 6달러에 매도하여 대략 300퍼센트 정도의 투자 수익을 거두었다. 아무리 그것이 논리적으로 타당한 선택이었더라도(평소 로스바움은 자신이 논리적인 사람이라는 점을 자랑스럽게 여겼다) 지금 더 높은 가격으로 주식을 다시 사들이기란 심리적으로 매우 어려웠다.

그러나 몇몇 대형 제약회사들은 새로운 시각으로 PCI-32765의 잠재력을 평가한 끝에 로스바움과는 다른 결론에 도달했다. 그들은 파마사이클릭스 주식을 매수해서 최대한 많은 약을 통제하길 원했다.

***

더건은 파마사이클릭스 회의실에 앉아 사전을 보면서 단어의 정의를 큰 소리로 읽었다. 그 자리에 함께 있던 회사의 여러 부문 책임자들이 귀를 기울였다. 파마사이클릭스의 주간 임원 회의는 언제나 이렇게 시작했다. 더건은 단어를 정의한 후, 그 단어의 정의가 그들이 달성하려고 하는 것과 어떻게 연관될 수 있는지에 대해 철학적인 이야기를 늘어놓았다. 때로는 자신의 비즈니스 원칙을 지지하는 시간을 갖기도 했다. 더건은 비즈니스와 관련된 의사결정을 할 때는 품질, 시간, 비용, 이렇게 세 가지를 핵심 기준으로 삼아야 한다고 강조했다. 그중에서도 품질이 가장 중요했다. 질 높은 실험이 가치를 창출하고 질 높은 인재가 가치를 창출했다. 형편없는 컴퓨터를 생산하는 회사는 수익률도 형편없었다. 생명공학 업계도 마찬가지였다. 더건은 어떻게 해야 질 좋은 결과물을 생산할 수 있는지 그리고 그것이 어떻게 시간과 비용에 영향을 미치는지를 이해해야 한다고 말했다. 시간과 비용을 들이지 않고 질 높은 결과물을 얻는 것이 가능할까? 질 좋은 제품을 많이 생산하여 투자 수익을 얻을 수 있다면, 비용이 많이 들거나 시간이 오래 걸리더라도 그럴 만한 가치가 있었다.

더건은 자기 얘기를 마친 뒤, 회의 진행을 잔가네에게 넘겼다. 그러면 잔가네는 마치 링에 올라선 권투 선수처럼 폭풍같이 질문과 지시를 날렸다. 임원들에게 질문을 던지고 업데이트를 요구했다. FDA에 문서를 보냈습니까? 그 임상시험에는 몇 명의 환자가 등록했습니까? 입사지원자가 제안을 받아들였습니까? 프로젝트에 대해 업데이트할 내용이 있습니까? 회의에 참석한 모두가 이러한 질문 폭탄에서 살아남을 수 있는 건 아니었다. 이를 견디지 못한 사람들은 종종 그만두거나 해고되기도 했다.

더건은 잔가네를 최고운영책임자coo로 승진시켰다. 사실 이미 잔가네는 더건이 가장 의지하는 인물이자 파마사이클릭스에서 두 번째로 강력한 권력을 쥔 인물이었다. 그는 매우 똑똑하고 명민한 협상가로 더건에게서 전폭적인 신임을 받았다. 두 사람은 함께 생명 공학 업계의 오랜 통념에 도전장을 내밀었고, 파마사이클릭스에서 두 번째로 큰 주주[3]인 베이커브라더스의 펠릭스와 줄리안 등 투자 업계 사람들과도 긴밀한 관계를 유지하려고 했다. 더건과 잔가네는 파마사이클릭스와 거의 생사고락을 같이한다고 해도 과언이 아닐 정도로 열심히 일했다.

조직 내 상당수는 잔가네에게 직접 보고했다. 직원 수가 늘어나 회사를 근처 2층짜리 건물로 옮길 때, 더건은 잔가네의 사무실을 그의 옆에 배치했다. 더건은 두 사무실을 대대적으로 리모델링했다. 윤이 나는 밝은색 나무 바닥을 깔고 유리벽을 세웠다. 사무실 사이에 전용 유리문을 설치해 복도로 나가지 않고도 서로의 사무실을 방문할 수 있도록 했다. 잔가네의 자리에서 더건의 사무실이 훤히 들여다보였다. 더건이 긴 나무 테이블에 앉아 있는 모습을 볼 수 있었다. 두 사람은 매우 가까운 관계였고, 그들의 유대감은 몹시도 끈끈했다. 더건은 잔가네의 아이가 자기 아들이나 다름없다고 공공연하게 말하고 다녔다.[4]

최근에 프로젝트 관리 책임자로 입사한 마리아 파르디스Maria Fardis는 더건과 잔가네를 구분 짓는 시도가 큰 실수라는 사실을 빠르게 파악했다. 둘 중 한 사람을 상대하는 것이 곧 다른 한 사람을 상대하는 것이었다. 그들은 하나였다. 더건은 매력적으로 행동할 수 있었고 일을 가볍게 유지하는 것을 좋아한 반면, 잔가네는 사소한 세부 사항까지 꼼꼼하게 챙겼다. 두 사람은 각자의 강점을 살려 함께 회사를 운영했다. 파르디스는 파마사이클릭스의 일부 직원이 이를 파악하지 못하는 걸 이해하지 못했다.

파르디스는 UC버클리에서 유기화학 박사 학위를 받고 골든게이트대학교에서 MBA를 취득했다. 졸업 후 대형 생명공학 회사인 길리어드사이언스Gilead Sciences에서 일하다가 최근에 파마사이클릭스로 옮겼다. 이란에서 태어난 그는 미국에서 얻은 기회에 매우 기뻐했고 이것들을 놓치지 않겠다고 결심했다. 파르디스는 야망과 능력을 모두 갖춘 인물이었다. 채 없어지지 않은 페르시안 억양이 그의 과거를 떠올리게 하긴 했으나 서양권 문화에 순조롭게 스며들었다. 그는 자기 분야에서 유명한 사람이 되겠다고 다짐했다.

더건은 늘 파르디스 같은 사람을 고용하려고 했다. "[아무리 똑똑한 사람이라도] 당신을 우울하게 만드는 사람은 절대로 채용하지 마세요." MIT 출신 과학자나 하버드 의사를 데려오는 사람들에게 더건은 이렇게 말하곤 했다. 더건은 과학자도 결국 영업사원이 되어야 한다고 생각했다. 연구 자금을 따오고, 의사들을 설득해서 환자들을 임상시험에 등록하게 하고, 그 외에도 규제 기관 공무원 등 일하면서 마주치는 사람들을 회사가 원하는 방향으로 움직일 수 있어야 했다. 더건은 파르디스처럼 외향적인 사람을 원했다. 게다가 파르디스는 잔가네와 국적이 같았다. 두 사람은 사무실에서, 가끔은 회의 중에 페르시아어로 이야기를 나누며 유대감을 쌓았다.

잔가네가 다른 사람들이 알아들을 수 없는 언어로 공개적인 대화를 나누는 일은 흔했다. 때로는 회의 중에 또 다른 더건 충성파인 에르트만에게 독일어로 의견을 내기도 했다. 더건, 잔가네, 에르트만은 생명공학 업계를 제대로 이해하지 못한 외부인 같은 의견을 종종 내곤 했다. 더건이 업계를 모른다고 말할 사람은 없었다. 하지만 이처럼 규제가 엄격한 업계에서 새로운 한계를 확장하는 것은 또 다른 문제였다. 비용을 검토할 때 에르트만은 독일인 억양으로 "폭스바겐을 살까요, 아니면 메르세데스를 살까요?"라고 묻곤 했다. 이는 부동산이나 자동차 업계에서는 자주 쓰는 비유일지 몰라도, 생명공학 업계에서는 그리 적절한 것이 아니었다. 하루는 임상시험 환자 모집을 늘리는 방법을 논의하던 중에 잔가네가 가장 많은 환자를 모집한 의사들에게 자동차 등의 보상을 제공하자는 아이디어를 내놓았다. 또 다른 날에는 더건이 왜 파마사이클릭스는 잠재적 임상시험 환자에게 실험단계 치료제를 홍보하는 광고 캠페인을 만들지 않는지 궁금해했다. 생명과학 분야에 오래 몸담은 전문가들은 그러한 전략이 이 업계에서는 금기사항이라고 조심스레 설명해야 했다. 환자를 임상시험에 등록할지 여부를 결정하는 데 편견이 개입될 수 있기때문이었다. 더건과 잔가네는 대개 이러한 설명을 받아들였지만, 여전히 사람들에게 혁신을 촉구했다.

＊＊＊

이러한 추진력에도 불구하고, 파마사이클릭스는 돈과 PCI-32765를 개발할 전문가들이 아직 더 필요했고, 더건은 대형 제약회사와 파트너십을 맺는 것이 두 마리 토끼를 잡을 수 있는 최고의 방법이라고 확신했다. 2011년 가을에도 파마사이클릭스의 전체 가치는 8억 달러(약 9400억 원) 미만, 주가는 11달러로[5] 그리 높지 않았기 때문에 주식시장에서 자금을 조달하려면 비용이 너무 많이 들었다. 그리고 로스바움과 에델만만 파마사이클릭스에 냉담해진 게 아니었다. 월스트리트에서 파마사이클릭스의 BTK 억제제는 여전히 큰 관심을 불러일으키지 못했다.

많은 핵심 투자자가 림프구 증가증 문제로 이 약의 가능성을 미심쩍어했다. 로스바움이 파마사이클릭스 주식을 사려고 할 때 같이 경쟁했던 오비메드도 곧 주식을 매각할 예정이었다. 그해 여름 더건은 더 많은 투자자의 관심을 끌기 위해 뉴욕으로 향했지만, 투자자들은 더건과 파마사이클릭스를 이상하게 여겼다. 월스트리트 인사들과 활발하게 교류하던 함디가 돌연 해고되자 일부 투자자들은 더욱 불안해했다. 게다가 더건은 계속 괴짜처럼 행동했다. 트라우트 그룹이 주최한 해산물 파티에서 셔츠를 벗고 수영복 바지를 입더니 대서양 바다에 뛰어들었다. 햄튼의 8월 저녁은 제법 쌀쌀했다. 다른 사람들은 깔끔하게 차려입은 채 플라잉 포인트 비치에 머무는 동안, 더건은 혼자 바닷속에서 첨벙댔다.

반면 대형 제약회사들 사이에서는 더건이 관심 대상으로 떠올랐다. 그러나 이러한 관심이 대단치는 않았다. 모든 제약회사가 더건과 협상하길 원한 것은 아니었다. 영국-스웨덴의 대형 다국적 제약회사인 아스트라제네카AstraZenecas는 파마사이클릭스 내부를 한 번 들여다보더니 빠르게 물러났다. 그러나 셀진, 노바티스Novartis, J&J의 얀센 제약은 계속 관심을 보였다. 협상은 몇 달간 계속됐다.

PCI-32765와 관련하여 대형 제약회사와 파트너십을 맺을 때, 더건이 돈 이상으로 중요하게 생각한 몇 가지가 있었다. 더건은 미국

내에서 약물의 상업적 이용을 파마사이클릭스가 통제하기를 고집했다. 세계에서 제일 큰 시장인 미국에서 파마사이클릭스가 자체적인 판매 조직을 구축하고 수익을 창출하기를 원했으며, 약병에 파마사이클릭스 이름을 붙이고 싶어 했다. 미국에서 의약품 판매에 대한 규제 책임을 유지하는 것도 중요하게 여겼다. 더건은 파마사이클릭스 직원이 FDA와 일하는 것으로 계획했다. 약물이 승인을 받는다면, 그 일을 해낸 것도 파마사이클릭스의 규제 전략 덕분이어야 했다.

더건은 생존 가능한 회사를 만들고자 했다. 그는 이를 파마사이클릭스 조직 강령의 첫 번째 목표로 삼았다. 더건은 또한 월스트리트가 BTK 억제제를 파마사이클릭스의 약물이라고 인식하길 원했다. 파마사이클릭스를 매각할 날이 오든 안 오든, 회사는 생명공학 거인들 뒤에서 그저 지적 재산권 판매 수익이나 노리는 회사가 아니라 활발하게 운영 중인 회사처럼 보여야 했다.

더건은 이런 점들을 열심히 협상했지만, 모든 회사가 그것을 기꺼이 받아들인 것은 아니었다. 더건이 PCI-32765에 대한 파트너십으로 요구한 금액은 파마사이클릭스의 전체 시장가치보다 높았다. 노바티스, 셀진 등 협상에 참여한 기업 임원 중 일부는 그만큼의 큰 돈을 들이고도 생명과학 분야에 경험도 없는 사람들(더건과 잔가네)에게 운전대를 맡겨둘 생각은 없었다.

더건이 제시한 조건에 맞게 파트너십을 체결할 의사가 가장 높은 곳은 J&J였다. J&J 얀센 제약의 혈액암 부문 책임자인 레보위츠가 이 약을 얻기 위해 할 수 있는 모든 것을 다해야 한다고 한 말에 최고경영진들이 귀를 기울였다. J&J 제약 부문의 글로벌 리더인 스토펠스는 더건과 직접 협상하기 위해 이스트코스트에서 서니베일로 날아갔다.

스토펠스는 바이오제약 업계의 역학관계가 변화하고 있음을 일찌감치 감지했다. 그가 레보위츠를 채용한 이유도 그래서였다. 대형 제약회사들은 소규모 회사나 사업 범위가 더 좁은 생명공학 회사들이 개발한 의약품에 점점 더 많이 의존하고 있었다. J&J가 자체 개발한 약은 점점 줄어들었다. 개발 파이프라인은 조만간 다른 회사에서 처음 시작한 약들이 장악할 것이었다. 이러한 변화가 업계를 휩쓸기 시작했다.

커다란 안경을 낀 스토펠스는 희끗희끗해지는 머리 때문에 짙은 눈썹이 유난히 두드러져 보였다. 그는 더건과 빠르게 가까워졌고, 두 사람은 거래를 추진했다. J&J 변호사들과 사업 개발 담당자들이 계약 사항을 조목조목 따졌다. 다음으로 팔로알토에 있는 로펌 윌슨손시니_{Wilson Sonsini}의 사무실에서 최종 협상이 이루어졌다. 협상을 마친 더건과 스토펠스는 동시에 일어나 서로 악수를 나눴고, 직원들은 손뼉을 쳤다.

이 계약으로 두 사람은 파트너가 되었고, 파마사이클릭스는 10억 달러 이상(약 1.1조 원)의 자금을 확보했다.

두 회사는 PCI-32765를 개발하기 위해 협력하기로 합의했다. J&J는 향후 발생할 전 세계 수익의 50퍼센트를 총 9억 7500만 달러(약 1조 725억 원)에 인수했으며,[6] 그중 1억 5000만 달러(약 1650억 원)는 즉시 지급했다. 또한 J&J 얀센이 전체 개발 비용의 60퍼센트를 대기로 했다. 궁극적으로 J&J가 약물 개발 비용을 부담하는 것이었다.

더건은 파마사이클릭스가 미국 내 상업 및 규제 운영의 통제권을 유지하도록 협상하는 데 성공했다. 약물의 미국 내 수익은 파마사이클릭스의 회계 장부 및 재무제표에 기록될 터였다. J&J는 주로 해외의 상업화 및 규제 활동을 다루기로 했다. 심지어 약물을 제조하는 역할도 파마사이클릭스가 가져갔다. 더건이 얻지 못한 몇 가지 기술적인 부분도 있었다. 약물의 안전성 보고와 의료 업무 등과 같은 특정 기능에 대한 단독 통제는 유지하지 못했다. 그러나 이는 그다지 중요하지 않은 부분이었다. 더건이 보기에 파마사이클릭스는 J&J와의 거래로 PCI-32765 개발에 필요한 자금을 조달했으며, 파마사이클릭스 혼자서는 절대 구축하지 못할 국제적 입지를 확보하고 J&J와 같은 유명한 제약회사만이 제공할 수 있는 신뢰성을 등에 업었다.

더건은 J&J와의 관계를 파르디스에게 맡겼다. 더건과 파르디스 모두에게 이 파트너십은 그들이 달성하고자 하는 목표를 향한 중요한 발걸음을 상징했다. 파르디스는 빠르게 승진하여 어느덧 파마사이클릭스에서 가장 중요한 인물 중 하나가 되었다.

파마사이클릭스는 PCI-32765에 공식적인 이름을 부여할 권한을 갖고 있었고, 더건은 그에 대한 비전을 품고 있었다. 더건이 보기에 공인된 명명법에 따라 지은 이름에는 대중을 확 사로잡는 무언가가 없었다. 신약이 승인을 받으면, 마케팅 부서가 기억하기 쉬운 이름을 짓는 데 도움을 줄 것이었다. 하지만 거기에는 규칙이 있었다. 파마사이클릭스 약물의 이름은 그것이 티로신 키나아제 억제제임을 가리키는 '티닙tinib', 그리고 그것이 브루톤 티로신 키나아제를 억제하는 약임을 알려주는 '브루bru'가 포함돼야 했다. 어떻게 해야 '브루티닙brutinib'처럼 길고 복잡한 이름을 매력적으로 만들 수 있을까?

더건은 이 약이 획기적인 제품으로 인식되기를 바랐다. 많은 CEO와 마찬가지로 더건은 스티브 잡스 그리고 그가 아이폰과 아이패드와 같은 기술 기기를 보편화시킨 방식을 존경했다. 더건은 애플 제품에 있는 소문자 'i'를 가져와서 그것을 자신의 암 치료제 이름 앞에 붙였다. 이브루티닙ibrutinib, 이것이 PCI-32765의 이름이 됐다.

네덜란드로

Going Dutch

함디는 파마사이클릭스에서 해고되고 며칠 후, 자기와 마찬가지로 쫓겨난 살바와 만나 서로를 위로했다. 함디는 인생에서 가장 우울한 시기에 빠졌고, 자신이 사기를 당했다고까지 느꼈다. 살바는 함디와 점심을 먹으며 두 사람 모두를 위해 상황을 전환시키고자 최선을 다했다.

"파마사이클릭스 일은 잊어버려요. 앞으로 5년간 진짜로 하고 싶은 일이 뭐예요?" 살바가 물었다.

함디는 살바의 질문에 대해 생각했다. "난 정말로 좋은 약을 개발하고 싶어요." 함디가 대답했다.

"그러면 그렇게 하면 되죠."

함디는 믿을 수 없다는 표정으로 살바를 바라보았다. "제정신이

에요? 우리가 어떻게 괜찮은 약을 찾고 자금을 구하겠어요?” 살바는 잠시 생각하더니 이렇게 대답했다. “파마사이클릭스에서도 해냈잖아요. 다시 못할 이유가 뭐예요?”

살바도 함디만큼이나 이 말이 뜬구름 잡는 소리에 지나지 않는다는 것을 알았다. 그들이 파마사이클릭스에서 이룬 것과 같은 성과를 또다시 거둘 확률은 거의 제로에 가까웠다.

그날 저녁 함디는 이즈미로부터 한 통의 전화를 받았다. 파마사이클릭스에서 온갖 파고를 겪었던 이즈미는 이제 지루한 회사 일이나 하는 삶을 상상할 수 없었다. 자금 사정이 쪼들리긴 했지만, 생명공학을 선도하는 일에 동참하고 싶었다. 이즈미는 솔트레이크시티의 헌츠먼암연구소Huntsman Cancer Institute에서 일하는 지인이 쓴 논문을 읽은 적이 있었다. “거기도 BTK 억제제를 보유하고 있어요. 자가면역질환이나 다발성골수종에 그 약을 써보고 싶지 않아요?”

“잠시만, 무슨 말을 하는 거예요?” 함디는 깜짝 놀랐다.

이즈미는 헌츠먼암연구소로부터 그 약의 라이선스를 받아 류머티즘성관절염 환자를 대상으로 임상시험을 시작해보고 싶었다. 셀레라의 화학자들이 처음에 이브루티닙을 설계할 때 표적으로 삼았던 것도 류머티즘성관절염이었다. 이브루티닙을 개발하면서 배운 것들을 토대로 봤을 때, 이 BTK 억제제가 혈액암의 일종인 다발성골수종에도 효과가 있을 것만 같았다.

함디는 자신이 속고 있는 건가 생각했다. “이즈미, 혹시 오늘 살바랑 이야기를 나눴어요?”

이즈미는 아니라고 답했다.

"나는 방금 살바를 만나고 왔거든요. 그가 화합물을 찾아서 회사를 시작하고 싶대요." 함디가 말했다.

함디는 오만하기까지 한 그들의 자신감에 놀랐다. 그러나 이즈미와 살바의 투지에 압도됐다. 대부분의 생명공학자는 평생을 연구해도 한 가지 약도 성공시키지 못하는 경우가 태반이다. 그런데 번개를 두 번이나 맞을 확률이 과연 얼마나 될까?

다음날 캘리포니아주 산카를로스 중심가에 있는 샌드위치 가게에서 함디, 이즈미, 살바가 만났다. 세 사람이 새로운 꿈을 한창 이야기할 때 함디의 휴대전화가 울렸다.

로스바움이었다.

함디는 스피커폰으로 전화를 받았다. 로스바움은 언제나처럼 단도직입적이었다.

"아메드, 앞으로 뭐 할 거예요?"

살바가 꿈에 불꽃을 일으켰고, 이즈미가 약물을 찾아냈다. 로스바움은 돈을 가지고 있었다. 이 모든 일이 불과 48시간도 채 지나지 않아 이루어졌다. 그것도 거의 우연에 가깝게.

파마사이클릭스에서 쫓겨난 이들이 모여서 새로운 회사인 아스파이어테라퓨틱스Aspire Therapeutics(이하 아스파이어)를 설립했다. 그들은 멘로 파크Menlo Park에 있는 로즈우드샌드힐 호텔 바에서 정기적으로 만났다. 실리콘밸리에서 유명한 모임 장소인 데다 무료 와이파이도 제공됐기 때문이었다. 용감무쌍한 세 사람은 회사를 시작하면서 부딪혀야 할 현실적인 문제들도 놓치지 않았다. 출발선부터 시작해야 했고, 그들의 새로운 시작을 지원해줄 투자자들을 찾아야 했으며,

그들의 존재를 다시 시장에 소개해야 했다. 그렇게 할 수 있는 곳은 딱 한 군데뿐이었다. 바로 J.P.모건헬스케어 콘퍼런스J.P. Morgan Healthcare Conference였다.

미국에서 제이피모건체이스JPMorgan Chase&Co.라고 하면 대부분은 미국 최대 은행을 떠올린다. 그러나 바이오제약 업계에서 J.P.모건이 상징하는 것은 단 하나였다. J.P.모건헬스케어 콘퍼런스는 일 년 중 가장 중요한 학회이자 네트워크를 쌓을 수 있는 이벤트로, 바이오제약 업계의 슈퍼볼과 같았다. 2012년 1월, 함디, 이즈미, 살바는 이 콘퍼런스에 참석하기 위해 샌프란시스코로 향했다.

2012년 J.P.모건 콘퍼런스에서 공식적으로 투자자들에게 프레젠테이션을 선보인 제약회사는 395곳이었다.[1] 아스파이어는 거기에 끼지 못했다. 그보다 조금 권위가 낮은 콘퍼런스인 바이오테크 쇼케이스Biotech Showcase로 밀려났다. J.P.모건 콘퍼런스는 샌프란시스코 유니언스퀘어에 있는 고급스러운 웨스틴세인트프란시스 호텔에서 열렸지만, 바이오테크 쇼케이스는 거기서 네 블록 떨어진 파크55윈덤에서 진행됐다. 그래도 살바는 스위트룸을 빌려 헌츠먼암연구소에서 가져온 억제제에 관한 회의를 몇 차례 주선했다.

그 회의에 참석한 사람 중 한 명이 에드워드 판 베젤Edward van Wezel이었다.

"여러분이 파마사이클릭스에서 퇴사한 사람들인가요?" 그가 네덜란드 억양으로 물었다.

함디, 이즈미, 살바는 고개를 끄덕였다.

판 베젤은 네덜란드 벤처 캐피털 회사인 바이오제너레이션벤처스BioGeneration Ventures의 본부장이었다. 유럽의 바이오테크 스타트업에 주로 투자하는 곳이었다. 세 사람이 헌츠먼에서 가져온 화합물에 관해 설명하려고 하자 판 베젤이 말을 잘랐다. "사실 저는 여러분의 약물에는 관심이 없습니다." 그는 다른 것에 흥미가 있었다.

"제가 어떤 과학자들을 알게 됐는데, 여러분이 와서 한 번 만나보면 재미있을 것 같습니다." 판 베젤이 말했다.

***

한적한 오스Oss 마을은 겉보기에는 그저 소와 돼지 농장으로 둘러싸인 낙후된 동네 같았다. 암스테르담에서 남동쪽으로 약 한 시간을 달려야 하는 이 마을에는 9만 2000명의 주민과 풍차 몇 대 그리고 성당이 있어서, 개신교가 지배적인 다른 지역들과는 분위기가 사뭇 달랐다. 일 년에 한 번 카니발 축제가 열릴 때면 마을이 시끌벅적해졌지만, 그 외에는 늘 조용했다. 오스의 소박한 집들 사이에 붉은 벽돌과 테라코타 기와로 지어진 피벗 파크Pivot Park가 자리 잡고 있었다. 아는 사람은 거의 없지만, 이 피벗 파크는 현대 암 과학의 요람으로 전 세계에 영향을 미쳤다.

피벗 파크는 1923년 지역의 도축장 주인이 설립한 오가논Organon이라는 회사의 부지였다. 오가논의 첫 상품은 돼지 췌장에서 추출한 인슐린이었다. 이후 도축장과 오가논은 네덜란드의 화학 다국적 기업인 악조노벨Akzo Nobel에 흡수되었다. 거대 다국적 기업이 대부분 그렇듯, 악조노벨도 정기적으로 다양한 사업부를 인수·매각했다. 이제 오가논을 팔아치울 차례였다. 2007년 악조노벨은 뉴저지에 본사를 둔 쉐링플라우Schering-Plough에 114억 달러(약 13.4조 원)를 받고 오가논을 매각했다.[2]

그 무렵 오스의 오가논에서 일하던 유능한 화학자 티에르드 바프Tjeerd Barf도, 셀레라의 과학자들이 그랬던 것처럼 BTK 억제제에 관심을 기울이고 있었다. 바프의 주요 지지자는 알라드 카프테인Allard Kaptein이라는 사람이었다. 카프테인은 오가논의 오스 연구소에서 인기가 많은 생물학자로, 희끗한 머리에 안경을 썼고 키가 크고 말랐다. 바프와 같은 화학자들은 카프테인 같은 유형의 리더를 선호했다. 카프테인은 유머 감각이 뛰어났고 신약 개발 초기 단계에 박차를 가하려면 화학과 생물을 어떻게 연결해야 하는지를 알았다. 바프와 그의 팀이 BTK 억제제를 진전시키면서, 카프테인은 마침내 12명 정도 되는 과학자로 이루어진 두 번째 팀을 이끌게 됐다. 각 팀원이 다수의 프로젝트를 다루는 유능한 팀이었다. 일부는 세포예정사 수용체-1programmed cell death receptor-1, PD-1이라는 단백질을 차단하는 또 다른 암 치료제에 대해서도 기대하고 있었다.

BTK와 PD-1 프로젝트는 같은 건물에서 진행됐다. 카프테인 팀은 특히 선택성이 높은 분자, 즉 BTK만 차단하고 다른 것들은 건드리지 않는 분자를 만드는 데 집중했다. 그것이 가능할지는 확실치 않았다. 그러나 화학자들은 류머티즘성관절염을 치료할 수 있으면서도 유독성은 제한적인, 좀 더 확실하고 선택적인 화합물을 원했다. 그리고 마침내 아름다운 결과물을 만들어냈다. 이 공유결합 탄두는 BTK와 비가역적으로 결합하면서도 나머지 키나아제 중에서는 겨우 네 종류에만 작용하는데, 이는 이브루티닙보다 다섯 종류나 적은 것이었다. 이 결과물을 류머티즘성관절염에 걸린 쥐에 시험한 결과, 쥐의 상태가 호전됐다. 이 약물에는 SCH 2046835라는 코드명이 부여됐다.

연구에 몰두하는 동안 오스의 과학자들은 대서양 건너편에서 이루어지고 있는 기업 인수 협상에 대해서는 전혀 알지 못했다. 쉐링플라우로 합쳐진 지 불과 2년 만인 2009년, 쉐링 기업 전체가 410억 달러(약 49.2조 원)에 그보다 더 큰 제약회사인 머크앤코Merck&Co.(이하 머크)로 흡수됐다. 머크가 이 거래를 진행한 이유[3]는 여러 가지였지만, 무엇보다도 쉐링의 알러지 스프레이인 나조넥스Nasonex를 손에 넣으려는 목적이 가장 컸다. 이로 인해 머크는 오스 연구소와 함께 카프테인, 바프, 그들이 개발한 BTK 억제제, PD-1 프로젝트 등도 얻게 됐다. 그러나 머크는 저 멀리 떨어진 네덜란드의 외딴 구석에서 어떤 일이 일어나고 있는지에는 거의 관심이 없었다. 머크에게 오가논은 언젠가는 사고팔아야 할 또 하나의 자산일 뿐이었다.

카프테인의 BTK 프로젝트는 머크의 사명과 무관할 뿐만 아니라 머크 내부에서도 별로 반응이 좋지 않았다. 정책적으로 머크는 표적 물질에 비가역적으로 달라붙는 공유 화합물을 선호하지 않았다. 그리고 오스 팀에게는 안타깝게도, BTK 억제제가 바로 그런 화합물이었다. 뉴저지의 최고 경영진은 그러한 화합물이 혹시라도 잘못된 단백질에 달라붙었다가 환자를 위험에 빠뜨릴 수 있다고 염려했다. 비가역적인 약물이 '합텐(불완전 항원) 형성'을 유발할까 봐 우려했다. 합텐 형성은 아나필락시스 쇼크와 같이 심각한 부작용을 일으킬 수 있는 면역 반응이다. 무엇보다도 머크는 관절염처럼 치명적이지 않은 질병에 이러한 약물을 쓴다는 아이디어를 좋아하지 않았다. 위험을 감수할 만큼의 가치가 없다고 보았다.

몇 달 지나지 않아 오스의 BTK 프로그램이 중단됐다. 머크는 새로 인수한 오스 연구소의 폐쇄 계획을 검토했다. 카프테인과 바프와 그의 팀원들은 곧 해고될 위기에 처했다. 그러나 카프테인과 바프는 자신들이 하는 연구에 뭔가 특별한 것이 있다고 믿었다. 그들은 코밸류에이션바이오사이언스Covaluation BioSciences(이하 코밸류에이션)라는 회사를 세우기로 했다. 첫 번째로 할 일은 머크에서 BTK 억제제를 가져오는 것이었다.

***

대부분의 네덜란드 아버지들처럼, 카프테인에게도 축구를 좋아하는 아들이 있었다. 그들은 헬데를란트주 잘트보멀에 살고 있었다. 암스테르담까지 이어지는 A2 고속도로를 타고 오스에서 차로 30분 정도 달리면 되는 곳이었다. 열두 살짜리 아들은 지역 축구 클럽인 니보 스파르타Nivo Sparta에서 축구를 했다. 어느 날, 경기가 끝난 후 카프테인은 폭풍우가 몰아치는 동안 매점에서 비를 피하고 있었다. 아들이 씻고 옷을 갈아입고 나오기를 기다리다가 한스 판 덴 비헬라르Hans van den Bighelaar와 가볍게 이야기를 나누게 됐다. 두 사람 모두 아들을 경기장에 데려다준 후, 아이들이 비에 젖은 잔디밭을 뛰어다니는 모습을 지켜본 터였다. 그들은 오스의 정리해고에 관해 이야기했다. 카프테인은 회사를 나가면서 BTK 억제제를 손에 넣고 싶다는 자신의 꿈도 말했다. 그러려면 돈이 필요하다는 사실도 부끄러움 없이 털어놓았다. 비헬라르는 자기가 장거리 달리기 클럽에서 알고 지내는 사람이 있는데, 어쩌면 그 사람이 도움이 될지도 모르겠다고 말했다. 그 사람은 바로 생명공학 분야의 벤처 투자자인 판 베젤이었다.

카프테인은 판 베젤과 만날 약속을 잡고, 그에게 BTK 억제제에 대한 코밸류에이션의 사업 계획서를 보냈다. 그 무렵 카프테인은 파마사이클릭스와 이브루티닙이 CLL을 치료하는 데 성공했다는 소식을 들었다. 그래서 류머티즘성관절염과 함께 혈액암도 대상 질병에 포함했다. 카프테인과 바프는 판 베젤을 만나기 위해 암스테르담 외곽에 있는 나르던까지 차를 몰았다. 판 베젤은 그들의 아이디어에 깊은 인상을 받았고, 자신의 투자 파트너들에게 그들의 아이디어를 소개했다. 그러나 투자 파트너들의 반응은 회의적이었다. 바이오제너레이션벤처스는 규모가 작은 펀드였고 항암제 개발은 비용이 많이 드는 사업이었기 때문이다. 이브루티닙이 이미 혈액암 치료 분야에서 앞섰고, 그들은 머크에서 라이선스를 받아 바닥부터 시작해야 했다. 그러나 판 베젤은 쉽게 포기하지 않았다.

판 베젤은 네덜란드에서 가장 오래된 대학이자 17세기 네덜란드 황금기를 대표하는 라이덴대학교로 향했다. 그곳에서 스탄 판 부켈_{Stan van Boeckel}을 만나기로 했다. 판 부켈은 오가논에서 의학·화학 책임자로 일하다가 최근 해고된 후 라이덴대학교에서 시간제 강사로 학생들을 가르치고 있었다. 판 베젤은 아카데미빌딩으로 들어갔다. 라펜부르크 운하 유역에 세워진 이 건물은 원래 네오고딕 양식의 교회였다. 이 건물에 있는 '결실의 방sweat room'은 여러 세대에 걸쳐 학생들이 시험 결과를 기다리는 곳이었고, 졸업장을 받은 뒤 벽에 이름을 써서 자신의 흔적을 남기는 곳이었다. 체리색 벽돌, 크리스털 유리창, 시계탑이 있는 이 오래된 건물에서 판 부켈이 판 베젤을 맞이했다. 판 부켈은 그 화합물은 자신이 일하면서 봤던 것들 가운데 최고 중 하나라고 말했다.

J.P.모건 콘퍼런스를 위해 샌프란시스코 출장을 준비하던 중, 판 베젤은 함디의 이름을 발견했다. 파마사이클릭스의 전 최고의료책임자와 협력하면 엄청나게 도움이 될 것이었다. 몇 주 후, 판 베젤은 함디, 이즈미, 살바를 초대해 카프테인과 바프와의 만남을 주선했다.

***

함디, 이즈미, 살바는 자기들이 무슨 일을 하는지도 명확하게 알지 못한 채 뉴욕에 갔다. 센트럴파크에서 겨우 두 블록 떨어진, 미드타운 맨해튼 57번가에서 중요한 회의가 있었다. 네덜란드에서의 일보다는 뉴욕에서의 이 회의가 훨씬 긴급했다.

그들은 엘리베이터를 타고 2차 세계대전 전에 지어진 건물의 15층으로 올라갔다. 그곳은 쿼그캐피털의 본거지였다. 로스바움이 그들을 맞이하긴 했지만, 친절을 보일 만한 인내심은 거의 없었다. 이즈미가 발견한 헌츠먼암연구소의 BTK 억제제 데이터를 함디가 로스바움에게 보냈었다.

데이터를 검토한 로스바움은 자기 의견을 단호하게 말했다. "이

건 쓰레기예요."

로스바움은 이들을 사무실에서 거의 내쫓다시피 했다. 충격을 받은 세 사람은 로스바움의 사무실을 나와 길을 따라 걸었다. 헌츠 먼암연구소의 화합물은 끝난 것 같았다.

그러나 얼마 지나지 않아 세 사람은 다시 뉴욕에 왔다. 이번에는 네덜란드 건 때문이었다. 남은 패도, 할 수 있는 일도 거의 없었기에 판 베젤과 (두 명의 네덜란드 과학자) 카프테인, 바프를 만나기로 한 것이다. 이 회의는 미드타운 맨해튼 로펌에 있는 별 특징 없는 회의실에서 진행됐다. 오합지졸 같은 구성원이었다. 그중에서 제대로 된 직업을 가진 사람은 판 베젤뿐이었다. 카프테인과 바프는 자비를 들여 뉴욕행 비행기표를 구매했다. 가장 저렴한 항공편을 이용하느라 아이슬란드를 경유해서 왔다. 두 네덜란드 과학자는 심지어 호텔 방도 같이 썼다. 한편 이즈미의 남편도 생명공학 회사에서 하던 일이 잘 풀리지 않아 실직 상태에 있었다. 한동안 이즈미와 남편은 실업 보험으로 생계를 유지하려고 했지만, 실리콘밸리에서 두 아이를 키우고 주택담보대출을 상환하기에는 어려움이 있었다.

이 자리에 모인 이들은 처음부터 죽이 잘 맞았고 분위기는 금세 편안해졌다. 카프테인과 바프는 BTK 억제제뿐만 아니라 다른 두 가지 분자에 대해서도 라이선스를 확보하자고 제안하는 짧은 슬라이드 자료를 발표했다. 전부 오가돈에서 개발됐지만 머크에서 찬밥 취급을 받고 있는 분자들이었다. 대부분의 논의는 BTK 억제제에 집중됐다. 전임상 데이터를 본 함디는 바로 매료되었다. 함디는 이즈미를 쳐다보았고, 두 사람은 눈빛을 교환했다.

판 베젤은 이들이 흥분하고 있음을 눈치챘다. 함디와 이즈미는 네덜란드에서 개발한 화합물이 이브루티닙보다 훨씬 선택성이 탁월해 보인다고 말했다. 두 사람은 누구보다 이브루티닙을 속속들이 꿰고 있는 핵심 개발자였다.

함디와 이즈미는 네덜란드 과학자들이 개발한 화학물의 잠재력을 활용할 수 있는 개발 프로그램이 있다고 말하며, 이를 상세히 설명했다. 판 베젤은 이들의 모습을 보며 두 과학자 그룹을 팀으로 모으면 프로젝트가 성공할 것이라는 예감을 느꼈다. 그는 훌륭한 팀을 구성하고 이끄는 일에 능숙한 사람이었다. 양측은 전문 분야가 서로 달랐다. 네덜란드인들은 전임상 과학자였고, 미국인들은 임상 전문의였다. 그렇기에 그 누구도 위협을 느끼지 않았다. 판 베젤은 50 대 50으로 동등한 파트너십을 제안했다.

그날 밤, 캘리포니아와 네덜란드 출신으로 구성된 이 그룹은 지중해식 레스토랑 피그&올리브에서 함께 즐거운 식사를 했다. 네덜란드의 BTK 억제제는 분자의 선택성 덕분에 부작용이 매우 제한적일 터였다. 함디는 자가면역질환 치료에 혁명을 일으킬 수 있으리라는 기대감에 부풀었다. 류머티즘성관절염 시장은 거대했다. 혈액암 시장보다 훨씬 컸다. 함디는 그의 새로운 팀이 혈액암 치료제에 도전하고 싶은 마음을 갖는 것을 이해하면서도 파마사이클릭스와의 직접 경쟁만은 피하고 싶었다. 그는 상처를 받았고 다시는 더건의 이름을 듣고 싶지 않았다.

뉴욕을 떠나기 전, 함디는 마지막으로 한 가지를 더 확인하고 싶었다. 혹시 모르는 일이었다. 그는 용기를 내서 로스바움에게 다시 전화를 걸었고 네덜란드에서 개발한 화합물에 대해 설명했다.

로스바움은 흥미를 보였다.

투자자로서 로스바움은 그 분자의 선택성이 갖는 잠재력을 바로 알아차렸다. 불과 2주 전만 해도 함디는 로스바움의 사무실에서 거의 쫓겨나다시피 했지만, 이제는 그의 전적인 관심을 받게 됐다.

함디는 판 베젤에게 로스바움에 대해 이야기했다. 마침내 두 사람은 전화 통화를 하게 됐는데, 그때마다 투랄스키도 같이 통화한 것 같았다. "투랄스키도 여기에 있어요." 로스바움이 큰 소리로 말했다. 판 베젤은 로스바움이 B세포 수용체의 신호 전달 경로에 대해 폭넓은 경험을 갖고 있다는 점이 마음에 들었다. 그러나 로스바움의 자금력에 대해서는 전혀 알 수 없었다. 공개적으로 확인할 수 있는 정보가 아예 없었고, 인터넷을 검색해봐도 마찬가지였다. 그는 유령 같았다.

팀원 모두가 네덜란드에서 찾은 분자에서 희망을 보았다. 카프테인과 바프는 자신들의 연구가 헛되지 않았음을 인정받고 싶었다. 이는 머크에서는 절대로 얻을 수 없는 것이었다. 함디와 이즈미는 그 약물이 이브루티닙보다 뛰어날 것이라 기대했다. 판 베젤은 또 하나의 훌륭한 팀을 구성한 것에 자부심을 느꼈다. 그리고 로스바움은… 음, 로스바움은 스스로에게 증명해야 할 것이 있었다. 그는 BTK 억제제에 대한 자신의 판단은 옳았지만, 이브루티닙을 너무 일찍 포기했다는 사실을 알았다. 따라서 이 결정은 그 실수를 만회하는 길이었다.

그러나 큰 문제가 남아 있었다. 네덜란드 과학자들은 그들이 개발하고자 하는 약물에 대한 권리를 아직 확보하지 못했다. 그 약은 머크 소유였다.

천재

Genius

더건은 푸른색 셔츠를 입고 프레젠테이션용 무선 리모컨을 들고 커다란 프로젝터 스크린 앞에 서 있었다. 그는 파마사이클릭스 본사의 큰 회의실에 반듯하게 줄지어 앉아 있는 직원들을 보며 '천재'라는 단어에 대해 이야기하기 시작했다.

"나는 천재라는 사전적 정의에만 매달렸었습니다."[1] 더건은 이렇게 말하면서 천재의 사전적 정의는 비범한 사람을 가리킨다고 덧붙였다. "그러나 어원을 찾아보니 완전히 뜻이 다르더군요. 정반대였습니다. 천재는 '타고난, 선천적인, 고유한 특성'입니다. 즉, 비범한 게 아니라 평범하고 포괄적이죠."

더건은 알프레드 바리오스가 제시한 천재의 특성 24가지를 중심으로 파마사이클릭스의 전 직원 대상 프로그램을 짰다. 더건이 보기에 사이언톨로지교의 창시자 허버드가 필독서로 지정했던 바리오스의 천재 이론은 사업과 인생에 대해 매우 가치 있는 접근 방식을 제공했다. 따라서 이를 수용하는 사람들에게 경쟁력 있는 장점을 안겨줄 터였다. 더건은 바리오스가 죽기 전에 천재 이론에 대한 라이선스를 받았다. 이 강의는 더건이 준비한 '지니어스 프로그램'에서 중요한 부분을 차지했다. "그 단어에 진심으로 빠져들면 우리 모두 천재가 될 수 있습니다. 이것이 바로 제가 이곳 파마사이클릭스에서 끌어내고자 하는 깨달음입니다." 더건이 말했다.

더건이 말하자 그의 뒤에 있던 프로젝터 스크린에서 슬라이드가 번쩍였다. "어떻게 살아야 하는가: 당신의 천재적 특성을 발휘하라." 더건은 직원들에게 이 천재 이론은 〈내셔널인콰이어러〉에 처음 실린 기사에서 가져온 것이라고 설명했다. 슬라이드에는 24가지 천재적 특성이 하나씩 적혀 있었다. 예를 들어 긍정주의에 대한 슬라이드에는 "천재는 자신의 성공을 절대 의심하지 않는다. 앞으로 다가올 좋은 일에 의식적으로 *집중해라*"라는 글이 있었다.

더건은 천재의 특성이 적힌 카드를 준비해 직원들에게 나눠주었다. 그는 직원들이 이러한 특성을 잘 알길 원했다. 카드뿐만 아니라 워크숍에서 논의할 수 있는 주제와 연습문제도 보내주었다. 1년간의 성과를 검토하는 면담에서도 천재의 특성에 대해 이야기하면서 직원들이 그러한 기준을 충족했는지, 어떤 특성이 가장 좋았는지를 물었다. 열정적이었나? 설득력이 있었나? 혹은 개인주의를 실천했는가?

몇몇 직원들은 지니어스 프로그램의 바탕에 사이언톨로지가 스머들어 있음을 알아차렸다. 제시 맥그리비 Jesse McGreivy는 매달 있는 지니어스 회의에 점점 익숙해졌다. 그는 이 회의에서 가능한 한 많은 것을 얻어가려고 노력했다. 혈액학과 종양학을 전문으로 하는 의사인 맥그리비는 주요 생명공학 회사인 암젠에서 임상 연구원으로 일하다가 파마사이클릭스의 BTK 억제제 프로그램의 임상 업무 담당으로 채용됐다. 매달 이러한 회의에 참석하는 것 또한 업무의 일부였다. 그에게 배정된 지니어스 파트너는 최근에 입사한 영업 및 마케팅 부서의 폴라 볼트비 Paula Boultbee였다. 볼트비는 맥그리비와 지니어스 회의에 별로 호의적이지는 않았지만, 어쨌든 열심히 참석하여 전문적으로 교육을 받으려고 노력했다.

맥그리비는 볼트비와의 일대일 지니어스 회의에서 천재 이론과 관련된 양식을 작성하고 질문에 답했다. 맥그리비와 볼트비가 보기에, 더건은 기업 문화에 긍정적인 사고를 주입하려는 것 같았다. 이는 두 사람이 일하면서 받았던 다른 라이프 코칭이나 기업 문화 프로그램과 별로 다르지 않았다. 맥그리비는 사이언톨로지의 자립적 뿌리를 인지했고, 사람에게는 자기가 생각하는 것보다 더 큰 것을 이룰 수 있는 내면의 잠재력이 있다는 더건의 메시지를 마음에 새겼다. 이는 그저 메시지가 아니었다. 실제로 더건은 엄청나게 성공했고, 아들의 비통한 죽음을 극복하며 삶을 바꿀 수 있는 긍정적인 무언가를 구축해냈다. 생명공학에 아무런 경험이 없었는데도, 항암제를 개발하는 회사를 이끌겠다는 의지를 불태웠다. 더건은 그가 설교하는 바를 정확히 실천하고 있었다.

그러나 파마사이클릭스의 모든 직원이 이렇게 느끼는 것은 아니었다. 일부 직원들은, 환자들에게 이브루티닙을 공급하는 데 집중해야 하는 본연의 업무와 지니어스 프로그램이 너무 동떨어졌다고 여겼다. 어떤 직원들은 지니어스 프로그램이 시간을 잡아먹는다고까지 생각했다. 또 다른 사람들은 사이언톨로지가 회사에 침투하는 것 같아 겁을 먹기도 했다. 사이언톨로지 교회는 남부 캘리포니아에서 반문화에 뿌리를 두고 출발한 단체로,[2] 1970년대에는 오락용 마약을 실험한 후 신앙을 바꾸는 곳으로 여겨지기도 했다. 사이언톨로지 교회는 여러 의혹을 보도한 뉴스[3]들로 미국 내에서 논란이 많은 종교가 됐다. 신도들을 학대하고 사이언톨로지교를 비판하는 자들에게 호전적으로 행동했다는 내용이었다.[4] 물론 다른 종교들의 발자취도 크게 다르지 않다고 주장할 수도 있다. 어쨌든 일부 파마사이클릭스 직원들은 직장에, 특히 과학이 중심이 되는 직장에는 종교가 들어설 자리가 없다고 굳게 믿었다. 더건이 규제 관련 자문을 위해 고용한 고위급 컨설턴트인 앨리스 웨이 Alice Wei 는 지니어스 프로그램은 종교와 기업의 분리선을 넘는 것이라고 보았고, 더건과의 사적인 대화에서 자기 생각을 털어놓았다. 더건은 웨이의 걱정을 존중했으나, 지니어스 프로그램을 단념하지는 않았다.

***

더건이 회사 전체를 사이언톨로지 교도들로 채운 건 아니었다. 이는 더건의 스타일이 아니었다. 더건은 사이언톨로지를 파마사이클릭스에 들인 적이 없다고 주장했다. 그는 지니어스 프로그램은 사이언톨로지와 아무런 상관이 없다고 딱 잘라 말했다. 어쨌든 천재 이론을 제시한 알프레드 바리오스는 임상심리학자였다. 더건은 '호기심 갖기' 또는 '지각 향상하기' 같은 천재 이론은 유대교와 기독교 전통에서도 찾을 수 있다고 생각했다. "종교의 정의가 무엇인지 아나요? 종교는 'religio,' 즉 의식, 의식하는 상태를 뜻합니다. 그건 좋은 것이지요." 더건이 말했다.

그와 별개로, 더건은 자신의 사이언톨로지 신념을 자랑스러워했고 사이언톨로지 교회와의 관계도 솔직하게 밝혔다. 한동안 그는 사이언톨로지에서 가장 유명한 신도 중 하나인 영화배우 존 트라볼타John Travolta 사진을 사무실 책상에 올려두었다. 때로는 또 다른 유명인인 톰 크루즈Tom Cruise를 대화 중에 언급하기도 했다. 톰 크루즈가 영화 〈미션 임파서블: 고스트 프로토콜〉에서 화려한 파란색 수트를 입고 두바이 호텔에 뛰어드는 것을 본 후, 더건은 그 수트를 원했고, 나중에 번쩍이는 파란색 옷을 입고 파마사이클릭스 파티에 나타났다.

파마사이클릭스의 일부 직원들이 보기에 더건은 신약 개발 사업을 수행하는 새로운 방식을 도입한 듯했다. 더건은 실리콘밸리의 기술 스타트업 회사와 비슷한 방식으로 자신의 에너지와 목표의식을 자극하고자 했다. 더건은 임금도, 어떠한 옵션이나 보상도 받지 않았다. 그의 자산은 오직 그가 직접 구매한 주식에 따라 달라졌다. 그러나 신약 개발자 대부분은 이러한 사고방식을 피했다. 더건은 생명공학 산업의 난해한 전문용어를 금세 습득했고, 자신이 시작한 새로운 사업의 다양한 측면을 빠르게 익혀나갔다.

맥그리비는 더건에게 고도로 기술적인 프레젠테이션을 했는데,

그때마다 더건이 가장 중요한 한두 가지 요점을 파악하는 걸 보고 놀라워했다. 더건은 채용과 빠른 승진을 통해 사람들에게 새로운 기회를 주기를 좋아했고, 직원을 바꾸거나 구조를 뒤집는 걸 두려워하지 않는다는 점도 분명히 했다. 파마사이클릭스에 철밥통 같은 건 없었다. "나는 채용도 하지만, 해고도 합니다. 갈등의 소지가 생길 때, 누군가는 그렇게 할 수 있어야 합니다."

회사 내 종교의 영향력을 사람들이 어떻게 느끼든지 간에, 파마사이클릭스의 기업 문화와 사이비 종교 사이의 유사점을 무시하기는 어려웠다. 파마사이클릭스에는 자신감 넘치고 카리스마 있는 리더가 있었고, 직원들은 그들이 개발 중인 이브루티닙에 대한 깊은 믿음과 목표의식을 갖고 있었다. 긴 근무 시간과 더건의 지니어스 프로그램이 여기에 열정을 더했다.

근무 환경은 불안정했다. 더건은 자기가 좋아하는 사람들을 빠르게 채용했고, 불필요하다고 생각되는 사람들은 재빨리 해고하거나 밀어냈다. 함디와 이즈미는 시작에 불과했다.

함디와 이즈미가 해고됐을 때, 파마사이클릭스 사람들은 충격을 받았다. 누구도 안전하지 않다는 더건의 메시지를 깨달았다. 에릭 버너Erik Verner 같은 사람들은 근무 환경이 독해졌다고 생각해 스스로 그만두었다. 피폐 같은 컨설턴트나 이사들처럼 권력이 막강해 보였던 사람들도 더건의 호감을 잃는 순간 빠르게 사라졌다. 브렛 빌라그란드Brett Villagrand 등 한때 이브루티닙의 상업화를 이끌었던 사람들은 더건이나 잔가네와 충돌을 빚은 후 바로 해고됐다. 반면 재무 담당 부사장인 조슈아 브룸Joshua Brumm[5] 같은 다른 임원은 해고 사유가 그보다는 덜 분명했다. 신디 앤더슨Cindy Anderson은 당시 중추적 역할인 임상 운영 담당자로서 채용됐으나 일 년을 채 버티지 못했다.[6] 레베카 다퀴스토Rebecca D'Acquisto는 말단 채용 담당자로 입사했다가 4개월 만에 인사팀장이 됐고, 몇 개월 후 해고됐다.[7] 코리나 휴스Corina Hughes는 계약 관리 및 조달 책임자로 일했다. 휴스는 CT 스캔으로 림프절이 줄어드는 모습을 확인하는 게 즐거웠지만, 불안정한 일터가 싫어서 그만두었다.

함디의 후임으로 들어온 로리 쿤켈Lori Kunkel은 최고의료책임자로서 이브루티닙 임상시험을 현명하고 창의적으로 추진하고 약물과 관련된 안전성 문제를 다루는 등 핵심적인 역할을 했다. 존경받는 혈액학자이자 종양학자인 쿤켈은 최고의료책임자 경력과 제넨텍에서 일한 경력이 있었다. 리툭시맙을 연구한 경험도 있었기에, 이브루티닙이 리툭시맙의 성공을 재현할 수 있으리라 믿었다. 이브루티닙은 훌륭한 인재들을 끌어 모으는 약이었고, 더건은 쿤켈을 "천재"라고 불렀다.[8] 그러나 쿤켈은 모든 일을 잔가네에게 보고해야 했다. 잔가네는 임상 개발 과정에 대해 끊임없이 업데이트를 요구했고, 쿤켈은 거의 매일 잔가네의 사무실로 불려갔다. 쿤켈은 매우 성가셨다. 그는 세세하게 지시받는 것을 좋아하지 않았기에 잔가네에게 매번 새로운 진전이 있을 때마다 보고하기를 거부하기 시작했다. 쿤켈은 계약서상 자신은 더건에게 보고하기로 되어 있음을 지적했다. 그는 아침마다 회사로 출근하기가 두려워지기 시작했다. 쿤켈은 결국 최고의료책임자로 일을 시작한 지 1년 반 만에 퇴사했다.

***

어느 날, 맥그리비가 회의실에 앉아 있는데, 더건이 안경을 쓰고 종이뭉치를 들고 그를 찾아왔다. 버락 오바마Barack Obama 대통령이 FDA가 새로운 실험단계 치료제를 '혁신 치료제breakthrough theraphy'로 지정하는 법에 서명을 한 직후였다. 이로써 파마사이클릭스는 미국 시장 판매를 승인할 권리를 지닌 규제 기관에 약물의 효과와 안전성을 분명하게 입증할 임상시험을 진행해야 했다. 더건은 이러한 법이 파마사이클릭스에 도움이 될 거라 여겼다. 승인 절차 기간에 FDA와 소통할 추가적인 기회를 얻을 수 있기 때문이었다. 더건은 일정을 앞당길 방법을 늘 찾고 있던 터라, 혁신 치료제 지정을 받으면 규제 절차를 단축할 수 있으리라 생각했다. 의회는 밀러와 그 외 다른 사람들의 비판에 대응하기 위해 이러한 법을 제정했다. 그 비판이란 FDA가 기존 치료제보다 상당히 개선된 약물의 개발을 신속하게 처리하지 않는다는 것이었다. 맥그리비와 나머지 임상 개발팀 사람들도 새로운 규제 도구에 대해 모르진 않았다. 하지만 더건은 그들의 대기업 파트너인 J&J가 절대 하지 않았던 방식으로 이를 즉각 추진하도록 밀어붙였다.

혁신 치료제 지정 자체가 목표는 아니었지만, 이브루티닙의 시판 승인이라는 목표를 더 빠르고 쉽게 달성하는 데는 도움이 될 터였다. 파마사이클릭스는 (이브루티닙이 CLL 환자에게 나타났던 것과 같은 효과가 보이지 않았는데도,) 외투세포림프종에 대해 혁신 치료제 지정을 신청했다. 또한 17번 염색체 결손(화학요법에 대한 저항과 관련된 염색체 이상)으로 인한 CLL과 희귀 림프종인 발덴스트롬 마크로글로불린혈증에 대해서도 혁신 치료제 지정을 신청했다. 파마사이클릭스는 같은 약물로 세 가지 질병에 대해 혁신 치료제 지정을 받은 최초의 회사가 되었다.

승인 절차를 단축할 길을 찾은 것은 좋은 첫걸음이었다. 이제 파마사이클릭스는 그 길을 성공적으로 통과해야 했다. 세 가지 혈액암에 대해 FDA 승인을 받을 수 있는 데이터를 만들려면, 환자 수백 명을 포함하는 대규모 임상시험을 시작해야 했다. 이브루티닙의 임상 예산은 거의 10억 달러(약 1.1조 원)로 늘어났다.

규제 기관의 다양한 시장 승인을 받으려면 여러 종류의 임상시험을 수행해야 했고, 각각의 임상시험은 중요한 역할을 했다. 생명공학 회사의 규제 전략은 규제 기관의 필요성을 저울질하면서도 경쟁사의 움직임을 막아야 하는, 복잡한 체스 게임과도 같다. 파마사이클릭스는 특정 혈액암에 대해 FDA의 완전 승인을 얻으려면, 이브루티닙을 다른 약물과 비교하는 임상 3상 연구를 진행해야 했다. 규제 기관의 완전 승인은 신속 승인과는 달랐다.

신속 승인은 좀 더 작은 규모의 환자들에 대한 시험 결과를 토대로 임상적 효과를 합리적으로 예상해 치료용 약물을 빠르게 허가하는 것이다. 심각한 질병의 경우, FDA는 다른 약물이나 위약을 투여하는 대조군 없이 해당 약물을 투여한 환자들로만 구성된 임상시험을 바탕으로 신속 승인을 결정할 수 있었다. 이러한 경우, 규제 기관은 이후에 대조군을 포함한 대규모 무작위 연구에서 포괄적인 테스트를 진행해 약의 안전성과 효과를 확인하고 완전 승인을 하게 될 것으로 기대했다. 이것이 FDA가 원하는 바였다.

임상 개발팀은 재발성 또는 불응성 CLL 환자 350명을 대상으로 무작위 3상 임상시험인 'RESONATE'를 준비했다.[9] 대조군이 복용할 약물은 이미 CLL 치료제로 승인받은 오파투무맙ofatumumab이었다. 파마사이클릭스 사람들은 이브루티닙이 오파투무맙을 압도할 것으로 예상했다. 임상시험에 사용할 오파투무맙을 구하기 위해 파마사이클릭스는 그 약을 판매하는 제약회사인 글락소스미스클라인과 공급 계약을 체결했다. 또 다른 임상 2상은 17번 염색체 결손 CLL 환자들만 대상으로 약물을 시험하는 것이었다.[10] 더건은 상승세를 타고 있는 파마사이클릭스 주식을 팔아서 능숙하게 2억 달러(약 2300억 원)를 마련했다.[11] 이 돈과 J&J에서 받은 자금을 합치니 회사의 부담금을 충당하고 새로운 영업 인력을 구축하기에 충분했다.

파마사이클릭스의 일부 직원들은 J&J 직원들과 약간의 충돌을 빚기도 했다. J&J 직원들이 이브루티닙을 이미 FDA 승인을 받은 다른 약물과 조합하여 임상시험을 하려고 했기 때문이다. 사실 약물 조합은 생명과학에서 매우 인기 있는 전략으로, 지금까지 성공 사례가 꽤 많다. J&J의 접근 방식대로 하면 임상시험의 성패가 이브루티닙에만 달린 것이 아니므로 위험이 덜하다. 그러나 파마사이클릭스 직원들은 CLL 같은 암을 치료하는 데 이브루티닙처럼 훌륭한 데이터를 가진 약을 어째서 다른 약물과 조합하고 싶어 하는지 이해하지 못했다. 약을 조합하면 이브루티닙의 효과를 높이기는커녕 희석할 가능성이 컸다. 더건과 잔가네도 이브루티닙이 단독으로 쓰일 때 가장 효과적이라는 데 동의했다.

CLL 환자들 사이에서 이브루티닙이 목숨을 구할 수 있다는 소문이 돌았다. 이러한 소문이 도는 데는 의사였던 브라이언 코프먼Brian Koffman이 직접 CLL을 앓으면서 쓴 인기 블로그도 한몫했다. 코프먼은 남부 캘리포니아에서 오하이오주 콜럼버스로 가 3개월간 지내면서 버드가 진행하는 이브루티닙 임상시험에 CLL 환자로 참여했다. 코프먼은 이브루티닙을 복용한 지 3일째에 샤워를 하다가 흉하게 부풀어 오른 림프절을 가리려고 기른 턱수염 아래를 만져보았다. 림프절이 더 작아지고 부드러워진 것이 느껴졌다. 버드는 3개월치 이브루티닙을 처방해주며 코프먼을 집으로 돌려보냈다. 이브루티닙은 코프먼의 가장 소중한 보물이 되었다. 코프먼은 혹시 모를 돌발 상황 때문에 기내용 가방과 소지품 없이 급히 비행기에서 내려야 할 경우를 대비해 주머니에 회색 알약을 챙긴 채로 캘리포니아에 있는 집으로 갔다.

온라인 게시판 등에서 환자들이 이 약에 대해 이야기하기 시작했다. 이브루티닙을 복용한 환자들은 그 약을 먹고 건강이 좋아졌다고 말했다. 그들은 이브루티닙 임상시험을 진행하는 의사들에 대한 정보를 교환했다. 인터넷 덕분에 오히려 환자들이 먼저 의사들에게 이브루티닙에 대한 이야기를 꺼내게 됐다.

마침내 로스바움의 귀에도 이러한 소문이 들려왔다. 그는 파마사이클릭스의 주가가 오르는 것을 예의주시하고 있었다. 이브루티닙의 가능성을 듣고 파마사이클릭스의 주가가 급등하는 것을 보면서 로스바움은 큰 충격에 휩싸였다. 사람들이 가치가 상승하는 자산을 너무 일찍 매각하는 경향을 행동 경제학에서는 '처분 효과'[12]라고 한다. 로스바움에게 이 약은 몹시도 썼다. 그는 자신이 추적 중인 주식이 뜨는 컴퓨터 화면을 확인할 때마다 만성적으로 약을 삼켰다. 그로 인해 생긴 증상은 후회였다. 로스바움은 의기소침해졌고 친구들과 어울리지도 않았다. 그는 어두워졌다. 로스바움을 아는 사람들은 그가 왜 그러는지 궁금했다. 아내의 걱정도 커져만 갔다. 심지어 로스바움은 한동안 주식 거래를 중단하기까지 했다.

돈 때문은 아니었다. 당연하지 않은가? 평범한 사람들이 봤을 때 로스바움은 이미 어마어마한 부자였다. 로스바움이 괴로운 건 일종의 지적 테스트에 실패했기 때문이었다. 그는 초창기부터, 그 누구보다도 먼저 이브루티닙과 BTK 억제제에 대해 알았다. 그리고 과학에 대해서도 속속들이 알았다. 그걸 알았는데도 실행할 용기를 내지 못했다는 사실이 그를 미치게 했다. 로스바움은 매각 결정을 내렸던 당시를 계속 돌이켜보고 자신의 실수를 되짚어보았다. 그는 정말로 중요한 베팅에 크게 건다는 자신의 투자 철학을 저버렸다. 그 밑바탕에는 두려움이 있었다. 결국 그는 잘못된 판단을 내리고 말았다.

"사람은 누구나 실수해." 로스바움은 스스로를 다독였다.

그러나 그건 그냥 실수가 아니었다. 그의 경력상 최악의 실수였다. 문제는 이제 '어떻게 대처할 것인가?' 하는 것이었다.

트러플 돼지

Truffle Pig

로스바움은 자신이 지금 무슨 말을 들은 건지 이해할 수 없었다. 함디가 머크 소유의 네덜란드 BTK 억제제 라이선스를 더는 원하지 않는다고 말한 것이다. 로스바움은 시카고에 있는 거대한 맥코믹플레이스 컨벤션센터에서 열린 미국 임상종양학회 연례학술대회에서 함디, 이즈미, 살바와 만난 참이었다. 투랄스키도 함께였다.

"다른 약물을 검토하고 있어요. ROR1이라는 약물입니다." 함디는 약물 이름을 마치 사차 울음소리처럼 "roar one"이라고 발음했다. 그는 또 다른 잠재적 혈액암 표적으로 부상한 티로신-단백질 키나아제 막관통 수용체tyrosine-protein kinase transmembrane receptor를 언급하고 있었다.

로스바움과 함디는 점점 가까운 동료로서 서로를 알아가고 있었다. 예전에는 두 사람 관계가 생명공학 산업에서의 역할에 따라 정의되었다. 로스바움은 함디가 임원으로 있는 회사의 주식을 소유한 주식 투자자였다. 그러나 이제 그들은 특정 주식 거래 규칙으로 정의될 정도로 가깝고 돈독해졌다. 둘은 서로를 존중하고 좋아하게 됐다. 그러나 지금 그들은 일을 같이하려고 하고 있었고, 거기에는 상당한 금액이 얽혀 있었다. 이는 훨씬 긴밀하고 속내를 드러내는 경험이었다.

가능성 있는 분자로 BTK 억제제 회사를 만들자던 이야기가 어떻게 ROR1으로 이어진 것인지 로스바움은 알 수 없었다. 마지막으로 뉴욕에서 이들을 만난 지 몇 달이 흘렀다고는 해도, 이것은 그가 예상했던 업데이트가 아니었다. 함디가 말을 이어나가는 동안 로스바움과 투랄스키는 서로를 바라봤다.

"이 분자는 스웨덴의 카롤린스카대학에 있어요. 가장 흥미로운 표적 중 하나로 여겨지고 있죠. 우리는 지금 그들과 라이선스 이야기를 하고 있어요."

"그 분자를 BTK 억제제 회사에 가져오려고요?" 로스바움이 물었다.

함디는 스웨덴 화합물만으로 회사를 시작하고 싶다고 대답했다. 로스바움은 더 많이 질문하기 시작했다.

"그 분자는 어떻게 찾은 거예요?"

함디는 몇 가지 데이터가 담긴 포스터를 꺼냈다. "포스터 세션에서 방금 이걸 봤어요. 그래서 이 사람이랑 이야기하고 있고요."

로스바움은 뭔가 형편없는 영화에라도 들어간 기분이었다. "잠시만, 도대체 무슨 말을 하는 거예요? 네덜란드 BTK 억제제에 몇 달을 쏟아부었는데, 오늘 갑자기 포스터 세션에서 스웨덴의 무슨 연구소에서 온 사람을 만났고… 그래서 BTK 억제제를 포기하겠다고요? 지금 제가 뭘 놓치고 있는 건가요?"

로스바움은 포스터를 보았다. "끔찍하네요. 도대체 무슨 일이 일어나고 있는 거죠?"

함디는 심호흡을 하더니, 카프테인과 바프와 이야기를 나눴다고 말했다. 머크는 자가면역질환에 대해서는 BTK 억제제 라이선스를 주지 않기로 결정했다. 암에 대해서만 라이선스를 주겠다고 했다. "자가면역질환에 대한 권리 없이는 이걸 진행할 수 없어요. 그래서 이 건은 버리기로 했습니다." 함디가 말했다.

로스바움은 머리가 하얘지는 것 같았다. 그는 스웨덴 포스터를 낚아채서 바닥에 던졌다. "함디, 대체 왜 그래요? 지금 나는 자가면역질환 같은 건 신경도 안 써요. 암에 집중합시다. 우리가 집중해야 할 것은 암이에요. 이건 미친 짓이에요."

함디의 두려움은 약물의 가능성과는 아무런 상관이 없었다. 그는 더건이 무서웠다. 류머티즘성관절염을 목표로 BTK 억제제를 개발하는 한, 파마사이클릭스와 더건과 마주칠 일은 없을 것이었다. 그러나 혈액암에 손을 대는 순간 그의 전 상사와 충돌하게 될 것이 분명했다. 함디는 그것이 두려웠다.

로스바움은 이러한 역학관계를 이해하지 못했다. 그러나 자신이 해야 할 일이 무엇인지는 이해했다. "도대체 뭐 하는 짓인지 모르겠네요. 그들은 오늘 처음 만난 사람들이에요." 그러면서 로스바움은 자기가 머크로부터 자가면역질환에 대한 권리를 받아낼 방법을 찾아내겠다고 덧붙였다. "나는 그 분자를 얻어낼 거고 [네덜란드와] 일할 겁니다. 당신의 선택지는 이거예요. 지금 당장 그 사람들한테 연락하든지, 아니면 내가 연락해서 당신들 없이 진행하든지."

함디는 생각에 잠겼다. 네덜란드 BTK 억제제가 혈액암 치료제로서 이브루티닙의 뒤를 쫓는 것이 가장 현명한 길이라는 것은 함디도 알았다. 네덜란드 BTK 억제제는 이브루티닙이 증명한 개념을 기반으로 효과가 더 개선될 터였다. 이브루티닙을 개발하면서 선구적으로 진행된 연구 결과를 이용할 수 있는 데다 환자에게 중요한 차이를 만들 수 있다는 점에서 구조적으로도 특별했다. 리피토Lipitor는 콜레스테롤을 억제하는 스타틴 계열 약물로 다섯 번째로 시장에 출시됐지만, 같은 계열 약물 중 가장 많이 팔리는 제품으로 자리매김했다. 네덜란드 BTK 억제제 역시 이러려면 더 효과적이거나 안전하거나 아니면 둘 다여야 했다. 로스바움의 주장을 뒷받침하는 논리는 반박할 여지가 없이 타당했다. 반면, 더건에 대한 두려움은 다소 비이성적인 것이었다. 함디는 또다시 좋은 기회를 잃을지도 모른다는 생각이 들었고, 결국 결정을 되돌리기로 했다. "좋아요, 내가 전화할게요."

로스바움은 시카고에 닷새 더 머물면서 콘퍼런스에 참석했다. 그의 일정에는 더건을 비롯한 파마사이클릭스 사람들을 만나는 것도 포함되어 있었다. 로스바움에게 더건은 잠재적 라이벌이었다. 하지만 더건은 이를 꿈에도 몰랐다. 파마사이클릭스 사람들을 만난 자리에서 로스바움은 BTK 억제제를 개발하고 있는 또 다른 회사 아빌라Avila에 대해 물었다. 아빌라에서 혈액암 환자를 대상으로 한 초기 임상시험은 결과가 좋지 않았다. 네덜란드에서의 일을 전혀 알지 못하는 파마사이클릭스 팀은 웃음을 터트렸다. 그들은 아빌라의 약물이 지나치게 선택적이어서 실패했다고 답했다. BTK 억제를 강화하여 이브루티닙의 효과를 돕는 어떤 키나아제에 작용하지 못했기 때문이라고 설명했고, 그 키나아제를 이브루티닙의 '비밀 소스'라고 불렀다.

회의를 마치고 나온 로스바움은 당황했고, 선택성이 과연 강점인지에 대해 의문을 품기 시작했다. BTK가 핵심 표적이 아니라면? 모든 것은 여전히 새로운 분야의 과학이었다. 이브루티닙이 효과가 있었던 이유가 어쩌면 BTK 억제 때문이 아닌 건 아닐까? BTK만 선택적으로 차단하는 것보다 이것저것 마구잡이로 차단하는 게 더 효과적일 수 있지 않을까? 로스바움은 일정을 마무리하기도 전에 호텔 방으로 달려가 키놈 지도(단백질 키나아제에 대한 정보를 밝혀낸 지도─역주)를 찾아보았다. 이브루티닙은 EGFR(표피 성장 인자 수용체)과 ITK(백혈구 티로신 인산화효소)에도 작용했지만, 네덜란드 BTK 억제제는 그렇지 않았다. 네덜란드 약물은 BMX 티로신 키나아제에 미치는 영향 또한 이브루티닙보다 적었다. 어쩌면 이들 중 일부가 더 중요한 표적이 아닐까?

로스바움은 또다시 BTK 억제제에 겁을 먹었다. 그는 함디를 불러서 추궁했다. 함디는 이브루티닙이 효과가 있는 이유는 BTK 때문이지 다른 키나아제 때문은 아니라고 단호하게 말했다. 아빌라의 약물에 무언가 화학적으로 문제가 있는 건 틀림없었다. "중요한 건 BTK입니다." 함디는 반복해서 말했다. 그는 차분하게 로스바움을 진정시켰다. 바로 그 주 초에 함디가 전체 프로젝트 방향을 바꾸려는 것을 로스바움이 말렸었다. 이제는 함디가 로스바움을 다독일 차례였다.

한편 네덜란드에서 판 베젤은 BTK 억제제 라이선스를 확보하기 위해 몇 달간 애쓰고 있었다. 거대 제약회사를 상대로 화합물을 팔라거나 라이선스를 달라고 설득하기는 쉽지 않았다. 상대가 원치 않는 화합물인데도 그랬다. 그러나 팀은 이를 밀어붙일 수 있는 두 가지 강점이 있었다. 먼저, 카프테인과 바프는 오가논의 고위급 리더들과 친분이 있어 머크에 약물을 팔라고 영향력을 행사할 수 있었다. 정치적 압박도 있었다. 오스에서의 연구 및 개발을 중단하겠다는 머크의 결정으로 네덜란드인 2000명이 일자리를 잃게 되자, 사람들은 거리로 나와 시위를 했다.[1] 시위대는 "이익 증가, 일자리 감소"라고 적힌 팻말을 들었다. 주요 유럽 국가 정부와 충돌하고 싶지 않았던 미국의 거대 제약회사는 네덜란드 자산을 처분하여 피벗 파크에 남겨두는 것에 대해 논의하기 시작했다.

머크가 매각을 협의하기 시작한 자산 중 하나가 바로 바프의 팀원들이 연구했던 PD-1 억제제였다. 웬일인지 머크가 라이선스를 처분하려는 약물 목록에 PD-1이 올랐고, 심지어 가격도 매우 낮게 제시되었다. 그러나 협상 마지막에 머크는 돌연 매각을 중단했다. 이 PD-1 억제제는 이후 최소 16가지 암, 특히 폐암을 치료하는 데 쓰이는 면역 치료제인 키트루다Keytruda로 발전했다. 지미 카터Jimmy Carter 전 대통령 또한 이 약의 혜택을 받은 100만여 명의 환자 중 하나였다. 키트루다는 2019년 머크 전체 매출의 3분의 1에 가까운 144억 달러(약 16.5조 원)의 매출을 기록하면서[2] 머크에서 가장 많이 팔리는 제품이 되었다. 이후로도 *매출은 계속 증가했다.* 모든 면에서 *머크는 곧*

*키트루다*였다. 머크가 이 약을 인수하고 보유했던 건 엄청난 운으로 밝혀졌다.

판 베젤은 뉴저지의 화이트하우스스테이션_{Whitehouse Station}에 있는 머크 본사의 기업 라이선싱 책임자와 연락을 취했다. BTK 억제제의 라이선스 문제는 머크 책임자의 최우선순위와는 거리가 멀었다. 머크에서는 아무도 이 분자에 대해 깊이 생각하지 않았다. 판 베젤은 라이선스 책임자에게 주요거래조건서를 보냈다. 그는 일단 선약금 명목으로 1000달러(약 115만 원)를 제시했다. 때때로 이메일이 오갔다. 머크는 암에 대해서만 라이선스를 줄 것이라고 했다. 해당 약물이 류머티즘성관절염 등 머크의 다른 치료 분야와 경쟁하게 되는 것을 막기 위해서였다.

카프테인과 바프가 오가논 사람들과 친분이 없었다면, 그리고 네덜란드 정부의 적절한 압력이 없었다면, 일은 무산됐을 것이다. 판 베젤은 2012년 마침내 거래를 성사시켰고, BTK 억제제가 창출한 전체 순 매출액의 약 5퍼센트를 머크에 지급하기로 했다. 머크에서는 아무도 주요거래조건서에 적힌 선입금액을 바꿀 생각을 하지 않았다.

해당 약물은 선입금 1000달러에 넘겨졌다.

* * *

휴렛팩커드_{Hewlett-Packard}를 필두로 한, 차고에서 창업한다는 실리콘밸리 기업의 신화가 기술 산업 문화에서 대중화되었다. 애플, 구글,

그 밖의 많은 기업이 그 뒤를 따랐다. 그러나 생명공학 회사의 진화 양상은 일반적으로 이러한 길을 밟지 않았다. 심지어 실리콘밸리에서 창업했어도 그랬다. 민감한 정밀 장비, 각종 규제, 막대한 비용이 수반되기 때문이었다. 그런데도 캘리포니아주 산카를로스에서 이즈미의 73평짜리 집에 있는 차 두 대 공간의 차고는 화학 실험실로 변신했다. 이즈미의 남편 토드 커비Todd Covey와 어린 두 아이가 차고 내부를 하얗게 칠하고 깔끔하게 치워서 집에서 가장 깨끗한 공간이 되었다. 커비는 세포 배양 후드 같은 실험 장비를 주문하고, 홈디포Home Depot에서 이런저런 부품을 사서 생물안전작업대(DNA 실험 등의 안전성을 확보하기 위하여 설계된 실험용 작업대—역주)를 만들었다. 50달러(약 5만 7000원)로 인큐베이터를 들이고 맥주 회사에서 이산화탄소를 구매했다. 한번은 이즈미가 인체 줄기세포를 인터넷으로 주문해 집으로 배송받았다. 커비는 그것을 액체 질소에 보관했는데, 때때로 가스가 차고 문 옆으로 샜다. 당시 미국에서 가장 인기 있는 TV쇼였던 〈브레이킹 배드Breaking Bad〉 때문에 이웃들이 의심할까 봐 이즈미는 아이들에게 항상 차고 문을 닫아두라고 말했다. 하필 이웃에 살던 남자는 FBI 요원이었다.

커비는 이즈미의 남편이기도 했지만 뛰어난 생물학자였다. 그 또한 일자리가 필요했다. 로스바움과 함디는 커비의 팀 합류를 열렬히 환영했다. 아스파이어와 코밸류에이션을 합병한 새 회사는 몇 달간 출범이 미뤄지고 있었다. 판 베젤은 네덜란드에서 자금 문제를 처리하고 있었다. 판 베젤이 준비를 마칠 때까지 로스바움은 투자 유치를 할 수 없었다.

그동안 함디, 이즈미, 살바 그리고 네덜란드의 과학자들은 이즈미의 차고 같은 곳에서 미래를 위해 일하느라 생업을 미뤄두었다. 그 바람에 통장 잔고가 점점 바닥나고 있었다. 자금을 지원받지 못하면 아무것도 할 수 없을 터였다. 꿈을 좇기 위해 로스바움의 도움이 필요했다.

창립 직원들의 현금 사정이 너무 빠듯해졌기에, 로스바움은 팀에 160만 달러(약 18억 원)를 대출해주기로 했다. 그는 나중에 이 대출을 첫 번째 지분 투자 유치에 포함하겠다고 말했다. 이 자금 덕분에 함디는 약물의 화학 및 제조 작업을 시작하고 몇 가지 전임상시험 계획을 수립할 수 있었다.

함디와 이즈미는 건강한 쥐를 대상으로 그 약물과 이브루티닙을 비교하는 테스트를 하기로 했다. 이즈미가 스탠퍼드에서 알게 된 한 과학자가 남는 쥐 몇 마리가 있다며 학교 내 의대 실험 시설에 몰래 들어갈 수 있도록 해주겠다고 했다. 이즈미는 두 가지 약물을 테스트하기 위해 경구 투여를 해야 했다. 즉 주삿바늘을 이용해 실험용 약물을 쥐의 목구멍을 통해 배에 주입해야 했다.

실험용 쥐는 의외로 구하기가 어렵다. 이즈미는 최근 몇 년간 이런 작업을 하지 않았기 때문에 혹시나 실수로 그의 과학자 친구가 준 소중한 쥐를 죽일까 봐 걱정됐다. 그래서 근처 펫샵에서 쥐를 한 마리 사서 집 차고에 마련한 실험실에서 연습해보기로 했다. 이즈미는 가게에 가서 케이지와 쥐 한 마리를 집어 들었다. 계산대에 가자 점원이 한 양식서를 작성해달라며 건넸다. 그 가게는 먹이용 쥐를 판매하는 곳이 아니었다. 이즈미는 이 쥐를 뱀 먹이나 다른 용도가 아닌, 키우기 위해서 구매하는 것임을 약속해야 했다. 어찌할 바를 몰라 잠시 서 있던 이즈미는 결국 양식에 서명하고 쥐를 구매해서 아이들에게 선물했다. 아이들은 쥐에게 샤니카Shaniqua라는 이름을 지어주었다.

이즈미는 마을의 후미진 곳에 있는 낡은 가게에서 먹이용 쥐를 판매하는 것을 발견했고, 총 다섯 마리를 구매했다. 그중 한 마리가 마음에 들어서 그 쥐를 입양한 후, 럭키라는 이름을 붙여주었다. 이로써 연습용 쥐 네 마리와 반려동물 쥐 두 마리가 생겼다.

먹이용 쥐 네 마리로 연습해본 이즈미는 금세 자신이 아직 감각을 잃지 않았음을 느꼈다. 스탠퍼드의 동물 실험 시설에서 몰래 임무를 수행할 준비가 됐다. 과학자 친구의 도움으로 이즈미와 함디는 보안 문을 통과했다. 그러고는 하얀 가운을 입고 실험실에 들어갔다. 이즈미는 의심을 사지 않도록 조심하면서 쥐에 약물을 투여했다. 다음날 그들은 다시 몰래 잠입해 결과를 확인할 수 있었다. 실험 결과, 네덜란드 BTK 억제제는 효과가 있을 뿐만 아니라, 이브루티닙보다 훨씬 강력해서 더 적은 용량으로도 B세포의 활성화를 억제하는 것으로 나타났다. 낮에는 차고에서 연구하고, 밤에는 공과금을 걱정하면서 보내던 이즈미는 이제 나아갈 길이 보이는 듯했다.

마침내 판 베젤이 자금 문제 해결책을 찾아냈고, 큰 금액은 아니지만 어쨌든 자금이 들어왔다. 이제는 회사 이름을 지을 차례였다. 생명공학자들은 단순하게 아세타파마Acerta Pharma(이하 아세타)라고 부르기로 했다. 아세타는 캘리포니아 및 네덜란드 창립자들의 이름 아메드, 프란시스코, 에드워드, 라켈, 티에르드, 알라드에서 첫 글자를 딴 것이었다. 여기에 로스바움의 이름만 빠졌다. 그들은 로스바움을 포함할 생각조차 하지 못했다. 사실 로스바움은 이 점이 제일 거슬렸다. 아세타의 창립자들이 로스바움이 수동적이고 그저 돈만 댈 것으로 생각했다면, 그건 완전히 잘못 짚은 것이었다.

아세타의 창립자들은 설립 직후부터 회사를 강하게 밀어붙이려 했다. 로스바움은 아세타의 회장이 되었고, 2013년 초에 바로 600만 달러(약 63억 원)의 초기 지분 투자 유치를 이끌었다. 이는 다수의 시리즈 A 펀딩 라운드(스타트업 회사의 자금 조달 단계 중 하나. 보통 프리시드 펀딩-시드 펀딩-시리즈 A 펀딩-시리즈 B 펀딩-시리즈 D 펀딩-기업공개로 나뉜다-역주) 중 첫 번째 단계로 구성되었다. 다른 투자자로는 판 베젤의 바이오제너레이션, 에델만의 퍼셉티브 헤지펀드, 네덜란드의 지방개발 단체, 캘리포니아 기반의 투자펀드가 있었다.

로스바움과 에델만은 주식 트레이더였다. 이제 두 뉴요커 투자자는 벤처 투자자가 되어 비상장 스타트업 회사에 창립 단계부터 투자하고 있었다. 일반적으로 헤지펀드는 이런 식으로 운영하지 않았다. 그러나 로스바움과 에델만 같은 사람들은 가장 유망한 새 회사들은 주식시장에서 초기 자금을 구하지 않는다는 사실을 알아차렸다. 이러한 회사가 성공하기만 한다면, 회사 설립 초기가 최적의 투자 시기이다. 이때 돈을 넣어야 가장 큰 수익을 얻을 수 있다. 체이스 콜먼Chase Coleman을 시작으로 기술 거래에 특화된 극소수의 헤지펀드들은 이미 이렇게 변화하고 있었다. 체이스 콜먼이 창립한 뉴욕 헤지펀드 운용사인 타이거글로벌매니지먼트Tiger Global Management는 소셜 미디어 업계의 거인인 페이스북Facebook이 비상장회사일 때 그 가능성을 알아보고 투자했었다.

이제 로스바움과 에델만은 이와 똑같은 사고방식을 생명공학에 적용해서, 곧 업계에 넘쳐날 자금의 물꼬를 트는 데 도움을 주었다. 로스바움은 칼리스토가가 비상장회사일 때 마지막 투자 유치 단계에 투자한 적이 있다. 아세타의 경우, 로스바움과 에델만은 완전 초기부터 돈을 투자했다. 로스바움 밑에서 처음 경력을 시작했고 지금은 에델만의 헤지펀드에서 애널리스트로 일하고 있는 투랄스키는 에델만의 대리인으로 아세타의 이사회에 합류했다. 몇 년 뒤, 월스트리트의 헤지펀드 투자자들은 비상장 생명공학 스타트업 회사에 투자를 결정하고 자본을 투입할 터였다.

함디는 아세타의 CEO 겸 최고의료책임자가 되었고, 이즈미는 임상 개발책임자가 되었다. 살바는 재무책임자를 맡았고, 두 명의 네덜란드 과학자 카프테인과 바프는 전임상 개발과 약물 제조를 담당했다. 아세타는 네덜란드 법에 따른, 네덜란드 기반의 회사로 설립됐다. 판 베젤이 네덜란드 정부로부터 네덜란드 회사에 투자하겠다는 조건으로 자금을 끌어왔기 때문이다. 그들은 BTK 억제제 약물에 아스파이어 코밸류에이션 파마_{Aspire Covalution Pharma-196}를 뜻하는 ACP-196이라는 코드명을 부여했다.

카프테인과 바프는 아세타 창립 후, 새 회사를 소개하는 보도자료를 배포했다. 그들은 대형 제약회사에서 해고된 후 몇 달간 불확실한 미래에 대한 불안을 견뎌냈다. 그러나 이제 성공적으로 머크에서 ACP-196을 꺼내왔고 자금도 확보했다. 이들은 자신들의 신약 후보가 앞으로 나아가길 간절히 바랐다.

로스바움은 보도자료를 보고 격분했다. 회사가 완전히 비밀리에 운영되기를 원했기 때문이다. 그는 인터넷에 아무런 정보가 없는, 거의 유령 같은 인물이었고, 아세타도 그렇게 운영되길 기대했다. 따라서 아세타는 웹사이트도 없었고, 이후 보도자료도 일절 금지되었다. 신입 사원들은 링키드인LinkedIn에 회사 이름을 올리지 못했다. "편집증 환자만 살아남을 수 있어요." 로스바움은 이즈미에게 이렇게 설명했다. 로스바움은 이러한 회사를 성공시키는 방법에 대해 매우 구체적인 아이디어들을 가지고 있었다. 그것들을 시행하는 것은 함디의 몫이었다. 모두가 이를 따르도록 하는 것이 아세타의 CEO로서 그가 해야 할 가장 어려운 과제 중 하나였다.

＊＊＊

로스바움의 할아버지는 자물쇠 도매상을 운영했고 미국 전역을 돌아다니며 물건을 팔았다. 그는 출장 때마다 베이글이나 그 밖의 뉴욕 먹거리를 가져가서 고객들에게 따뜻한 마음을 전했었다. 로스바움은 이러한 전통을 이어받아서 뉴욕에서 유행하는 음식을 챙겨 가곤 했다. 2013년에 유행한 것은 베이크드바이멜리사Baked By Melissa의 컵케이크였다. 로스바움은 하얀 상자에 담긴 컵케이크를 가지고 캘리포니아주 사우전드 오크스에 나타나 미국에서 가장 큰 생명공학 기업 중 하나인 암젠 본사의 회의실에서 컵케이크를 나눠주었다.

암젠의 종양학 연구 담당 부사장인 크리스티안 로멜Christian Rommel이 일어나서 직원들에게 로스바움을 소개했다. "웨인과는 오랫동안 알고 지낸 사이입니다. 이분은 '트러플 돼지'입니다. 누군가가 트러플 돼지라면, 그게 바로 로스바움이죠." 스무 명 남짓한 방이 순식간에 조용해졌다. 당황한 로스바움은 노골적으로 불쾌감을 드러내며 동행한 투랄스키를 바라봤다.

"저 사람이 방금 나를 돼지라고 불렀나? 나를 모욕한 건가?" 로스바움이 물었다. 투랄스키는 로멜이 돼지를 이용해 아주 귀중한 곰팡이를 찾아내는 유럽 전통을 언급한 것임을 알았다. "걱정하지 마세요. 칭찬입니다." 투랄스키가 말했다.

로스바움이 자금을 대는 아세타 팀은 (쉽지 않은 일이겠지만) 파마사이클릭스와 그 회사의 놀라워 보이는 약과 맞붙어보기로 했다. 로스바움은 위험을 감수하기 위해 혈액암에서 이브루티닙을 능가할 방법을 찾고 있었다. 사우전드 오크스에서 더 큰 규모의 아세타 팀을 만나는 한편, 처음으로 인간 대상의 임상시험을 진행 중인 PI3K 델타 억제제에 대해 암젠과 라이선스를 협상했다. 그 약은 칼리스토가의 이델라리시브와 마찬가지로 B세포 수용체 전달 경로에서 동일한 키나아제를 차단했다. 로스바움은 아세타의 좀 더 선택성이 높은 BTK 억제제를 암젠의 PI3K 델타 억제제와 조합하면 환자에게 더 강력한 반응을 일으킬 수 있으리라 여겼다. 게다가 혹시라도 BTK 억제제가 실패할 경우, 암젠의 약물이 아세타의 베팅에 대한 대비책이 되어줄 수도 있었다.

사우전드 오크스에서 열린 회의가 끝난 후, 아세타는 암젠의 PI3K 델타 억제제를 BTK 억제제와 조합할 수 있는 라이선스를 얻어냈다. 아세타는 선입금으로 500만 달러(약 52.5억 원)를 지급했고,

향후 발생하는 순 매출액의 6~8퍼센트를 기술 사용료로 지급하기로 했다. 그런데 문제가 있었다. 암젠은 제안된 약물이 실제로 효과가 있을 경우, 두 가지를 조합한 약물을 다시 사들일 수 있는 권리를 주장했다. 그런 상황에서도 아세타는 여전히 괜찮은 보상을 얻을 터였지만, 로스바움은 대비책이 필요했다.

아세타에서 초기에 발생한 또 다른 거래는 지적 재산과 관련되었다. 표면상으로는 별로 중요하지 않은 일처럼 보였는데, 결국 그것은 매우 중요한 거래로 이어졌다. ACP-196에 대한 특허권은 머크에 있었다. 로스바움 측 변호사들이 이를 자유롭게 운영할 수 있는지 확인하기 위해 특허 자료를 검토하다가, 다른 계열의 단백질에 대한 기존 특허를 우연히 발견했다. 이 특허는 아세타의 약물뿐 아니라 이브루티닙에도 적용되는 듯 보였다. 몇 년 전, 그 특허를 출원한 회사는 뉴욕 롱아일랜드에 있는 OSI파마슈티컬스_{OSI Pharmaceuticals}로 일본 제약회사가 인수한 곳이었다. 아세타는 그 특허를 확보할 수 있는지 알아보기 위해 제3의 회사를 통해 OSI파마슈티컬스에 은밀히 접근했고, 결국 그것을 22만 5000달러(약 2.4억 원)에 사들였다.

함디와 이즈미는 실험 장비를 이즈미의 차고에서 산카를로스에 있는 사무실로 옮겼다. 그들은 사무실 일부 공간을 실험실로 바꾸었고 나중에는 그 옆의 창고까지 확장했다. 그런 다음 원점에서부터 작업을 시작했다. 아세타가 BTK 억제제에 대한 권한을 확보하긴 했으나, 머크는 그와 관련된 데이터의 상당수를 전달해주지 않았다. 그 결과, 초기 전임상시험을 전부 반복해야 했다.

동시에 함디는 이브루티닙 임상시험의 핵심 연구자였던 버드,

오브라이언, 퍼먼 같은 의사들과 계속 교류했다. 그러면 혈액암에 대한 아세타의 계획이 더건의 귀에 들어가게 되리란 건 알았지만, 그들 없이는 어떠한 진행도 어려울 터였다. 그들의 도움이 꼭 필요했다.

의사들은 깊이 신뢰하는 함디로부터 프로젝트에 대한 소식을 듣고 매우 반가워했다. 이들 CLL 전문 의사들은 이브루티닙이 CLL 치료의 새 시대를 열 것으로 확신했지만, 그 약물에 개선의 여지가 남아 있다는 사실도 알고 있었다. 몇몇 환자들은 파마사이클릭스 약물의 부작용을 견디기 힘들어했다. 그들은 대체로 노령 환자였고, 젊은 환자였다면 잘 견뎠을 문제에도 더 민감하게 반응했다.

다른 의약품 개발사들 또한 더 안전하고 효과적인 BTK 억제제를 개발하기 시작했고, 이미 이 의사들을 임상시험에 참여하게 하려고 연락을 취하고 있었다. 함디는 자신의 데이터를 공유하면서 좀 더 선택성이 높은 BTK 억제제가 환자들을 더 크게 도울 가능성이 높다고 설득했다. 버드와 다른 의사들은 그 약물이 이브루티닙과 확실히 차별화됐고 더 나을 가능성이 있어 보인다고 판단했다. 함디와 이즈미가 개발했다는 점도 신뢰가 갔다. 파마사이클릭스는 획기적인 이브루티닙을 통해 BTK 억제가 혈액암에서 가장 중요한 열쇠임을 증명했다. 그러나 이브루티닙은 애초에 인간을 치료하기 위한 의약품이 아닌 도구 화합물로 고안된 것이었다. 그러니 다음 단계로 발전시키는 것도 가능했다. 버드는 이렇게 생각했다.

함디와 이즈미는 버드의 도움을 받아, 자연적으로 림프종이 발생한 개들을 대상으로 아세타의 BTK 억제제를 시험하는 연구를 시작했다. 연구 준비를 위해 건강한 개의 혈액 표본이 필요했기에, 이 즈미는 앨리라는 이름의 반려견 콜리에게서 혈액을 채취했다. 연구 결과, 반응률은 25퍼센트였다.[3] 마찬가지로 개를 대상으로 했던 이 브루티닙의 초기 전임상시험 결과와 일치했다. 초기에는 여러 가지 키나아제를 공격하는 무분별성이 일종의 '비밀 소스'인 게 아닐까 하 는 우려도 있었지만, 깔끔하고 선택성이 더 높은 약물이라는 점이야 말로 아세타 팀의 성공 열쇠가 될 듯했다.

함디와 이즈미는 2013년 말까지 FDA에 임상시험계획 승인신청 을 제출할 준비를 하며 맹렬히 일했다. 아세타가 초기 자본을 확보 한 지 10개월밖에 지나지 않았을 때였다. 소규모 스타트업으로서는 번개 같은 속도였다. 승인신청을 마치자, 아세타는 바로 임상시험에 들어갈 준비가 됐다.

마스터 스위치

...

Master Switch

좌절감이 테리 에반스_{Terry Evans}를 갉아먹었다. 그것이 살아남기 위한 마지막 희망이었으나 아무도 신경쓰지 않는 듯했다. 65세 에반스는 IT 관리자로 일하다가 은퇴했으며 캘리포니아주 롱비치에 살고 있었다. 그는 이브루티닙을 써볼 수 있으리라는 희망으로 파마사이클릭스의 RESONATE 임상시험에 참여하기로 했다. 그러나 캘리포니아 샌디에이고주립대학교 임상시험 면담 결과, 컴퓨터의 무작위 알고리즘에 의해 오파투무맙을 투약하는 대조군에 배정되었다. 대조군 환자는 정맥주사를 맞기 때문에 자신들이 항체 치료를 받는다는 사실을 알았다.

에반스는 스스로 CLL을 공부했다. 암에 관해 명예박사 학위를 취득하기도 했다. 가능한 모든 치료법을 절박하게 연구한 많은 CLL

환자와 마찬가지로 에반스도 오파투무맙이 그에게 도움이 되지 않으리라는 것을 알았다. 만약 그의 면담이 다른 날 또는 다른 시간에 이루어졌다면 이브루티닙을 투약하는 그룹에 배정됐을지도 몰랐다. 그는 생명이 위태로운 상황이었다. 아니나 다를까, 오파투무맙을 복용한 지 7개월 후, 에반스의 림프절이 부풀어 올랐고 다른 지표들도 잘못된 방향으로 움직였다. 에반스는 최악의 상황을 준비했다.

RESONATE 임상시험은 약 175명의 환자를 대조군에 포함하도록 설계되었다. 파마사이클릭스에서 압도적인 안전성과 효과를 입증하는 데이터를 제시하지 않는 한, FDA가 대규모 CLL 환자 전체를 대상으로는 새로운 계열의 약물을 승인하지 않을 게 분명했기 때문이었다. 오하이오주립대의 의사과학자이자 임상시험의 주요 연구자인 버드도 이 중요한 결정에는 동의했다. 그러나 이 연구의 또 다른 설계 요소 때문에 고민이 많았다. 이 임상시험에서는 오파투무맙을 복용하는 그룹에 배정된 환자들이 항체 치료에 실패할 경우 이브루티닙 복용 그룹으로 옮기는 것이 허용되지 않았다.

새로운 암 치료제와 관련하여 FDA 규제 당국은 의약품 개발자에게 대개 명확하고 분명한 투로 말했다. 그들은 제약회사에 자신들이 기대하는 바를 명확히 설명했다. 그런데 파마사이클릭스 팀은 FDA와의 이번 회의에서 규제 당국이 약물 교차 투여에 대해 눈에 띄게 모호한 태도를 보이는 것을 알아차렸다. RESONATE 임상시험의 주요 지표 또는 종점은 환자의 무진행 생존율, 즉 약물이 암 진행을 멈추게 하는 능력이었다. 이번 연구가 답하고자 했던 주요 과학적 질문이 바로 이것이었기에, 임상시험은 데이터가 답에 이를 때까지 수

개월, 어쩌면 수년간 계속될 예정이었다. 그런데 이 임상시험의 2차 지표는 전체 생존율이었다. 만약 환자들이 두 가지 약물을 번갈아 복용한다면, 생존율 결과가 왜곡될 수 있었다. 이러한 규제 논의로 인해 파마사이클릭스는 선택지가 거의 없었다. 교차 투여는 있을수 없었다. 일단 약물이 규제 당국의 허가를 받아야 그 약물을 원하는 환자 누구에게든 투여할 수 있었다. 환자가 아직 살아 있다면 말이다.

오하이오주립대에서는 RESONATE 임상시험을 어떻게 해야 할지에 대한 논쟁이 벌어졌다. 버드는 자신이 합리화하고 있다는 것을 알면서도, 가능한 다른 치료 방법이 없을 때는 그가 등록한 환자들의 절반도 이브루티닙을 복용할 수 있으면 좋겠다고 생각했다. 버드는 '대조군 환자'가 죽는 것을 보는 게 몹시 고통스러웠다. 임상시험이 진행되면서, 버드는 교차 투여 이슈에 대해 파마사이클릭스와 FDA에 반발했고, 다시는 그처럼 끔찍 상황에 놓이지 않으리라 스스로 다짐했다. 휴스턴의 MD앤더슨에 있는 오브라이언은 그보다 더 강하게 반발했다. 오브라이언은 FDA가 오파투무맙을 복용한 환자가 질병이 진행되는데도 교차 투여를 금지하는 것은 잘못되었다는 내용의 글을 미국 임상종약학회의 〈ASCO포스트ASCO Post〉에 실었다.

"여기 가혹한 현실이 있습니다. RESONATE의 대조군에는 아마도 병이 진행되어 사망하게 될 사람들이 있습니다. 짐작건대 FDA는 생존을 문서화하는 데 이 죽음이 필요하다고 생각하는 듯합니다. … 안타까운 일입니다."[1]

이에 대해 FDA 혈액종양제품국 국장인 리처드 파즈두르는, FDA

는 교차 투여를 반대하지 않으며 제약회사들이 환자에게 필요한 치료법을 제공할 수 있기를 장려한다는 입장을 밝혔다.[2] 파마사이클릭스는 FDA의 입장 표명에 힘입어, 에반스와 같은 환자들이 이브루티닙을 교차하여 복용할 수 있도록 임상시험 계획을 수정했다. 약은 효과가 있었다. 에반스는 이후 수년간 이브루티닙을 계속 복용했다.

파마사이클릭스는 또한 이브루티닙이 1차 치료제로 승인되어 화학요법의 공포에서 환자들을 구하길 원했다. 파마사이클릭스는 승인을 얻기 위해 2013년에 두 번째 대규모 RESONATE 임상시험을 시작했다.[3] 기존에 치료를 받은 적이 없는 노령 환자를 대상으로 이브루티닙과 화학요법을 비교하는 시험이었다. 이 무렵 몇몇 의사과학자들은 환자들에게 이브루티닙이 아닌 다른 치료법을 시행하는 것에 대해 불편을 느끼게 됐다. 뉴욕의 웨일코넬 의과대학에서 영향력 있는 CLL 의사로 일하는 퍼먼은 RESONATE-2 시험에 참여하기를 거절했다. 이브루티닙이 경이로운 약물임을 확신했기에 무작위 선택으로 환자들이 화학요법을 받게 되는 것이 비윤리적이라고 생각했기 때문이었다.

퍼먼은 파마사이클릭스가 또다시 큰 비용이 드는 시험을 진행해 많은 환자를 위험에 빠뜨리는 것에 대해 FDA에 책임을 물었다. 그 임상시험에서 환자들의 교차 투여가 허용되긴 했지만, 퍼먼은 처음에 화학요법을 받은 환자들의 사망 가능성이 커질 수 있다고 우려했다.

점점 더 많은 환자가 이브루티닙을 복용했고, 이에 따라 몇몇 부작용이 나타났다. 대부분은 설사, 관절통, 멍과 같은 가벼운 부작용이었지만, 노령 환자들에게는 이조차 견디기 어려울 수 있었다.

더 심각한 부작용도 있었다. 몇몇 환자에서 심박세동으로 알려진 불규칙한 심장 박동, 뇌를 감싸고 있는 조직층 사이에 피가 고이는 경막하혈종이 나타났다. 두 증상 모두 생명을 앗아갈 수 있었다. 파마사이클릭스는 이러한 문제를 다루기 위해 의료 관리 계획을 마련했고, 기존에 심박세동이 있거나 항응고제를 복용하는 환자들은 임상시험에서 제외했다. 불규칙적이고 빠른 심장 박동은 상부의 두 개 심방이 하부의 두 개 심실과 조율되지 않고 무질서하게 뛸 때 일어나며 이로 인해 환자는 심부전이나 뇌졸중 위험에 처할 수 있다. 의사들은 환자들을 주의 깊게 추적 관찰할 수 있도록 심장과 혈액과 관련한 이러한 문제들에 대한 위험을 고지받았다.

***

2013년 6월, 〈뉴잉글랜드저널오브메디슨New England Journal of Medicine, NEJM〉은 이브루니팁의 임상 1B/2상 결과를 실었다.[4] 재발성 및 불응성 CLL 환자 85명을 대상으로 한 것으로, 3년 전에 함디가 팔로알토의 한 호텔에서 전문의들에게 처음 말을 꺼냈던 연구였다. 데이터는 놀라웠고, 의사과학자들은 이제 무슨 일이 벌어지고 있는지를 훨씬 잘 이해하게 됐다. 연구진은 BTK 억제제가 마스터 스위치와 같다고 설명했다. BTK 스위치를 끄면 암세포를 물리칠 수 있었다. 이 임상시험에서 일부 환자들은 거의 2년간 이브루티닙을 복용했다. 환자 71퍼센트가 림프종이 줄어들고 백혈구 수치가 감소했다. 이는 파마사이클릭스에서 기대할 수 있는 최상의 결과에 가까운 '객관적 반응overall response'으로 고려되었다. 또 다른 15명의 환자는 림프절이 줄어들긴 했지만, 백혈구 수치가 떨어지지 않았다. 문제가 됐던 17번 염색체 결손 환자들도 약물에 잘 반응했다. 부작용은 경미한 것으로 나타났으며, 극소수의 환자만 심각한 부작용을 경험했다. "이브루티닙은 재발성 또는 불응성 CLL 환자가 높은 확률로 지속적인 차도를 보이는 것과 관련이 있다." 논문의 결론은 이러했다.

〈NEJM〉 논문은 월스트리트에서 큰 관심을 불러일으켰다. 이브루티닙은 상당히 안전한 방법으로 CLL을 억제하는 데 매우 효과적인 듯했다. 다른 약은 하지 못했던 방식으로 CLL 환자들의 수명을 연장했다. 정말로 변화를 가져온 암 치료제가 등장한 것이었다. 투자자들이 경제적 관점에서 보는 이 약의 아름다움은, 효과가 있긴 하지만 그것이 아주 뛰어나지는 않다는 데 있었다. 이브루티닙은 기적의 만병통치약이 아니었다. 그 약을 먹는다고 해서 암이 혈액에서 제거되지는 않았고 완전히 사라지는 경우도 드물었다. 완전 관해가 나타난 환자는 거의 없었다. 쉽게 말하면 이브루티닙은 '구독형 모델'이었다. 환자들은 하루에 1알씩 매일, 오랜 기간, 아마도 수년간 약을 복용해야 했다.

은행과 헤지펀드의 애널리스트들이 계산기를 두들기기 시작하면서 이브루티닙의 재무 예측은 계속 상승했다. 애널리스트들은 비교적 많은 CLL 환자 수에 비슷한 항암제의 꽤 높은 시장 가격을 곱했다. 그런 다음 환자들이 얼마나 오랜 기간 그 약을 복용할지 추정했다. 그 결과 애널리스트들은 그 약이 수십억 달러의 가치를 창출할 수 있을 것으로 예상했다. 2013년 여름이 끝날 무렵 파마사이클릭스의 주가는 주당 123달러(약 13만 원)로, 시장가치는 90억 달러(약 10조 원)로 치솟았다.[5]

　생명공학에 정통한 투자자들은 한몫을 차지하기 위해 혈안이 되었다. 전직 투자은행가로 의약품의 특허권 또는 로열티를 받을 권리를 사들이는 뉴욕 회사를 설립한 파블로 레고레타Pablo Legorreta는 창의적인 베팅을 했다. 몇 년 전 이브루티닙을 넘겼던 회사인 셀레라는, 파마사이클릭스 창립자인 밀러가 체결했던 계약에 명시된 대로, 향후 이브루티닙의 매출액 일부를 가져갈 권리를 보유하고 있었다. 대형 임상시험 전문기관인 퀘스트다이아그노스틱스Quest Diagnostics는 2011년 6억 5000만 달러(약 9950억 원)에 셀레라를 인수했는데,[6] 여기에는 앞으로의 로열티 수익에 대한 권리도 포함되었다. 레고레타가 세운 회사인 로열티파마Royalty Pharma는 〈NEJM〉 논문이 발표되자마자, 이브루티닙의 수익 일부에 대한 퀘스트다이아그노스틱스의 권리를 4억 8500만 달러(약 5200억 원)에 바로 사들였다.[7]

　그러나 파마사이클릭스의 이야기에 참여한 모두가 기쁨을 느꼈던 건 아니었다. 논문에는 버드가 제1 저자로, 오브라이언, 퍼먼, 샤먼 등의 의사와 파마사이클릭스 직원이 이어서 이름을 올렸다.[8] 함디나 이즈미의 이름은 없었다. 임상시험 자체를 설계하고 처음 시행한 사람이 함디와 이즈미였는데, 이들은 '감사의 말'에만 언급되었다. 〈NEJM〉에 논문을 게재하는 것은 이즈미의 경력 및 인생 목표였다. 이즈미는 그처럼 의미 있는 인정을 부당하게 빼앗겼다고 느꼈다.

동료 심사를 거친 의학 논문에 참여한 의사와 과학자에게 그 공로를 인정해주는 것이 의학 연구의 일반적인 절차였다. 혹시 연구자가 논문 발표 전에 사망하더라도, 연구에 참여했다면 저자로 이름을 올려주는 것이 일반적이었다. 그러나 파마사이클릭스에서는 사람들을 빼는 것이 일종의 트렌드가 됐다. 파마사이클릭스를 창립하고 이브루티닙의 초기 임상 1상 프로토콜을 작성했던 밀러, 초기 임상시험을 진행했던 스탠퍼드 연구원 폴리아도 〈NEJM〉에 실린 최종 논문[9]에서 이름이 빠졌다. 그들 또한 그 점에 화가 났다. 밀러는 자신이 의도적으로 배제되었다고 느꼈다. 사실 더건은 항상 밀러가 이브루티닙의 개발과는 아무런 관련이 없다는 입장을 유지했다. CLL 연구 결과가 발표되고 한 달 뒤, 〈NEJM〉에 재발성 외투세포림프종 환자를 대상으로 한 임상 2상의 긍정적인 결과가 게재됐다.[10] 이번에도 함디와 이즈미의 이름은 오르지 않았다.

함디에게는 금전적인 안타까움도 있었다. 빚이 많았던 함디는 해고될 때 파마사이클릭스의 스톡옵션을 행사해 110만 달러(약 11.8억 원)에 매각했었다.[11] 이는 엄청난 실수였다. 주식을 계속 갖고 있었다면 2013년 여름에는 2000만 달러(약 220억 원)가 되었을 것이다.

로스바움이 손해 본 절대적 금액은 아예 차원이 달랐다. 로스바움은 파마사이클릭스로 상당한 돈을 벌긴 했지만, 주식을 초기에 매각하면서 입은 손해는 이제 거의 3억 달러(약 3300억 원)에 육박했다.

로스바움이 이를 만회할 길은 단 하나뿐이었다.

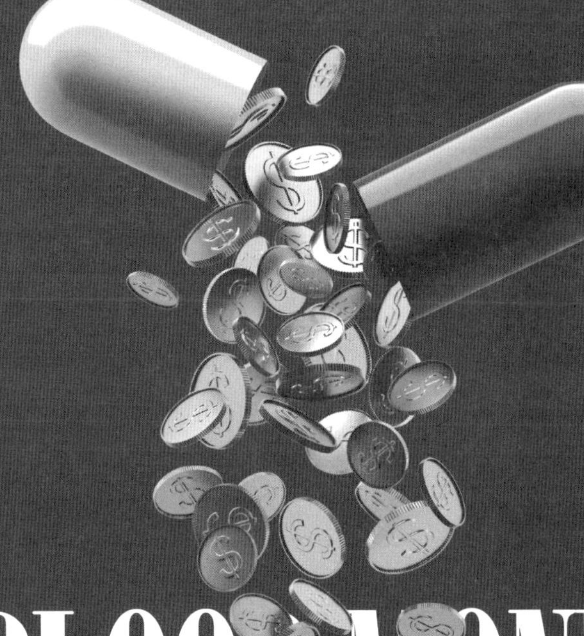

BLOOD MONEY

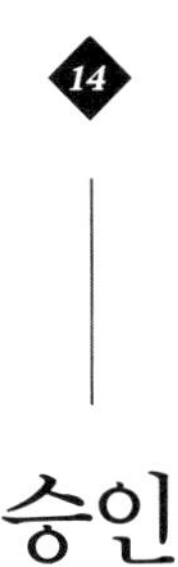

승인

Approved

함디는 아들을 재우던 중 더건으로부터 이해할 수 없는 음성메시지를 받았다. 더건은 함디에게 뭔가를 확인하고자 하는 듯했다.

함디는 더건이 무엇을 원하는지, 왜 전화했는지 알 수 없었다. 메시지는 모호했다. 파마사이클릭스에서 나온 이후 함디는 한 번도 더건과 연락한 적이 없었다. 모든 것이 으스스하고 심지어 위협적으로 느껴졌다.

며칠 뒤 아침, 함디는 수상해 보이는 하얀색 밴이 그가 사는 동네 입구에 주차된 것을 보았다. 두려움에 질린 함디는 로스바움에게 전화를 걸어서 밴에 대해 이야기하고 음성메시지를 들려주었다.

함디는 더건을 무서워했다. 더건의 세계에 발을 들여놓으면 공격에 노출될 수 있음을 알고 있었다. 그러나 어디까지나 기업이나 법적인 공격일 거라 예상했었다. 하지만 이제 함디는 더건이 자신의 개인적 삶을 침범할 수도 있다고 여겼다. 아세타의 개발 방향을 돌리는 것도 생각했지만 새로운 팀원들이 절대 동의하지 않을 터였다. 함디는 스스로 불러온 불안의 소용돌이에 갇혀버렸다.

함디는 아세타 팀에 이를 털어놓고 무슨 일이 있었는지 설명했다. 다른 사람들은 대부분 크게 흔들리지 않았다. 몇몇은 음성메시지를 들은 후, 휴대폰이 주머니에서 우연히 눌린 것 같다고 말했다. 시간이 지나며 더건은 아세타에서 어떤 도깨비 같은 존재가 되었다. 직원들은 하얀색 밴이 숨어 있는지 조심해야 한다고 농담하곤 했다. 더건이 사이언톨로지 교도와의 끈끈한 유대를 형성하고 있으며 사이언톨로지가 그의 반대파들에게 공격적으로 행동한다는 점이 불안감을 키웠다. 네덜란드에서 자동차 트렁크에 있던 아세타의 노트북이 말도 안 되게 없어지면서 불안은 더욱 커졌다. 도둑은 다른 귀중품은 건드리지도 않았다.

더건이나 파마사이클릭스가 실제로 이러한 일에 연루되었다는 증거는 없었다. 더건은 언제나 아세타를 신경 쓰지 않으며 전 동료들이 잘되길 바란다고 말했다. 함디에게 음성메시지를 남긴 적도 없다고 주장했다. 아세타의 일부 직원들은 함디의 상상력이 지나치다고 여겼다.

어떤 의미에서 파마사이클릭스와 아세타는 경쟁 관계에 있었다. 둘 다 CLL에 효과를 보이는 BTK 억제제를 보유하고 있었고, 궁극적으로 FDA 승인을 원하고 있었다. 그러나 더건과 파마사이클릭스가 훨씬 유리했다. 더건이 아세타에서 진행 중인 연구를 신경 썼는지 여부는 파마사이클릭스의 추진력에 아무런 영향도 미치지 않았다. 2013년 여름, 파마사이클릭스의 임상팀과 규제팀은 외투세포림프종과 CLL 환자 중 적어도 한 번 이상 다른 치료를 시도해본 경험이 있는 환자에게 해당 약물을 처방하는 것에 대해 FDA의 신속 승인을 받을 전략을 세웠다. 파마사이클릭스가 상대적으로 적은 수의 환자를 대상으로 한 소량의 데이터만 축적하고 있긴 했지만, 회사는 결과의 질이 뛰어나기 때문에 두 가지 질병에 대해 동시에 신속 승인을 받을 수 있을 것으로 판단했다.

파마사이클릭스의 규제 담당 책임자인 우르테 게이코Urte Gayko는 FDA 담당자들과 회의를 하고 캘리포니아로 돌아오는 비행기 안에서 전략의 중요한 부분을 계획했다. 파마사이클릭스는 외투세포림프종과 CLL 환자를 대상으로 한 임상시험 데이터를 취합해서 한 번에 신약허가신청을 했다. 이 모든 데이터는 처음에 함디와 이즈미가 설계한 두 가지 임상 2상에서 얻은 것이었다. 새로운 파마사이클릭스 팀은 이 두 가지 소규모 임상시험의 결과를 FDA의 신속 승인 절차에 활용했다.

CLL 규제 제출의 경우, 임상의들은 임상 1B/2상에서 최적의 용량으로 추정되는 양의 이브루티닙을 복용한 환자 48명의 데이터를 FDA에 제출했다. CLL에 대한 이 신약허가신청은 확실치 않았다. 외투세포림프종 환자들을 위한 신속 승인을 받는 것도 문제였다. 외투세포림프종은 환자 수가 많지 않았고 선택지가 거의 없었다. 반면 CLL은 혈액암에서 가장 흔한 증상 중 하나였다. CLL 진단을 받은 미국인은 약 18만 6000명이었다. 환자 수가 그렇게나 많은 질병에 대해 고작 48명을 대상으로 한 단일군 임상시험 결과로 FDA 승인을 바라는 건 과욕이었다.

2013년 10월, 더건은 파르디스, 맥그리비, 게이코 그리고 나머지 임상 개발 및 규제 담당 임원들과 메릴랜드주 화이트오크로 가서 FDA 본부의 고위급 규제 담당자들과 중요한 회의를 했다. 레보위츠와 같은 J&J 임원들도 참석했다. J&J 사람들 덕분에 파마사이클릭스 직원들의 제안에 즉각적인 정당성과 정치적 힘이 실렸다. 애초에 더건이 이처럼 잘 자리 잡은 제약회사와 파트너십을 원했던 이유 중하나도 이것이었다. 파마사이클릭스의 일부 직원들은 이전 회의를 마무리할 무렵, FDA 관계자가 J&J 직원에게 회사가 FDA의 인력 증원을 위해 의회에 로비해줄 수 있는지를 가볍게 묻는 것을 보고 J&J의 힘을 느꼈다. 파마사이클릭스 팀은 자기들도 이너서클에 들어간 것만 같았다.

FDA 종양학 및 혈액학 담당 책임자인 파즈두르는 FDA 규제 담당자 15명이 참석한 토론을 주도했다. 파즈두르가 파마사이클릭스와의 회의에 직접 참석한 것은 처음이었다. 파마사이클릭스 창립자 밀러가 〈월스트리트저널〉에 파즈두르의 방침이 전도유망한 암 치료제를 방해한다고 비판하는 글을 실으면서 파즈두르의 평판은 크게 달라졌다. 의회의 혁신 치료제 지정 프로그램은 파즈두르의 팀이 제약회사와 좀 더 긴밀하게 협력하는 데 도움을 주었다. 게다가 파즈두르의 아내인 메리 파즈두르Mary Pazdur는 종양 전문 간호사였는데, 난소암 진단을 받고 결국 사망했다.[1] 이러한 개인적 경험은 파즈두르를 변화시켰고, 그가 "검토 절차를 간소화하고 제품을 더 빨리 줄시하기 위한 정신적 투쟁"으로 묘사한 일의 발판이 되었다.

제약업계는 파즈두르의 움직임에 동참할 준비가 되어 있었다. 미국에서 새로운 암 치료제가 환자당 연평균 10만 달러(약 1억 원) 이상의 비용이 산정되었다. 암 치료제는 개발이 어렵지만, 돈이 되는 시장이었다. 그래서 바이오제약 회사들은 암 치료제를 연구·개발하는 데에만 매년 310억 달러(약 32.8조 원)의 비용을 쓸 수 있었다.[2] 이는 다른 치료제 분야와 비교할 때, 3배가 넘는 비용이었다. 업계는 대부분 이브루티닙과 같이 암세포에 침투해서 암세포의 유전자와 단백질에 간섭하는 저분자 표적 치료제를 개발하는 데 집중했다.

명목상으로는 반대편에 있는 관계였지만, 더건과 파즈두르는 서로를 동지로 여겼다. 두 사람 다 개인적인 삶에 암이 깊숙이 영향을 미쳤다. 암은 두 사람 모두를 바꿔놓았다. 사실 더건과 파즈두르가 한 공간에서 이브루티닙에 대해 이야기하게 된 것도 파즈두르 팀이 밀러가 밀었던 뇌암 치료제를 반복적으로 거절하면서 더건이 파마사이클릭스를 차지하게 되었기 때문이기도 했다. 파즈두르는 신약 승인을 지연시키는 번거롭고 비효율적인 절차에 대한 '투쟁'을 선포하긴 했지만, 규제 당국자로서 여전히 아주 사소한 부분까지 꼼꼼하게 살피고 공공 안전을 고려했다. 파마사이클릭스와의 회의 내내 이러한 견해 차이는 드러났다.

회의에서 규제 당국자들은 일반적인 백혈병에 대해 제안된 복용량으로 시험한 환자 수가 48명밖에 안 된다는 점에 우려를 표현했다. 파마사이클릭스 팀이 보기에도 제출된 자료의 상당수가 임상 2상 데이터와 뒤죽박죽 섞여 있는 것 같았다. FDA 관계자는 이 연구가 애초에 규제 승인을 얻기 위해 설계된 것인지를 물었다. 파마사이클릭스 팀은 그렇지 않다고 인정했다. 규제 당국은 임상 1B/2상의 정보가 부족하며 방사선 평가의 독립적 검증과 같이 필요한 부분이 제대로 검토되지 않았다고 분명하게 지적했다. CLL에 대한 신약신청은 결함이 있다고도 말했다.[3]

"맥그리비 박사님, 편향에 대해 이야기를 좀 하겠습니다." 파즈두르가 파마사이클릭스의 최고의료책임자에게 말하며 목소리를 높였다.

파즈두르처럼 엄격한 규제 당국자가 보기에 단일군 임상시험 데이터를 제출하면, 즉 모든 환자가 똑같은 치료를 받고, 그 결과를 다른 치료를 받은 환자 또는 아무런 치료를 받지 않은 환자와 비교하지 않으면, 데이터가 편향될 수 있었다. 규제 당국은 약물의 효과를 온전하게 입증할 수 있도록 언제나 대조군을 포함한 대규모 무작위 임상시험을 선호했다. 이브루티닙이 생명을 살릴 잠재력을 갖고 있다는 증거는 충분했다. 그러나 다른 치료제나 위약과 비교해서 그 효과와 안전성을 완전히 입증하는 연구가 부족했다. 파즈두르는 위험할 수 있는 약물로부터 미국 국민의 생명을 보호하고, 환자들의 생사를 바꿔줄 수 있는 약물은 통과시키는 문지기였다.

"결국 FDA는 이리지도 저러지도 못하는 상황에 있고, 저도 마찬가지입니다. 약물을 너무 빨리 승인한다고, 또는 너무 느리게 승인한다고 비판을 받고 있죠. 그러나 우리가 추구하는 바는 안전성과 효과의 균형을 맞추는 것입니다." 파즈두르가 말했다.[4]

더건이 회의에 귀를 기울이는 동안, 규제 당국은 파마사이클릭스가 제안한 대담한 계획을 변경했다. 파즈두르의 팀은 파마사이클릭스의 신약허가신청을 나누어서, CLL과 외투세포림프종 승인을 각각 다르게 진행하겠다고 말했다. 외투세포림프종에 대한 신속 승인이 더 먼저 완료될 것이라고 했다. (파마사이클릭스가 더 큰돈을 벌 수 있는 분야인) CLL에 대해서는 이브루티닙을 오파투무맙과 비교해 무작위로 테스트 중인 RESONATE 임상시험의 중간 데이터를 제출할 것을 제안했다. 이로써 더건과 파마사이클릭스의 계획에 큰 차질이 생겼다.

RESONATE 임상시험의 환자 등록은 처음에 더디게 진행되다가 잔가네가 모든 임상 운영을 파르디스에게 넘긴 뒤 마법처럼 문제가 해결되는 듯 보였다. 파르디스는 프로세스를 주도하면서 좀 더 빨리 더 많은 임상 현장을 개방하도록 밀어붙였다. 파르디스는 번거로운 절차를 해결할 방법을 갖고 있었다. RESONATE 임상시험의 속도를 높이는 것이 현재로서는 가장 중요했다. 파마사이클릭스는 최대한 빨리 그 결과를 얻어야 했다.

***

더건은 외투세포림프종에 대한 신속 승인을 최대한 활용하는 데 열중하며 메릴랜드주 화이트오크를 떠났다. FDA 관계자들은 CLL에 대한 이브루티닙 승인이 쉽게 이루어지지 않을 것임을 내비쳤다.

더건은 빠른 시장 출시가 얼마나 중요한지 잘 알았다. 서니베일 사무실에서 볼트비는 이브루티닙의 상업적 출시를 준비하고 있었다. 더건은 바로 그 목적으로 볼트비를 고용했다. 2001년 노바티스에서 일하고 있던 볼트비는 만성 골수성백혈병 치료를 위한 획기적인 약물인 글리벡Gleevec를 성공적으로 출시하는 데 일조했다. 글리벡은 FDA가 승인한 최초의 키나아제 억제제였다.

볼트비는 글리벡의 성공을 재현할 수 있다는 기대감에 부풀어 가족을 남부 캘리포니아에서 실리콘밸리로 이사시켰다. FDA 회의 전까지만 해도 그는 CLL과 외투세포림프종에 대한 시장 출시를 준비했다. 그러나 이제는 홍보 자료부터 웹사이트까지 다 외투세포림프종에 대한 것만으로 재빨리 수정하고 조정해야 했다.

볼트비의 지휘 아래, 이브루티닙은 임브루비카Imbruvica라는 새로운 브랜드명으로 재탄생해 출시됐다.

볼트비는 임브루비카의 가격 책정과 관련해서도 중요한 역할을 맡았다. 시판 중인 다른 의약품, 특히 마찬가지로 외투세포림프종 치료제로 승인된 경구용 약물인 보르테조밉bortezomib과 레날리도마이드lenalidomide를 포함한 희귀암 치료제와 비교하고 벤치마킹하는 가격 책정 연구가 진행됐다. 파마사이클릭스는 더 많은 지표를 얻기 위해 주요 보험 회사들과도 이야기를 나누었다. 볼트비는 가격 범위를 정한 후, 이 중요한 사안에 대해 더건, 잔가네와 함께 J&J와 논의했다. 마침내 가격은 캡슐당 91달러(약 10만 원)로 책정됐다.[5] 환자가 하루에 한 번 4알씩 복용할 경우, 한 달에 총 1만 900달러(약 1200만 원)를 부담해야 했다.

2년 전, 함디는 이브루티닙이 외투세포림프종에 초점을 두면 승인을 얻을 수 있으리라 예상했다. 그와 이즈미는 그 효과를 입증하는 방향으로 임상 2상을 설계했고, 그가 해고된 데는 이러한 의견을 강하게 밀어붙인 탓도 있었다. 2013년 11월, 파마사이클릭스는 FDA로부터 이메일을 받았다. 14장 분량의 문서에는 이전에 다른 치료를 받아본 경험이 있는 외투세포림프종 환자에 대해 임브루비카의 신속 승인을 부여한다[6]는 내용과 함께 보건복지부HHS의 푸른색 레터헤드와 파즈두르의 전자 서명이 있었다. 더건이 기다리던 소식이었다.

언론은 임브루비카의 가격이 환자당 연간 13만 1000달러(약 1.5억 원)에 달하며,[7] 미국에서 가장 비싼 항암제 중 하나임을 강조하는 헤드라인을 냈다. 이 가격은 바이오제약 산업에 대한 대중의 반발을 일으켰다. 얼마 지나지 않아 미국인들은 담배 회사에 그랬던 것처럼 제약회사에 대해서도 부정적 시선을 갖게 됐다. 더건은 〈뉴욕타임스〉와의 인터뷰에서, 외투세포림프종은 고작 미국인 1만 1000명만이 앓고 있는 질병이라고 지적했다. 파마사이클릭스와 J&J가 임브루비카를 개발하는 데 거의 10억 달러(약 1.1조 원)에 가까운 비용을 투자했다는 사실도 강조했다.

서니베일에서는 FDA 승인 때문에 추수감사절과 크리스마스가 날아갔다. 경영진에게는 물론 기쁜 소식이었지만, 회사가 임브루비카 상업화에 박차를 가하는 동안, 직원들은 휴가 계획을 미뤄야 했다. 더건은 그 순간과 스포트라이트를 잘 활용하고자 했다. 약값은 비쌌고, 그 약을 블록버스터급으로 만들기에는 외투세포림프종 환자가 많지 않았으며, 의사들이 그 약을 처방하도록 독려하기까지는 시간과 노력이 필요했다. 월스트리트의 일부 투자자들은 환자가 많은 CLL에 대한 승인이 지연되는 사실에 실망했다.

더건은 영업팀에 임브루비카로 연말까지 4200만 달러(약 460억 원)의 수익을 내라는 지침을 내렸다.[8] 7주밖에 남지 않은 상황이었다.

파마사이클릭스의 영업 담당 부사장인 마이클 크럼Michael Crum은 너무 놀라 말을 잃을 정도였다.[9] 11개월 전 입사한 크럼은 젊고 야망 있는 영업부장인 야세르 알리Yasser Ali를 포함해 최적의 영업팀을 꾸렸다. 하지만 더건의 예측치는 터무니없었다. 게다가 더건은 크럼과 그의 팀 인센티브를 4200만 달러의 매출과 엮기까지 했다. 반면 임브루비카 순 매출의 거의 절반을 차지하는 J&J는 같은 기간 동안 1400만 달러(약 150억 원)를 예상했다.

알리는 분석을 통해 더건의 예측치를 달성할 방법이 전혀 없다고 판단했다.[10] 약물은 이전에 다른 치료를 받은 적이 있는 미국인 외투세포림프종 환자에 대해서만 승인이 난 것이었으나, 그 수가 많지 않았다. 알리의 상사인 크럼은 영업 목표를 달성할 유일한 방법은 절박한 CLL 환자들에게 오프라벨(FDA에서 승인한 용도 이외에 약을 처방하는 것－역주)을 적극적으로 마케팅하는 것뿐이라고 주장했다.[11] 그러나 오프라벨 마케팅을 하다가는 곤란한 일을 겪을 수도 있고, 법적으로 문제가 생길 수도 있었다. 그들이 보기에는 더건이 아직도 쿠키 가게를 운영하듯 영업 목표를 설정한 것처럼 보였다. 그러나 파마사이클릭스는 쿠키 가게가 아니었다.

나중에 크럼이 파마사이클릭스를 상대로 제기한 소송에 따르면,[12] 크럼은 더건으로부터 영업 목표는 조정할 수 없으며 4200만 달러의 매출 목표 달성과 실적에 따른 스톡옵션이 연결되어 있음을 다시 한 번 상기하는 음성메시지를 받았다고 했다. 소장에는 음성메시지가 11월의 어느 목요일에 남겨졌으며 크럼은 그것을 협박으로 느꼈다고 적혀 있었다. 같은 날 크럼은 더건의 매니저인 볼트비를 통해서도 같은 내용의 이메일을 받았다. 크럼이 메시지를 받지 못할 경우를 대비한 것이었다. 주말 동안 크럼과 알리는 기밀 유지가 될 것으로 생각하면서 파마사이클릭스 감사 부서에 이 상황을 보고했다.[13]

월요일 아침, 크럼은 회의에 참석하러 가는 길에 더건을 만났다. 더건은 크럼을 자신의 사무실로 데려가 두 시간 넘게 자신의 매출 전망을 주입했다. 크럼이 소장에서 밝힌 바에 따르면, 더건은 폭언과 욕설도 했다.[14] 크럼은 일자리뿐만 아니라 안전에 대해서도 위협을 느꼈다고 주장했다. 그는 너무 충격을 받아서 '아프다'는 이유로 이틀간 집에 숨어 지내면서 더건의 화가 누그러지기를 바랐다. 알리는 계속 출근했고 더건과 잔가네가 참석하는 회의에도 들어갔다. 더건은 매출 예측을 언급하면서 전력을 다하지 않는 크럼의 무능함을 지적했다.

나중에 알리가 파마사이클릭스를 상대로 제기한 소송에 따르면, 알리는 회의 중에 영업팀의 보상을 매출 예측과 엮어서 영업팀이 오프라벨 환자를 대상으로 홍보하도록 밀어붙이는 건 잘못이라고 반발했다.[15] 더건은 알리를 향해 날카롭게 돌아앉더니 감사 부서에 이 문제를 보고한 적이 있는지 물었다. 알리는 그렇다고 인정했다. 더건은 "배신자"라고 말하면서 자신에게 먼저 말하지 않은 점을 비난했다.

하루는 크럼이 집에서 쉬고 있는데 더건으로부터 사무실 밖에서 만나고 싶다는 연락이 왔다.[16] 크럼은 차라리 더건을 사무실에서 만나는 편이 더 낫다고 판단했다. 추수감사절 주말이 끝난 후 크럼이 출근하자 그는 해고되었다. 알리도 마찬가지였다. 크럼과 알리가 캘리포니아주 법원에 제기한 부당 해고 소송은 아무런 법적 책임도 인정받지 못한 채 마무리됐다.

***

임브루비카에 대한 더건의 야심 찬 매출 예측치는 보기 좋게 빗나갔다. J&J가 예측한 그대로였다. 2013년의 마지막 석 달간, 파마사이클릭스는 임브루비카로 1360만 달러(약 145억 원)의 순수익을 올렸다.[17] 그러나 새해가 밝아오면서 모든 것이 더건의 생각대로 움직이기 시작했다.

2014년 초, 대규모 3상 임상시험 RESONATE의 데이터를 독립적으로 모니터링하는 위원회가 연구를 초기에 중단시켰다.[18] 위원회 위원들이 임브루비카가 오파투무맙을 압도한다는 사실을 충분히 확인했기 때문이다. 임브루비카를 복용한 환자들은 CLL 진행이 멈췄고 더 오래 살았다. 파마사이클릭스는 저울이 한쪽으로 기울기를 바라면서 RESONATE 임상시험에서 얻어낸 이 엄청난 중간 결과를 즉시 FDA에 제출했다.

한 달 후인 2014년 2월, 파마사이클릭스의 규제 담당 책임자인 게이코는 사무실에서 FDA로부터 이메일을 받았다. FDA가 임브루비카에 대해 신속 승인을 결정했음을 알리는 내용이었다. 게이코는 책상에서 일어나 바로 이 순간을 위해 100달러에 구매해 사무실 밖에 달아놓은 파란색 금속 종을 향해 걸어갔다. 그가 벨을 울리자 사람들이 환호성을 지르면서 복도로 모여들었다. 더건과 잔가네도 여기에 합류해 임브루비카의 주요 시장에 대한 FDA 승인을 축하했다. 더건은 파마사이클릭스가 임브루비카를 첫 환자에게 투약한 지 거의 5년 만에 CLL 승인을 얻어냈다는 사실에 경탄했다.

이는 파마사이클릭스와 더건의 매출 전망과 CLL로 고통받는 환자 모두에게 엄청난 희소식이었다. FDA는 이전에 다른 치료를 받은 적이 있는 환자들에 대해서만 제한적으로 '신속' 승인을 발급한 것이었다. 하지만 FDA의 문구가 중요했다. 신속 승인은 암환자가 이전 치료에서 '실패'한 경우에 한해서만 이루어졌는데, 이는 환자가 화학요법을 받고도 병이 더 악화된 경우를 뜻했다. 따라서 환자들은 처음 며칠간만 화학요법과 같은 소위 '1차' 치료를 받은 후 바로 임브루비카를 복용하는 방식으로 편법을 쓸 수 있었다. 누군들 그러고 싶지 않겠는가? 임브루비카는 효과가 있었다.

RESONATE 임상시험의 주요 연구자인 오하이오주립대의 버드는 "이만큼이나 CLL 환자를 도울 수 있는 잠재력을 가진 약물은 거의 없다"고 말했다.[19] FDA의 파즈두르는 FDA가 신속 승인 프로그램과 같은 도구를 활용해 "가장 도움이 필요한 사람들에게 이 새로운 치료약을 신속하게 제공할 수 있게 됐다"며 자축했다.

신약 개발 경험이 전혀 없던 더건은 금융 위기 속에서도 인간을 대상으로 한 초기 임상시험 단계에 있던 저분자 표적 항암제를 가지고 5년 만에 FDA 승인을 얻어낸 사람이 되었다. 더건은 파마사이 클릭스가 오직 BTK 억제제에만 집중하도록 했고, 40회가 넘는 임상시험을 감독하고, 기존 업계의 타임라인을 무너뜨리고, 규제 전략을 공격적으로 펼쳤다. 그 과정에서 사람들이 버려지고, 꿈이 부서지고, 전략이 변경되고, 회사가 추월당하기도 했지만, 더건이 놀라운 일을 해냈으며 많은 생명을 구하는 결과를 이끌어냈다는 사실은 부인할 수 없었다.

바이오테크 업계 사람들은 수군거렸다. 더건이 단지 운이 좋았던 것일까, 아니면 실제로 능력이 출중한 것일까? 더건이 2008년 파마사이클릭스에 재정적 생명줄을 던지지 않았다면, 임브루비카의 첫 임상시험을 밀어붙이지 않았다면 어떻게 됐을까? 〈포브스Forbes〉마저 "행운의 약"이 어떻게 더건을 억만장자로 만들었는지를 다루는 헤드라인[20]을 싣자 더건은 분통이 터졌다. 그가 쌓아 올린 사업 실적은 단지 행운만으로 거저 얻은 게 아니었기 때문이다.

CLL에 대한 신속 승인이 떨어질 무렵, 더건은 한 생명공학 회사의 CEO로부터 처음으로 기업 합병 제안을 받았다.[21] 더건은 그 회사와 사전 협의를 진행하다가 돌연 취소했다.

이 제안은 더건의 전략적 관점을 바꿔놓았다. 더건은 현금화에 대해 진지하게 생각하기 시작했다. 월스트리트의 투자은행가들이 이러한 변화에 더욱 불을 지폈다. 그들은 파마사이클릭스처럼 한 가지 제품만 보유한 생명공학 회사는 임브루비카의 특허가 만료되어 회사가 시장 독점권을 잃기 전에 주주들로부터 회사를 매각하라는 압박을 받게 될 것이라고 더건에게 귀띔해줬다. 그러한 요구는 거부하기 어려울 터였다. 그렇다고 다른 선택지가 많은 것도 아니었다. 새로운 약을 구매해서 개발하려 하면, 주주들이 화가 나서 주가를 떨어뜨릴 게 분명했다. 그리고 파마사이클릭스는 신약 프로그램을 맨 처음부터 시작할 능력은 없었다. 더건은 불가피한 매각 과정을 통제하거나 거기에 압도당할 수 있었다.

더건의 결정은 결국 손을 뗄 적절한 시점을 찾는 데 달려 있었다. 파마사이클릭스는 약 10억 달러의 수익을 창출하는 능력을 입증한 뒤에야, 가장 높은 가격을 받게 될 것이었다. 만약 이 시기 전에 회사를 매각하면, 더건의 잠재적 인수자들인 대형 제약회사들은 그리 높은 비용을 쳐주지 않을 터였다. 엄청난 수익 성장에 대한 인수자들의 입맛을 딱 적절한 때에 자극해야 했다. 그 대상이 초콜릿 쿠키든, 폰데로사 스테이크든, 생명을 구하는 항암제든, 더건은 이 게임을 잘 알았다. 그리고 아직은 거래를 할 때가 아니라는 것도 알았다.

***

보스턴이나 뉴욕에서는 눈이 내리는 것이 특이한 기상 현상이 아니었지만, 이곳은 휴스턴이었다. 휴스턴 사람들은 추위와 진눈깨비에 익숙하지 않았다. 화창한 캘리포니아에서 온 이즈미는 휴스턴의 MD앤더슨 암센터에서 CLL 전문 의사로 있는 오브라이언과 다시 함께 일하고 있었다. 그들은 아세타의 BTK 억제제를 테스트할 임상시험 환자들을 모았다. 그러나 이즈미는 첫 번째 환자를 등록하기 위한 관료적 서명을 아직 받지 못한 상황이었다.

2014년 겨울은 아세타 사람들에게 힘든 시기였다. 임브루비카의 두 가지 승인은 파마사이클릭스가 얼마나 앞서나가고 있는지를 보여주었다. 게다가 일본의 대형 제약회사인인 오노Ono에서 라이벌 BTK 억제제에 대한 데이터를 발표했다. 데이터는 상당히 괜찮았다. 반면 아세타는 처음으로 인간을 대상으로 한 BTK 억제제 임상시험을 시작하려고 몇 주째 애쓰는 중이었지만, 진전은 더디기만 했다.

함디가 오브라이언, 버드 등의 저명한 CLL 의사들과 돈독한 관계를 구축하고 있어 그들이 임상시험 연구자로 참여했는데도, 아직 단 한 명의 환자도 등록하지 못했다. 함디는 특히 버드가 임브루비카에 대한 칭찬을 아끼지 않는 데다 아세타의 임상시험에 적합한 환자를 찾는 데 별다른 관심을 보이지 않는다는 점이 신경 쓰였다. 버드가 파마사이클릭스의 임상시험에 참여하기로 동의했을 때는 척척 환자들을 다수 등록했었다. 함디는 임브루비카의 FDA 승인으로 모든 재발성 CLL 환자들이 얼마든지 약을 처방받을 수 있게 되면서, 버드가 이번 임상시험에 별로 열정적이지 않을까 봐 걱정됐다.

2013년 말에 임상 프로그램이 시작될 때, 로스바움은 시리즈 A 펀딩으로 3700만 달러(약 395억 원) 규모의 자금 조달을 이끌었다. 돈과 함께 많은 압박이 따라왔다. 언제나 그렇듯 이즈미는 아세타의 임상시험 진행을 위해 규제 당국과 의료기관에 제출할 서류를 작성하는 데 열중했다. 서류 없이는 아무 일도 일어날 수 없었다. 마침내 오브라이언이 휴스턴에서 CLL을 앓는 62세 여성 환자 후보를 찾아냈다.

이 환자는 쉬운 환자가 아니었다. 사실 제약회사들이 초기 임상시험에서는 피하고 싶어 하는 유형이었다. 함디는 환자의 상태를 살펴보고는 한숨을 내쉬었다. "엉망진창이네." 그는 이렇게 생각했다. 환자는 이전에 골수 이식을 포함해 몇 번이나 치료에 실패했었다. 환자의 골수는 100퍼센트 CLL 세포였다. 림프절이 부풀어 올라 목의 오른쪽 옆이 흉하게 변해 있었다. 범혈구 감소증이 있어서 적혈구, 백혈구, 혈소판 수치가 전부 위험할 정도로 낮았다(일부 CLL 환자, 특히 화학요법을 많이 받은 환자들은 백혈구 수치가 높지 않고 낮아질 수 있었다). 주기적으로 적혈구와 혈소판 수혈을 받고 있었다. 여성의 고통은 극심했다. 간신히 생명 끈을 붙잡고 있었다.

이 환자와 아세타의 실험단계 약물 사이를 가로막는 것은 행정상의 서명뿐이었다. 이즈미와 MD앤더슨의 계약 담당 부서 직원들은 병원 관계자가 환자 등록 계약서에 서명하도록 몇 날 며칠을 노력했다. 그사이 환자는 죽어가고 있었다. 절망한 직원은 계약서를 쥔 채 진눈깨비를 뚫고 관리자를 찾아 서명을 받아냈다.

하지만 첫 번째 환자가 등록하자마자 심각한 부작용으로 알려진 증상을 겪었다. 이 증상은 입원부터 생명을 위협하는 경험, 심지어 사망에 이를 수도 있었다. 오브라이언은 선택의 여지가 없었고, 환자를 입원시켰다. 환자는 극도로 고통스러워했다. 이제는 잇몸에 염증과 출혈이 나타나기까지 했다. 함디는 곧바로 오브라이언과 통화를 했다. 그들은 환자의 바이탈 사인과 증상을 신중하게 살펴보았다. 많은 분석 끝에 함디와 오브라이언은 환자에게 계속 약을 투여하기로 동의했다. 잇몸 출혈은 새로운 약물 때문이 아니라 환자의 건강 상태가 전반적으로 약해졌기 때문으로 보였다.

함디와 오브라이언은 이 여성을 2주간 주의 깊게 관찰했다.

그동안 환자는 퇴원했다. 그리고 그 후 며칠 그리고 몇 주간 병원에서 보내는 시간이 훨씬 줄어들었다.

다시 14일 후, 이즈미는 환자의 목을 일그러뜨릴 정도로 부풀어 올랐던 림프절이 완전히 정상으로 보일 만큼 줄어든 사진을 받았다. 환자는 더는 수혈을 받지 않아도 됐다. 적혈구와 혈소판 수치를 높이기 위해 바늘이나 튜브를 달고 다니지 않아도 되었음을 뜻했다.

이는 극적인 반응이었다. 휴스턴의 날씨가 따뜻해지면서 환자는 상태가 매우 호전되어 심지어 다시 정원을 가꾸기 시작했다.

"이거 진짜로 뭔가 있는데." 이즈미가 혼잣말을 했다. 이즈미는 이브루티닙을 경험해봤기 때문에, 이러한 결과가 우연이 아니라는 걸 알았다. 파마사이클릭스 약물보다 더 선택적인 BTK 억제제인데도, 이처럼 놀라운 반응을 만들어낸 것이었다. 흥분과 안도의 감정이 밀려왔다.

함디는 평소와 같이 로스바움에게 전화를 걸어 이를 보고했다. "정말로 효과가 있습니다!" 로스바움에게 이 결과는 의미가 컸다. 무분별한 접근이 BTK 억제제가 효과를 보이는 데 꼭 필요한 요소가 아니었다.

로스바움은 맨해튼에 있는 아파트에 앉아서 다음을 생각했다. 임브루비카에 '비밀 소스' 따위는 없다는 점이 명확해졌다. 문제는 바로 BTK에 있었고, 아세타의 약물은 세상 그 어떤 것보다 더 효과적으로 BTK를 차단했다. 그는 과학자처럼 더 많은 경험적 증거를 더 기다릴 필요가 없었다. 이 한 명의 환자만으로 충분했다.

로스바움은 함디에게 전화를 걸어 더 크게 봐야 한다고 말했다. 그는 다양한 B세포 악성종양에 대한 약물 임상시험을 포함해 광범위한 임상 프로그램을 시작하고 싶었다. 가능한 한 모든 혈액암에 테스트해보고 싶었다. 아세타에 상업적 권한은 없지만, 류머티즘성 관절염 프로그램도 시도해보길 원했다. 암젠에서 얻은 약물과 BTK 억제제를 조합한 임상시험도 해보고 싶었다. 로스바움은 함디가 되도록 많은 사람을 채용하길 원했다. 그는 세상을 원했다.

"돈 걱정은 하지 마세요. 자금은 언제든 확보할 수 있습니다. 우리는 파마사이클릭스를 따라잡아야 해요." 로스바움이 말했다.

좌천되다

Demoted

로스바움의 목소리가 높아지기 시작했다. 함디와 살바가 서로를 쳐다보았다. 긴 하루였다. 캘리포니아주 산카를로스에 있는 아세타 사무실에 어둠이 내려앉기 시작했다. 하지만 함디와 살바는 사무실을 쉽게 나서지 못하리라는 것을 알았다. 로스바움과의 대화는, 특히 그가 화내며 고함을 칠 때는 짧게 끝나는 때가 거의 없었다. 그들은 환자 임상시험을 위한 재무 모델을 분석 중이었다. 3200킬로미터나 떨어진 뉴욕에 있는 로스바움이었지만, 그의 존재감은 압도적이었다. 그는 함디와 살바가 실수를 저지르고 서로를 감싸고 있다며 스피커폰으로 비난을 퍼부었다.

아세타의 모든 직원은 로스바움의 궁금증과 기대감을 완전히 충족시키지 못하면, 언제든 그의 분노의 대상이 되었다. 그는 다 통제하려 들었고, 자신이 알지 못하거나 통제할 수 없는 사실, 사건, 순간이 있다는 것을 견디지 못했다. 함디와 살바는 까다로운 투자자들을 위해 일하는 데 익숙해졌다. 예전에는 더건이, 지금은 로스바움이 그랬다. 로스바움은 과학과 생명공학 업계에 대해 더 많이 알고 있었던 만큼, 또 다른 유형의 월스트리트 괴물이었다.

살바는 로스바움의 폭발을 냉정하게 견뎠다. 로스바움은 엄청나게 많은 돈을 잃을 수도 있었다. 로스바움은 살바가 평생 벌 수 있는 돈보다 많은 돈을 투자했다. 그러나 함디는 로스바움이 그럴 때마다 분개했고 불편한 감정을 느꼈다. 로스바움이 계속 소리를 지르자 살바는 스피커 볼륨을 낮췄다.

로스바움은 아세타를 점점 더 많이 통제하기 시작했다. 함디는 중요한 단계마다 로스바움에게 연락해 모든 돌파구와 희망을 보고해야 한다는 것을 알았다. 그리고 이제 이 작은 성공으로 로스바움의 통제는 더욱 심해졌다. 네덜란드와 캘리포니아 팀 사이의 지리적 거리는 상관없었다. 아세타의 과학자들은 지구 반대편에 흩어져 있었지만, 이를 운영하는 대표는 뉴욕에 있었다.

실제로 로스바움은 이스트코스트에서 일주일 내내 아무 때나 함디에게 전화를 걸었다. 함디의 핸드폰이 울리지 않는 때는 새벽 1시에서 3시 사이뿐이었다. "존한테 연락이 왔나요?" "환자가 오늘 CT 스캔하러 왔나요?" "새로운 데이터 결과가 있어요?" "예산은 세웠어요?" 로스바움의 전화는 함디에게 큰 스트레스였다.

이즈미도 압박감을 느꼈다. 로스바움은 이즈미가 아세타의 일을 추진할 수 있는 특별한 능력이 있다는 사실을 파악했다. 회사가 새로운 임상시험을 준비할 때, 로스바움은 프로토콜 계획서를 작성하고 필요에 따라 수정할 수 있는 사람은 이즈미뿐이라고 주장했다. 파마사이클릭스에서도 이즈미는 임브루비카의 초기 임상 개발을 이끌었다.

이즈미는 놀라운 속도로 프로토콜을 작성했다. 게다가 신약 개발의 임상적 측면과 규제 기관의 요구사항을 완벽하게 맞추었다. 로스바움은 이즈미의 작업이 몹시 매력적이라고 생각했다. 이즈미의 프로토콜은 아름답게 쓰인 과학 이야기였다. 로스바움은 이즈미의 작업을 높이 평가한 만큼, 더욱 꼼꼼하게 살폈다. 쉼표를 어디에 찍었는지 등과 같은 사소한 부분까지 간섭하면서 이즈미를 힘들게 했다. 로스바움의 관심이 지대한 탓에 직원들은 로스바움과의 대화를 쉽게 끝내지 못할 때가 많았다. 그는 자신이 만족할 때까지 전화를 끊지 않았고, 늘 무언가 논의했다. 어느 늦은 밤, 캘리포니아 시각으로 밤 11시쯤, 로스바움은 이즈미와 통화를 하고 있었다. 그런데 로스바움이 몹시 조용했다. 이즈미는 이를 이상하게 여겼고, 로스바움이 잠들었다는 것을 알았다.

이즈미는 압박감에 익숙했다. 자신이 하는 일의 결과로 환자가 생사를 달리할 수 있다고 느꼈다. 언젠가 경유지 공항 바에서 옆자리에 앉은 여성과 이야기를 나눈 적이 있었다. 의류 디자인을 하는 사람이었다. "직장에서 너무 스트레스를 받을 때, 우리는 항상 '진정하자. 우리가 뭐 암을 치료하는 것도 아니고'라고 말하곤 해요. 그런데 당신은 *정말로* 암을 치료하고 있네요!" 그가 말했다. 이즈미의 성공과 실패의 중심에는 언제나 이러한 절박함이 있었다.

그러나 아세타에서는 압박감이 완전히 다른 차원이었다. 로스바움의 강압적인 스타일과 업무 강도는 아세타 팀의 몇몇 사람들에게 부정적인 영향을 미쳤다. 함디는 때때로 낙담했고, 이즈미의 남편은 아내의 건강을 염려하기 시작했다.

이러한 압박 속에서도 팀은 앞으로 나아가고 있었다. 휴스턴에서 오브라이언이 첫 번째 환자를 등록한 지 얼마 지나지 않아, 오하이오주에서 버드가 두 번째 환자를 등록했다. 로스바움은 임브루비카가 승인을 받은 상황이라, 의사들이 또 다른 BTK 억제제의 임상시험에 참여하길 원치 않을까 봐 걱정했다. 그러나 버드는 로스바움의 우려를 달래기라도 하듯 꾸준히 환자를 등록했다. 뉴욕의 퍼먼도 아세타의 임상 프로그램에 적극 참여했다. 사실 의사들이 그리 애쓰지 않아도 환자들은 아세타의 임상시험에 선뜻 참여했다. 이브루티닙의 본인 부담금은 메디케어(미국 정부에서 65세 노인과 장애인을 대상으로 시행하는 의료보험제도-역주)에 가입한 환자들에게게조차 엄청나게 부담스러운 금액이었다. 아세타의 연구에 참여하면 무료로 BTK 억제제를 받을 수 있었다. 그래도 그보다 중요한 것은, 버드와 다른 의사들이 처음에 약을 복용한 6명의 환자에게서 극적인 반응이 나타나는 것을 목격했기 때문일 터였다. 아세타의 약물은 효과가 있는 듯했다. 그것이 환자들의 생명을 살릴지도 몰랐다.

로스바움은 전자 데이티베이스를 통해 흘리가는 데이터를 확인할 수 있도록 매주 환자 추적기를 설정해달라고 요구했다. 그는 각각의 환자를 이름이 아닌, 임상시험 데이터베이스상의 번호로 파악했다. 로스바움은 과학자도 아니었고, 의학 학위를 받지도 않았지만, 이런 사실은 아무 문제가 아니었다. 그는 환자의 림프절과 혈구 수치를 확인했다.

함디는 환자 추적기가 매우 못마땅했다. 함디의 관점에서 그런 데이터는 충분히 숙성되고 적절하게 검증을 거친 후에 유통되어야만 했다. 함디는 현장에 있는 과학자와 임상의와 그들을 지원하는 투자자들 사이에도 지켜야 할 선이 있다고 생각했다.

아세타는 로스바움과 그의 헤지펀드 동료들이 대부분 돈을 대고 있는 비상장회사였다. 그전에 더건이 그랬듯이, 로스바움 또한 이 바이오제약 회사가 자신의 소유라고 생각했고, 의료센터에서 나온 모든 데이터를 자기가 확인하지 못할 이유는 없다고 보았다. 아세타를 위해 올바른 비즈니스 의사결정을 내리려면 정보가 필요했다.

로스바움의 정체성 전부가 아세타와 관련돼 있었다. 그는 주식 거래에서 한발 물러나서 거의 모든 초점을 회사에 맞추었다. 수년간 생명공학 기업에 관심을 갖는 구경꾼으로만 있다가 이제 처음으로 깊이 발을 담그게 된 것이다. 그는 속도를 내기 위해 아세타가 일을 순차적이 아닌, 병렬적으로 진행하길 원했다. 로스바움은 실험실의 전임상 연구부터 세금 전략까지 모든 것에 관여했다. 예를 들어 그는 암젠이 네덜란드 약물과 PI3K 델타 억제제의 조합을 다시 사들일 권한을 갖고 있다는 것을 알고 있었다. BTK 억제제 하나만으로도 초기 결과가 아주 잘 나오자 로스바움은 이를 제대로 매듭짓고 싶었다. 그는 두 약물의 조합을 완전히 소유하는 방향으로 암젠과 협의를 했다. 이로 인해 아세타가 3000만 달러(약 320억 원)를 지불했는데, 로스바움은 그만한 가치가 있다고 느꼈다.

로스바움은 아세타가 네덜란드에 본사를 둔 회사라서 법인세율을 5퍼센트로 낮출 수 있는 자격 요건을 충족한다는 사실을 알게 되면서 또 다른 행운을 잡았다. 아세타는 이 점을 간과한 채 공식적인 주소지를 캘리포니아로 옮길 계획을 세웠었다. 당시 미국 제약회사들은 이러한 세금 혜택을 받으려고 유럽 회사와 합병하려고 했다. 로스바움의 고집 덕분에 아세타는 이 기회를 잃지 않을 수 있었다.

그러나 아세타는 로스바움이 해결할 수 없는 몇 가지 문제를 안고 있었고, 이것이 그를 미치게 했다. 의약품 제조 권한이 암젠에 있었기 때문에 회사가 의약품을 제조하려는 노력은 여러 난관에 부딪혔고, 이는 결국 로스바움과 네덜란드의 바프 사이의 충돌로 이어졌다. 바프는 매우 뛰어난 화학자였지만, 공정 화학자는 아니었다. 바프는 아세타의 야심 찬 임상 프로그램을 감당할 만큼 대량의 약물을 생산하는 데 필요한 화학, 제조, 제어 방법에 대한 폭넓은 경험이 없었다. 이 임상시험에서 BTK 억제제는 매일 만성적으로 투여되어야 했다. 많은 양이 필요했다.

많은 임상시험을 시작해야 하는 현실과 환자들이 이 약을 몇 달간, 어쩌면 몇 년간 매일 복용해야 한다는 사실이 합쳐져 공급 문제를 일으켰다. 비용에 매우 민감한 바프는 약물 제조에 필요하며 생산이 어려운 특정 시료를 대량으로 미리 주문하기를 꺼렸다. 이러한 조심성 때문에 대량 생산이 몇 달씩 늦어졌고, 계약 제조업체의 생산 문제는 상황을 더욱 악화했다. 아세타가 임상시험에 등록한 환자들에게 약을 공급할 수 없다면, 환자는 치료를 중단할 수밖에 없었다. 그러한 결과는 의료센터에 있는 의사과학자들 사이에서 아세타의 평판을 떨어뜨리고 잠재적으로는 이 모든 노력을 물거품으로 만들 수도 있었다. 아세타가 역전하려면, 이러한 종류의 차질은 용납될 수 없는 일이었다. 그들의 경쟁사가 훨씬 앞서 있을 뿐만 아니라 거대 기업과 파트너십을 맺은 상태에서는 더욱 그랬다.

BTK 억제제의 이름을 정할 시기가 됐을 때, 로스바움은 그것을 아칼라브루티닙acalabrutinib이라고 불렀다. 'cal'은 칼리스토가를 뜻했다. 로스바움은 아세타가 파마사이클릭스와 칼리스토가에서 축적된 전문성(그리고 성취와 좌절)에서 탄생했다고 여겼다. 칼리스토가는 로스바움이 투자했던 회사로, 초기 B세포 수용체 CLL 치료제인 이델라리시브를 개발한 곳이다. 로스바움과 함디는 칼리스토가 출신 직원을 몇 명 고용했다. 로저 울리히Roger Ulrich는 과학 담당 최고책임자가 됐고, 아세타의 이사회에 합류했다. 칼리스토가에서 중간급 의료책임자였던 데이브 존슨Dave Johnson도 아세타로 옮겼다. 파마사이클릭스에서 번아웃으로 퇴사한 맥그리비까지 들어오면서 아세타와 파마사이클릭스 간의 관련성은 더욱 커졌다. 로스바움의 이니셜이 아세타의 회사 이름에는 포함되지 않았으나, 그의 성공은 인정받게 될 것이었다.

***

어느 여름날의 금요일 밤, 로스바움은 이제 막 쿼그에 있는 자신의 햄튼 집에 도착했다. 그와 그의 가족들은 뉴욕에서 여기까지 오느라 세 시간 동안 차에 갇혀 있었다. 그때 함디에게서 전화가 왔다.

함디는 아세타의 초기 임상시험에서 환자들에게 아칼라브루티닙 용량을 늘리는 것을 중단하고 싶다고 말했다.

이 첫 번째 인체 대상 임상시험은 무엇보다도 약의 안정성을 평가하기 위해 복용량을 연구하도록 설정되어 있었다. 즉, 복용량을 늘리면 약물이 체내에서 어떻게 작용하는지를 임상의가 더 잘 이해하기 위한 시험이었다. 그와 동시에 약의 효과를 관찰할 수 있었다. 대부분의 첫 번째 인체 대상 임상시험과 마찬가지로, 최소한의 위험으로 최대한의 효과를 낼 수 있는 최적의 용량을 찾는 게 목표였다. 그런데 그날 밤, 함디는 로스바움에게 복용량 조절을 중단하고 초기 복용량 이상을 투여하는 것을 멈추고 싶다고 말했다. 이 약물은 거의 완벽하게 BTK를 차단하기 때문에 기존 용량만으로도 BTK 신호를 네 시간 이상 90퍼센트 차단하고 환자들의 반응을 얻을 수 있다고 설명했다.

"저는 아기에게 해가 될 만한 위험을 감수하고 싶지 않습니다." 그러면서 함디는 파마사이클릭스에서 임브루비카로 테스트했을 때도 BTK 신호를 90퍼센트 차단하는 것으로 충분했었다고 덧붙였다.

"아메드, 우리는 100퍼센트에 가까워야 해요. 파마사이클릭스는 상관없어요. 우리는 표적을 24시간 이상 100퍼센트 차단하는 것이 목표예요." 로스바움이 말했다.

함디는 더 높은 용량을 투여했다가 환자에게 나쁜 반응이 일어나서 약물의 평판이 손상될까 봐 걱정했다. 로스바움은 거기에 동의하지 않았다. 그는 아칼라브루티닙이 임브루비카보다 선택성이 높다는 점을 지적했다. 표적을 완벽하게 차단하면 질병의 변이와 약에 대한 내성도 예방할 수 있지 않을까? 임브루비카의 경우, 이미 그러한 내성이 나타나서 일정 기간 치료를 받고 나면 효과가 떨어졌다. 하지만 아칼라브루티닙을 고용량 복용하고 다른 치료법을 병행하면, (임브루비카를 복용했을 때 일반적으로 나타나는) 부분 관해가 아니라 완전 관해로 이어져 암의 모든 징후가 사라질지도 모른다.

이 논쟁은 몇 년 전 파마사이클릭스의 임브루비카 복용량을 둘러싸고 벌어졌던 의견 충돌을 상기시켰다. 당시 더건과 함디는 증량을 주장하는 로스바움의 의견을 거부했다. 이번에도 로스바움은 약물을 다량 복용했을 때 나타날 수 있는 효과를 제대로 누리지 못할까 걱정했다. 로스바움은 그 어떤 약점도 임브루비카와 정면으로 맞붙어서 평가될 것이라는 점을 알았다. "아메드, 환자가 겨우 여섯 명이에요. 당신도 우리 약이 얼마나 안전한지 모르잖아요."

로스바움은 이 논쟁이 용량에 관한 것이 아님을 인지하고 있었다. 이는 권력에 대한 것이었다. 함디의 무례함은 로스바움을 불편하게 했다.

"아메드, 한 번만 더 내게 반발하면, 그땐 그 자리에서 해고할 거예요."

당시 로스바움은 아세타 지분의 약 47퍼센트를 소유하고 있었다. 함디는 그에게 맞설 수 있는 입장이 아니었다. 함디는 물러섰고, 전문가 위원회의 검토 후 약물 증량이 이루어졌다. 이 일은 로스바움에게 경고 신호가 됐다. 로스바움은 함디가 아세타의 CEO와 최고의료책임자를 동시에 맡고 있다는 점이 문제가 될 수도 있겠다고 생각했다. 함디는 중요한 사안에 대해 판사와 배심원 역할을 동시에

하고 있었다. 로스바움이 보기에 함디는 일방적으로 의사결정을 내리고 제도적 절차를 뒤엎었다. 한편, 모든 것을 로스바움에게 보고하도록 훈련된 함디는 그 통화를 실제 의사결정권자와 하는 대화의 연장선으로 받아들였다. 그래서 로스바움이 갑자기 자기 지위를 이용해 찍어 누르자 깜짝 놀랐다.

함디와 로스바움 사이에서 작은 갈등은 계속되었다. 봄에 함디는 미국암연구학회의 연례학술대회에 아칼라브루티닙의 초기 전임상 결과를 담은 초록을 제출했다. 모든 사람에게 보안 유지를 철저하게 지시했던 로스바움은 매우 화를 냈다. 그는 아칼라브루티닙이 잠재적으로 임브루비카를 뛰어넘을 수 있음이 드러날 때까지는 데이터 공개를 원치 않았다. "보안을 유지하라는 지시의 어떤 부분을 이해하지 못한 겁니까?" 로스바움이 물었다. 결국 함디는 학회에서 초록을 회수했다.

또 하루는, 캘리포니아 시각으로 금요일 4시쯤 함디가 가족들과 아버지의 아흔 번째 생신을 축하하기 위해 가던 중이었다. 그들은 케이크를 들고 아버지가 잠자리에 들기 전에 축하할 수 있으면 좋겠다고 생각하고 있었다. 아버지는 보통 오후 6시가 넘으면 잠자리에 들곤 했다. 차로 이동 중에 전화기가 울렸다.

"스피커폰이에요. 가족들도 차에 있어요. 아버지를 보러 가는 길이에요. 아버지 생신이거든요."

"캘리포니아 사람들은 일을 안 하나요? 지금 4시인데 퇴근했다고요?" 로스바움은 전화를 끊기 전에 갑자기 이렇게 말했다.

많은 것이 위태로운 상황에서 로스바움은 함디에게서 계속 부족한 점을 발견했다. 로스바움이 전화를 걸면 함디는 물에서 노를 젓고 있거나 테니스를 치고 있을 때가 많았다. 에델만의 퍼셉티브 헤지펀드에서 아세타를 담당하며 아세타 관련 이슈에 대부분의 시간을 쓰는 투랄스키는 로스바움의 이런 불만을 농담거리로 삼았다. 로스바움이 전화를 걸면 투랄스키는 이렇게 말했다. "잠시만요, 이번 서브만 끝내고요."

이는 매우 열성적인 뉴욕 헤지펀드와 캘리포니아 제약회사 간의 문화적 충돌이기도 했다. 함디는 그 어떤 때보다 열심히 일하고 있다고 생각했고, 늘 즉각적인 대응을 원하는 로스바움에게 불만을 품었다. 로스바움이 하루에 몇 번이나 전화하는지 셀 수 없을 정도였다. 그러나 아세타에서 함디의 운명을 쥐고 있는 것은 결국 로스바움이었다. 그리고 로스바움의 걱정은 심각했고 점점 커졌다.

이렇게 고조되던 긴장이 마침내 폭발한 것은 2014년이었다. 아세타는 재발성 외투세포림프종 환자를 대상으로 아칼라브루티닙의 소규모 임상 2상을 시작하려던 중이었다. 칼리스토가의 의료책임자였다가 아세타로 옮겨온 존슨은 FDA 신속 승인을 신청할 수 있게 대규모 단일군 임상 2상으로 전환하길 원했다. 그렇게 우회할 수 있는 문을 파마사이클릭스가 열어둔 터였다.

2014년 7월 FDA는 CLL과 관련하여, 임브루비카의 신속 승인을 이전에 다른 치료를 시도한 적 있는 CLL 환자에 대한 정식 승인으로 격상했다.[1] 또한 이전에 다른 치료를 받은 적이 없는 17번 염색체 결손 CLL 환자에 대해서도 추가 승인을 내렸다. 두 가지 FDA 승인 모두 임상 3상 RESONATE 시험의 결과를 근거로 했다. 따라서 임브루비카와 같은 계열의 약인 아칼라브루티닙이 CLL에 대해서는 신속 승인을 받을 수 없을 것이었다. 가장 흔한 성인 백혈병에 대해 FDA 승인을 받으려면 아세타 또한 본격적으로 무작위 임상 3상을 진행해야 했다.

하지만 외투세포림프종은 상황이 달랐다. 파마사이클릭스는 외투세포림프종에 대해 무작위 대조 시험을 시작하고도 이 희귀한 혈액암에 대해 임브루비카의 정식 승인을 아직 얻지 못했다. 그전까지 아세타는 아칼라브루티닙으로 외투세포림프종에 대한 신속 승인을 도전해볼 수 있었다. 존슨은 아세타가 FDA의 신속 승인 기준을 충족할 만한 단일군 시험을 빠르게 진행할 수 있으리라 여겼다.

그러나 함디는 존슨의 계획이 못마땅했고 거기에 직원이나 자원을 투입하고 싶지 않았다. 대규모 외투세포림프종 연구를 할 만큼 충분한 환자를 등록하기는 어렵다고 생각했고, 파마사이클릭스가 이미 너무 많이 앞서 있다고 걱정했다. 아세타가 신약 승인에 필요한 데이터를 충분히 모으기 전에, FDA에서 외투세포림프종에 대한 임브루비카의 정식 승인을 내줄 수도 있는 노릇이었다. 이 무렵 존슨은 런던으로 출장을 갔다. 로스바움은 확인차 전화를 걸었다가 존슨의 불만을 감지했다. "마음에 걸리는 게 있나요?" 로스바움이 물었다.

"솔직히 말하면, 저는 우리가 지금 당장 외투세포림프종에 대한 등록 임상시험을 시작해야 한다고 생각합니다. 그것이 FDA 승인을 받을 수 있는 가장 빠른 기회예요. 이 약으로 당신이 원하는 모든 CLL 환자를 계속 치료할 수도 있겠지만, CLL에 대한 임상 3상을 실시하기 전까지는 이 약은 시장에 나올 수 없을 거예요." 존슨이 말했다.

로스바움은 존슨에게 환자들을 충분히 등록할 수 있다고 생각하는지 물었고, 존슨은 그렇다고 확답했다. 흥미를 느낀 로스바움은 존슨의 아이디어를 논의하기 위해 광범위한 팀 회의를 열었다. 파마사이클릭스에서 함디는 임브루비카의 첫 신속 승인을 앞당기는 전략을 주장했었다. 그러나 이번에는 그 전략이 너무 위험하고 시간과 다른 자원을 낭비하는 일이라고 반박했다.

회의에서 존슨이 뭔가를 해낼 수 있을 것이라는 합의가 이루어졌다. 논의가 마무리되자 로스바움은 기존 외투세포림프종 연구의 프로토콜을 수정하라고 지시했다. FDA의 등록 요건을 충족하고 환자 수를 120명으로 늘리길 원했다. 이 도박이 성공하지 못했을 때 최악의 결과는 추가 비용을 지출하는 것뿐이었다. 반면 존슨의 생각이 옳다면, 아칼라브루티닙을 시장에 출시하는 가장 빠른 길을 얻게 될 것이었다.

4주 후, 로스바움은 한밤중에 갑자기 잠에서 깼다. "외투세포림프종 수정안은 도대체 어떻게 되고 있는 거야?" 로스바움은 연구 계획 확장이 진행되는 것을 아직 보지 못했다. 그는 다시 잠들 수 없었다. 로스바움은 캘리포니아에 해가 뜰 때까지 기다리다 아침이 되자마자 이즈미에게 전화를 걸었다. "함디한테 확인해보세요." 이즈미가 회피하듯 대답했다.

로스바움은 깊이 숨을 들이켠 뒤 천천히 말했다. 그는 이즈미에게 다음 주까지 외투세포림프종 연구의 임상시험 수정안을 가져오라고 지시했다.

"네, 저는 훌륭한 일개미니까요." 이즈미가 대답했다.

***

제임스 토퍼James Topper는 아세타에서 약간의 충돌이 벌어지고 있다는 이야기를 들었다. 프레이저헬스케어파트너스Frazier Healthcare Partners에서 파트너로 있는 토퍼는 아세타를 후원하는 작은 투자 그룹에 속해 있었다. 토퍼는 자신이 공동 창립한 회사인 칼리스토가에서 로스바움을 알게 됐다. 둘 다 투자자였다. 토퍼는 비상장 기업을 운영한 경험이 풍부했다. 그는 하와이에서 휴가를 보내던 중, 로스바움에게 조언을 해주면 좋겠다고 생각했다.

토퍼는 자연 그대로에 가까운 태평양 해변을 걸으면서 로스바움에게 전화를 걸어 경영진에게 좀 더 자율권을 주라고 조언했다. 하지만 대화는 그리 좋게 흘러가지 않았다.

"나 또한 경영진이야. 내 순자산의 3분의 1을 이 회사에 투자했네. 그들은 투자자의 돈으로 운영하니까 돈을 날리더라도 인생이 달라지지는 않지 않나." 로스바움이 소리쳤다.

이러한 의견 차이는 가치관에서 비롯됐다. 두 사람은 비즈니스와 투자에 대한 접근이 달랐다. 토퍼는 수년간 보수적인 사모펀드 투자자로 있었다. 자기가 투자한 회사의 경영진에게 권한을 주고 전략적 부분을 조언하는 것이 자기 역할이라고 생각했다. 그날그날의 전술을 결정하는 것은 경영진의 몫이었다.

15. 좌천되다

— 227 —

로스바움의 생각은 달랐다. 그들은 수십억 달러의 잠재적 가치를 지닌 약을 개발 중이었다. 임상시험에 참여한 의사들 사이에서 아칼라브루티닙이 임브루비카보다 더 안전하면서 효과도 좋다는 인상이 전해지고 있었다. 의사들이 엄청나게 빠른 속도로 환자들을 등록하고 있어서 아세타에서는 현장에 약을 충분히 공급하는 데 어려움을 가질 정도였다. 이는 로스바움이 계속 불만을 품는 또 다른 문제이자 함디가 제대로 운영하지 못하고 있다고 느끼는 부분이었다. 로스바움은 맨해튼의 거리에서 전화를 받으며 아세타가 자기를 부자로 만들어줄 것이라고 토퍼에게 말했다. "그러니 조언은 집어치워!" 로스바움이 소리를 질러서 주변 사람들이 깜짝 놀랐다.

로스바움은 이즈미와의 대화에서 함디가 외투세포림프종 연구의 프로토콜 수정안을 일부러 묻어두었다는 인상을 받았다. 그리고 함디가 그렇게 한 이유는 그것이 그의 아이디어가 아니어서라고 추측했다. 함디는 단지 그 일에 우선순위를 두지 않았을 뿐이라고 주장했다. 그러나 로스바움이 보기에는 이런 식으로 일이 지연되는 게 패턴이 됐다. 로스바움은 함디가 더는 CEO와 최고의료책임자를 맡아서는 안 된다고 보았다. 그는 이사들에게 개별적으로 전화를 했다. 일부 이사들은 함디를 해고해야 한다고 명백하게 요구했다. 로스바움의 생각은 달랐다. 아세타를 여기까지 끌고 온 데 함디의 공이 분명히 있었다. 물론 회사 설립에도 참여했다. 그래도 변화는 필요했다. 함디를 CEO 자리에서 내리고 최고의료책임자 역할에만 집중하게 하자는 쪽으로 의견이 모였다.

2014년 가을, 아세타의 이사들이 함디의 후임자를 찾는 건을 논의하기 위해 맨해튼에 있는 로스바움의 변호사 사무실에 모였다. 그랜드센트럴역Grand Central Station에서 겨우 남쪽으로 한 블록 떨어진 곳이었다. 함디는 이사진이 자신의 운명을 논의하고 있다는 사실을 꿈에도 몰랐다. 로스바움은 외투세포림프종에 대한 존슨의 결단력과 전략적 사고에 깊은 인상을 받아 그를 추천했다. 일부 이사들은 존슨이 이전에 한 번도 회사를 운영해본 적이 없다는 점을 걱정하며 경험이 더 풍부한 리더를 찾자고 제안했다.

조직 외부에서 CEO를 찾는 것은 6개월이 걸릴 수도 있었고, BTK를 잘 아는 사람을 찾기도 쉽지 않을 터였다. 로스바움은 그럴 시간이 없다고 생각했고, 아무리 비밀 유지 계약서를 쓰더라도 아세타의 비밀을 외부 후보자들과 공유하고 싶지 않았다. 아세타는 이제 결정적으로 중요한 시기에 접어들었다.

로스바움은 아세타에 추가로 7500만 달러(약 773억 원)를 조달하기 위해 시리즈 A 펀딩의 마지막 부분을 준비했다. 이는 새로운 차원의 재정적 책무를 뜻했고, 그중 절반은 로스바움이 부담할 예정이었다. 투자 그룹은 뉴욕의 헤지펀드이자 사모펀드 회사인 오비메드까지 확장됐다. 에델만은 퍼셉티브 펀드에 있는 현금뿐 아니라 헤지펀드 외에 보유하고 있던 개인 돈도 투자할 계획이었다. 로스바움이 개인 자금을 대량 투자하자, 나머지 투자 그룹들도 대담해졌다.

이사진은 회사 외부에서 새로운 CEO를 데려오면 아세타의 추진력이 저해될 수 있다고 결론 내렸다. 임시로 존슨을 CEO로 임명하고 추이를 지켜보기로 했다. 로스바움은 아세타의 회장이 되어서 존슨을 직접 감독하기로 했다. 어차피 이미 거의 회장 역할을 하고 있었다.

함디는 로스바움의 부름을 받고 별생각 없이 맨해튼으로 갔다. 몇 년 전, 평소와 다름없이 더건의 사무실로 불려갔던 일을 잊고 있었다. 뉴욕으로 가면서 함디는 로스바움과의 약속 시간 전후로 일련의 회의 일정도 잡았다. 두 사람은 57번가에 있는 로스바움의 사무실에서 만났다. 함디는 투랄스키도 그 자리에 있는 것을 보았다.

"이대로는 일이 안 됩니다." 로스바움이 말했다.

로스바움은 함디에게 이사진 회의가 있었고, 함디가 CEO 자리에서 해임되었음을 알렸다. 이제부터 온전히 최고의료책임자 역할에만 집중하라고, 또한 CEO에게 주는 인센티브로 남겨둔 스톡옵션 100만 주는 잃게 될 것이라고도 말했다. 이는 함디가 받은 아세타 지분의 상당 부분이었다. 회사를 창립하면서 받은 보통주는 그대로였지만 말이다.

함디는 잠깐 눈물을 흘렸다. 회사에서 중요한 역할을 잃고 회사 지분의 상당 부분을 삭감당하는 게 벌써 두 번째였다. 그러나 함디는 스스로를 다독였다. 상황을 받아들이는 것 외에는 다른 선택지가 없었다. 유일한 대안은 퇴사였다. 함디는 더건에게 해고당한 후 혼자가 되었을 때의 외로움과 두려움을 떠올렸다. 자기가 시작한 회사를 떠나고 싶지 않았다. 아세타의 'A'는 아메드의 이니셜에서 따온 것이었다. 그냥 떠날 수는 없었다.

함디는 로스바움이 사람들을 돌려쓰는 경향이 있다고 느꼈다. 맨해튼의 거리로 나서면서 이제는 자기 차례가 온 거라 생각했다.

수십억

로스바움은 배를 걷어차인 기분이었다. 산카를로스에 있는 아세타의 사무실에 도착했을 때, 그는 FDA로부터 재발성 CLL 환자들에 대한 아칼라브루티닙 승인을 받기 위해 아세타가 세운 계획을 거절하기로 했다는 편지를 받았다. 로스바움은 2014년 12월 샌프란시스코에서 열리고 있는 ASH 연례학술대회에 참석하느라 북부 캘리포니아에 머물고 있었다. 직원들을 확인하고자 아세타의 사무실에 들렀다가 이 엄청난 소식을 듣게 됐다.

이 편지는 아세타의 연이은 성공을 끊었다. 거의 50명의 재발성 CLL 환자가 6개월 또는 그 이상 아칼라브루티닙을 복용해왔고, 아무도 암이 진행되지 않았다. 그런데도 FDA는 아칼라브루티닙의 주요 시장인 CLL에 대한 승인은 이제 받기가 더 어려울 거라고 말하고

있었다. 아세타가 FDA에 테스트 프로토콜 승인 여부를 물을 때마다
규제 기관은 "아니오"라고 답했다. 아세타는 FDA에 아칼라브루티닙
을 단클론 항체 약물인 오파투무맙과 비교하는 무작위 임상 3상 시
험을 시작할 계획이라고 밝혔다. 이러한 방식으로 파마사이클릭스
가 그해 여름에 임브루비카의 완전 승인을 받았었다. 몇 주간 아세
타는 여러 의료센터에서 임상시험을 진행할 준비를 했다.

FDA는 생각이 달랐다. 규제 기관은 오파투무맙이 CLL에 효과가
별로 없어 대조군으로는 너무 약하다고 보았다. 아칼라브루티닙을
출시하려면 다른 약과 비교해야 했다.

로스바움은 재빨리 아세타의 임상개발팀 리더들을 회의실로 소
집했다. 함디, 이즈미, 새로운 CEO인 존슨이 모였다. 파마사이클릭
스에서 이러한 프로세스를 경험했던 맥그리비도 참석했다. 이들은
FDA가 아칼라브루티닙을 임브루비카와 비교하는 임상시험을 요구
할까 봐 두려워했다. 그러한 임상시험에서 아칼라브루티닙이 효과
있는 약물임을 객관적으로 결정할 수 있는 종점 또는 측정값은 암을
감소시키는 능력뿐이었다. FDA는 아칼라브루티닙이 임브루비카보
다 상당히 개선되었음을 보길 원할 텐데, 아칼라브루티닙이 이를 입
증할 수 있다 하더라도, 임상시험에 상당한 시간과 비용이 들 터였
다. CLL에 대한 임브루비카의 효과는 수년간 평가되었다. 한 환자는
이미 그 약을 5년 넘게 먹고 있었다.

아세타 팀은 어떻게 해야 할지 몰랐다. 대조군에 다른 약을 쓰는
것에 대해 여러 아이디어를 떠올려봤지만, 사방에 큰 장벽이나 걸
림돌이 있는 것 같았다. 얼마 후 로스바움은 팀이 지친 것을 느꼈다.

아세타는 ASH 콘퍼런스를 위해 샌프란시스코 다운타운에 있는 W 호텔 스위트룸을 예약해두었다. 로스바움은 사람들에게 잠시 쉬었다가 저녁에 다시 모이자고 했다.

로스바움이 값비싼 테킬라 두 병을 들고 호텔에 나타나자 모두가 깜짝 놀랐다. 로스바움은 엄청난 양의 음식도 주문했다. 모두가 긴장을 풀자 아이디어가 쏟아져 나왔다. 그들은 밤새 CLL에 대한 아칼라브루티닙의 승인을 받기 위한 복잡하고 다각적인 프로그램을 고안했다. 먼저, 이전에 치료를 받아본 적 없는 환자 500명에 대해 아칼라브루티닙을 1차 치료제로 테스트하는 임상 3상을 구상했다. 세 그룹으로 나누어 일부 환자들은 아칼라브루티닙만 복용하고, 일부는 단클론 항체 치료제와 함께 복용하고, 세 번째 그룹은 단클론 항체 치료와 화학요법을 병행하는 것으로 정했다. 다음으로 아세타 팀은 대조군과 아칼라브루티닙을 비교하는 또 다른 임상 3상을 위한 토대도 마련했는데, 여기서는 참여하는 의사들이 두 가지 조합의 치료법 중 선택할 수 있게 했다.

이 두 가지 임상시험으로 CLL에 대한 승인을 받는 게 목표였다. 물론 로스바움은 언제나 그렇듯 더 큰 그림을 그렸다. 그들은 재발성 CLL 환자를 대상으로 아칼라브루티닙과 임브루비카를 직접 비교하는 임상 3상도 계획했다. 아칼라브루티닙이 파마사이클릭스의 약물보다 더 안전하다는 것을 보여주기 위해서였다. 비용이 많이 드는 연구였다. 시간도 오래 걸릴뿐더러 임브루비카도 구해야 했다. 그러나 임브루비카와의 비교 시험으로 아칼라브루티닙은 향후 시장에서 차별화되는 잠재력을 가지게 될 터였다. 이는 곧 진정한 승자를 가리는 일이었다.

로스바움은 전략을 세우기 전까지는 아무도 호텔을 떠나지 못하도록 했다. 사람들이 W호텔에서 CLL에 대한 전체 임상 계획을 수정하는 동안, 더건은 시내에서 투자자들을 만나고 있었다. 그 또한 ASH 콘퍼런스 동안 샌프란시스코에서 바삐 움직이고 있었다. 이제 막 시작되려는 전투는 판이 점점 커져갔다.

***

2014년 ASH 콘퍼런스에 설치된 임브루비카의 부스는 거대했다. 대형 스크린 위로 빛을 밝힌 아치가 솟아 있었다. 누구라도 혈액 분야에서 가장 빠르게 성장 중인 약물을 홍보하는 부스에 눈길을 줄 수밖에 없었다. 더건은 이제 더는 호기심의 대상이 아니었다. 그는 5년 전 뉴올리언스에서 개최됐던 ASH에 모피를 입고 등장한 이후 이 업계에서 가장 유명한 CEO가 됐다. 포스터 한 장만 겨우 게시했던, 그나마도 침울하고 아무도 관심을 보이지 않던 과거와 달리, 이제 임브루비카의 데이터는 37개의 초록에 실렸고, 그중 8개가 프레젠테이션에 선정됐다.[1] 파마사이클릭스는 임브루비카의 세 번째 FDA 승인을 앞두고 있었다. 이번에는 발덴스트롬 마크로글로불린혈증에 대한 것으로, 성공한다면 이 희귀암에 대해서는 최초로 승인된 치료제가 되는 셈이었다.

파마사이클릭스를 성공적으로 이끈 더건은 서니베일에 있는 파마사이클릭스 사무실에 카페 지니어스Café Genius[2]를 열었다. 더건은 매장 앞에 서서 쿠키를 나눠주었던 때보다 훨씬 성장했고, 마케팅을 이해하고 있었다. 그리고 자신이 직접 내린 커피를 손에 들고 쉬는 직원들의 모습을 보면서 만족감을 느꼈다. 사실 더건은 이제 막 환자들과의 첫 심포지엄으로 서니베일의 문을 연 참이었다. 참석한 환자들에게 더건은 록스타와 같았다. 그들은 더건과 사진을 찍고 포옹하고 싶어 했다. 라 베른 해리스La Verne Harris라는 한 환자는 백혈병 진단을 받은 이후 자신의 발자취를 묘사한 대형 그림을 선물했다.[3] 그의 망가진 심장이 다시 솟아오르는 그림이었다. 임브루비카가 그에게 두 번째 삶의 기회를 준 덕분이었다.

ASH 학회 둘째 날, 더건과 잔가네는 뉴욕의 부티크 금융회사인 센터뷰파트너스Centerview Partners에서 온 투자은행가들을 만났다.[4] 월스트리트 은행가들은 더건과 잔가네에게 여러 제약회사들이 파마사이클릭스와 임브루비카를 인수하는 데 관심을 표현하고 있다고 말했다. 더건과 은행가들은 그러한 회사들이 서로 공격적으로 입찰하도록 하기 위해 일정과 전략을 세우기 시작했다. 파마사이클릭스의 매각 시점이 다가오고 있었다.

더건과 잔가네는 ASH 콘퍼런스에서 니나 모하스Nina Mojas와도 만남을 가졌다. 영국-스웨덴의 대형 제약회사인 아스트라제네카에서 종양 분야의 사업 개발을 맡은 사람이었다. 더건과 잔가네는 고형종양(혈액암 같은 액체 상태의 암이 아니라 단단한 덩어리 형태의 암. 간암, 위암 등이 이에 해당한다—역주)에 아스트라제네카의 실험단계 치료제와 임브루비카를 조합하는 연구를 진행해보기로 협의했었다. 이 아이디어는 적어도 이론상으로는 임브루비카의 잠재력을 확대하고, 파마사이클릭스가 매물로 나왔을 때 약물의 시장 전망을 높이기 위한 것이었다.

학회가 끝난 다음날, 더건과 잔가네는 더 많은 투자은행가를 만났다.[5] 이번에는 J.P.모건 사람들이었다. 임브루비카에 대한 시장의 욕구는 강했고, 더건은 더는 누군가의 문을 두드릴 필요가 없었다. 몹시 중요한 J.P.모건헬스케어 콘퍼런스가 샌프란시스코에서 열릴 예정이었다. 거기에서 거래에 굶주린 제약회사 사람들이 더건을 찾아올 터였다. 더건은 준비가 되어 있었다. 그는 파마사이클릭스의 임브루비카 파트너인 J&J 임원들에게 파마사이클릭스를 매각하겠다고 말했다. 더건은 J&J에게 입찰 기회를 줘야 했다. J&J는 이미 임브루비카의 절반을 소유하고 있었으니 가장 합리적인 후보였다. J&J가 링 안에 뛰어드는 데는 얼마 걸리지 않았다.

J.P.모건헬스케어 콘퍼런스 첫째 날, 더건은 세일즈맨 모드로 웨스틴세인트프란시스 호텔에 나타났다. 프레젠테이션에서 더건은 자신의 신념을 드러내며 임브루비카를 '몸에 조화로운' 약물이라고 설명했다.[6] 이는 인체가 스스로 치유하는 방법에 대한 더건의 생각이었다. 그런 뒤 본론으로 들어갔다. "우리가 혈액학 분야에서 거둔 성공은 시작에 불과하다고 생각합니다." 더건은 임브루비카가 2014년 마지막 3개월간 1억 8500만 달러(약 2035억 원)를 벌어들였다고 말했다. 지난여름, FDA는 재발성 CLL 환자에 대해 완전 승인을 내주었고, 치료 경험이 없는 17번 염색체 결손 환자에 대해서도 승인을 추가했다. 이러한 승인으로 2015년 임브루비카는 매출 10억 달러(약 1.1조 원)에 이르는 블록버스터급 약물이 될 것으로 예상됐다. 더건은

희귀 혈액암인 발덴스트롬에 대한 FDA 승인도 임박했다고 기대했다. 매년 B세포 암을 진단받는 미국인 수는 약 1500명밖에 안 되지만, 이들이 약 3~5년간 임브루비카를 복용할 터였다. 발덴스트롬 관련 수익은 외투세포림프종보다 3배 이상 클 것으로 예측됐다. "환자 수에서 부족한 부분을 복용 기간이 메워줄 것입니다." 더건이 주장했다.

이처럼 막대한 재정적 부담은 일부 중산층 환자들, 심지어 의료보험에 가입한 환자들도 어렵게 만들 수 있었다. 메디케어와 민간 의료보험이 임브루비카의 어마어마한 비용의 상당 부분을 부담하긴 해도, 환자들은 매년 약 7000달러(약 770만 원)를 치료비로 내야 했다.[7] 제약회사들이 이러한 환자들을 돕기 위해 비영리단체를 지원했지만, 거기에는 대부분 소득 제한이 따랐다. 연 소득이 8만 달러 이상(약 8800만 원)인 환자들은 해당되지 않았다. 어떤 사람들은 임브루비카를 복용하지 않았고, 화학요법과 같이 보험이 더 많이 적용되는 치료를 받기로 결정하기도 했다.

그래도 임브루비카는 변화를 일으키고 있었다. 정부와 제약회사 프로그램은 종종 가난한 환자들이 임브루비카를 복용할 수 있도록 도왔다. 더건의 감독 아래 파마사이클릭스는 이미 5100명의 환자에게 임브루비카를 제공하는 임상시험을 50건 이상 지원했다. 더건은 보통의 제약회사가 10년 이상 걸리는 일을 파마사이클릭스는 5년 만에 해냈다고 당당히 주장했다.

더건은 프레젠테이션을 하면서 높은 개발비를 분담하고 미국 밖에서 약물을 판매해준 J&J와의 관계를 내세웠다.[8] 이전에 치료받은 경험이 없는 CLL 환자를 대상으로 한 새로운 임상시험에서 긍정적인 결과가 나왔으며, 임브루비카가 (골수 또는 장기이식 후에 가끔 발생하는) 이식편대숙주병과 같은 다른 질병에도 효과가 있는 것으로 보인다는 소식도 발표했다. 더 나아가 임브루비카가 결국 류머티즘성관절염은 물론, 파마사이클릭스가 아스트라제네카와 협력하기 시작한 분야인 고형 종양에도 쓰일 것으로 전망된다고 했다.

프레젠테이션이 끝난 후, 더건은 이러한 내용을 가지고 파마사이클릭스 인수에 관심 있는 제약회사 사람들과 만났다.[9] 첫 번째 미팅 상대는 J&J였다. 이후 며칠간은 다른 경영진과도 같은 내용을 반복하며 신중하게 움직였다. 그와 동시에 J.P.모건의 투자은행가들은 잠재적 인수자들을 물색하고 매각을 계획하는 작업에 들어갔다. 그중 가장 중요한 대상 중 하나가 시카고에 있는 애브비AbbVie라는 회사였다.

***

리처드 곤잘레스Richard Gonzalez는 제약업계에서 언제나 일종의 '와일드카드'였다. 그는 수년에 걸쳐 업계 내에서 승승장구하는 동안 휴스턴대학교에서 생화학 학사 학위를, 마이애미대학교에서 생화학 석사 학위를 받았다고 거짓말했다.[10] 사실 그는 1970년대 초에 휴스턴대학교를 중퇴했고 마이애미대학교에는 겨우 넉 달 있었다.[11] 어떤 종류의 학위도 딴 적이 없었다.

사실이 밝혀졌을 때, 곤잘레스는 제약업계에서 수년간의 경험을 갖춘 애보트래보라토리Abbott Laboratories(이후 애보트)에서 중요하고 유능한 임원이 되어 있었다. 곤잘레스는 대부분 시카고 지역의 회사에서 경력을 쌓으며, 영업, 연구, 제조 분야를 거쳐 최고운영책임자COO이자 사장 자리에 올랐다.

2007년 곤잘레스는 인후암 진단을 받은 후[12] 은퇴했다. 건강을 되찾고 골프를 치기 위해서였다. 암은 사라졌지만 곤잘레스는 우울했다. "내 골프 실력은 형편없었어요. 골프 코스에서 네 시간씩 있는 게 전혀 즐겁지 않았죠." 훗날 그는 이렇게 말했다. 2년 후, 곤잘레스는 애보트로 돌아왔다. 회사의 벤처 포트폴리오를 관리하는 자리를 맡았다. 이때 그는 회사에 자기 인적 사항에서 학력 정보가 잘못되었다고 알렸고,[13] 애보트는 공식 약력에서 이를 정정했다. 시카고의 비즈니스 주간지인 〈크레인스시카고비즈니스Crain's Chicago Business〉가 곤잘레스의 학력 위조를 폭로했을 때, 애보트는 처음에 내부적 행정 오류라고 대응했다.[14]

2013년, 의료 기기 및 영양 전문 회사였던 애보트는 회사를 분할했다. 매출이 가장 높은 처방약 몇 가지를 떼어내 애브비라는 회사를 시작했다. 곤잘레스는 CEO로 임명되었고 2000만 달러(약 220억 원)가 넘는 연봉을 받았다.[15] 곤잘레스에게는 해결해야 할 문제가 하나 있었다. 애브비는 류머티즘성관절염, 건선 등에 쓰는 항염증 치료제인 휴미라Humira(아달리무맙adalimumab)에 절대적으로 의존하고 있었다. 휴미라는 단순히 애브비의 베스트셀러가 아니라, 곧 세계에서 제일 잘 팔리는 약이 되었다! 1년간 휴미라로 벌어들인 수익은 약 200억 달러(약 22조)였는데, 이는 애브비 전체 매출의 65퍼센트에 달하는 규모였다.[16] 그런데 휴미라의 특허기간이 곧 만료될 예정이었다. 그러면 경쟁사들이 저렴한 복제약을 제조할 수 있게 된다. 따라서 곤잘레스는 새로운 수익을 낼 방법을 재빨리 찾아야 했다.

대부분의 바이오제약 CEO와 달리 곤잘레스는 월스트리트의 리서치 도구인 블룸버그 터미널Bloomberg terminal(온라인 증권거래 소프트웨어-역주)을 책상에 두었다. 그는 거래자였고, 뉴욕부터 샌프란시스코에 이르는 모든 투자은행가는 곤잘레스가 대규모 인수 기회를 찾고 있음을 알았다. 당시 곤잘레스는 스타벅스에서 줄을 서다가 만난 〈플레이보이〉 전 모델인 샨텔 지아 포인튼Chantel Gia Poynton과의 결혼식이라는 중요한 이벤트를 준비하고 있기도 했다.[17]

곤잘레스가 파마사이클릭스 인수를 둘러싼 전투에 뛰어들었다는 소식에 놀라는 사람은 없었다. 그는 2015년 1월 말에 더건과 잔가네를 처음 만났다.[18] J&J와 애브비는 물론, 스위스 제약회사인 노바티스와 미국의 거대 기업인 화이자Pfizer도 파마사이클릭스 인수에 엄청난 관심을 표명했다.

2월 초, 더건과 잔가네는 잠재적 인수 후보 4곳의 최고 경영진과 회의를 시작했고, 각 회사는 종합적인 기업실사를 진행하고 파마사이클릭스의 장부와 기록을 면밀히 검토했다.

2015년 2월, 〈블룸버그뉴스Bloomberg News〉가 파마사이클릭스가 170~180억 달러(약 18.7~19.8조 원)에 인수 협상을 진행 중이라고 보도하면서,[19] 월스트리트는 인수합병 소식을 접했다. 이 보도 이후 파마사이클릭스의 주가는, 그해 초 123달러(약 13만 3500원)로 시작했던 것이 220달러(약 24만 2000원)까지 치솟았다. 파마사이클릭스에 대한 입찰 경쟁이 치열해졌다.

2015년 3월 첫째 주 월요일, 더건과 잔가네는 최종 입찰자 3사의 대리인들을 만났다.[20] 곤잘레스는 애브비의 이사회가 주당 250달러(약 27만 5000원)를 지급하는 것을 승인했다고 말하면서 가장 높은 가격을 제시했다. 놀라운 제안이었지만, 더건에겐 부족하게 느껴졌다. 더건은 자신이 가진 권력을 알았고 자기 앞에 있는 입찰자들의 욕구와 절박함을 느낄 수 있었다. 더건은 J&J, 화이자, 애브비를 비교했고(노바티스는 중도 탈락했다), 그들이 지금보다 더 많은 돈을 제시할 거라 보았다. 더건은 파마사이클릭스의 다른 이사들의 지지를 받아 다음 날 입찰한 회사들을 다시 찾아가서 그들이 할 수 있는 최고 및 최종 제안을 포함한 마지막 제안서를 보고 싶다고 말했다. 이른 오후, 곤잘레스는 주당 261.25달러(약 28만 7000원)의 금액을 57퍼센트는 현금으로, 나머지는 애브비의 주식으로 지급하겠다는 조건을 제시했다. 가장 근접한 2위 입찰가는 주당 250달러였다. 더건은 기뻐서 곧바로 파마사이클릭스 이사회를 소집했다. 이사들은 애브비의 제안을 받아들이기로 했다.

곤잘레스와 더건의 거래는 월스트리트를 들썩이게 했고, 생명공학 업계에서 성공에 대한 새 기준이 됐다. 애브비는 파마사이클릭스와 그의 유일한 의약품인 임브루비카를 210억 달러(약 23조 원)에 인수하기로 합의했다.[21]

사실 애브비는 임브루비카 소유권의 절반만 구매하는 것이기 때문에 이 가격은 쉽게 납득되지 않았다. J&J는 여전히 임브루비카 수익의 50퍼센트에 대한 권리를 갖고 있었다. 레고레타의 로열티

파마 또한 작은 조각이긴 하지만 임브루비카 수익에 지분을 보유했다. 4억 8500만 달러라는 헐값에 인수한 셀레라에서 발생하는 수익이었다.

월스트리트의 일부 사람들은 곤잘레스가 너무 절망한 나머지 두려움에 사로잡혔다고 여겼다. 휴미라를 대체해 세계에서 가장 많이 팔리는 의약품 중 하나가 될 것으로 기대되는 약물이 시중에 별로 없었다. 뱅크오브몬트리올Bank of Montreal의 알렉스 알파에이Alex Arfaei는 애브비가 "너무 큰돈을 지불했다"고 평가하는 보고서를 썼다.[22] 다른 애널리스트들도 "믿기 어려운," "천문학적인" 가격이라고 표현했다. 〈뉴욕타임스〉는 '애브비가 지불한 가격이 지나치게 높다고 볼 수 있는 이유'를 추측하는 내용의 헤드라인을 실으면서 "애브비가 최종적으로 이득을 보기는 어렵다"고 결론 내렸다.[23]

J&J와의 수익 분배를 고려하면 임브루비카 하나에 420억 달러(약 46조 원)가 넘는 거래가 성사된 것이다. 다시 말해 임브루비카의 가치가 가나, 요르단, 볼리비아 같은 국가의 GDP보다 높게 책정됐다. 서류상으로 임브루비카는 몇 년 전 사우스 샌프란시스코에서 생명공학 회사의 기틀을 세운 제넨텍의 전체 가치와도 맞먹었다.

그러나 곤잘레스처럼 대형 제약회사의 CEO에게 중요한 것은 임브루비카가 향후 몇 년간 애브비의 수익을 크게 증가시킬 것이라는 점이었다. 주식 투자자들은 회사의 매출액을 주요 지표로 삼아 회사를 평가했다. 210억 달러(약 23조 원)를 투자했다고 해서 임브루비카로 반드시 그 이상의 수익을 내야 하는 건 아니었다. 임브루비카로 충분히 괜찮은 수익을 내서 애브비의 가치가 떨어지지만 않는다면,

임브루비카 지분의 50퍼센트에 210억 달러를 투자하는 것도 그만한 가치가 있었다. 애브비 같은 대형 제약회사들은 실패 가능성이 있는 실험단계 치료제에 투자하기보다는, 돈을 더 주더라도 완전 승인을 받은 확실한(업계 용어로 '위험 요소를 줄인') 약물을 거래하는 편을 선호했다.

그런데도 생명공학 칼럼니스트로 유명한 아담 포이어슈타인Adam Feuerstein은 한 인터뷰에서 생명공학 축제의 열기가 너무 오래 과열되고 있음을 이 거래가 보여주었다고 말했다. "바에 가서 정말로 신나게 놀고 술도 몇 잔 마시는 거예요. 그러는 동안 날이 점점 어두워져요. 이제는 집으로 돌아가야 할 시간인데, 친구가 '한잔만 더 하자. 파티를 계속하자'고 계속 붙잡는 거죠. 생명공학 업계에서는 오늘 이 거래가 바로 그 '한잔'과 같아요." 포이어슈타인은 이렇게 비유했다.[24]

조직 전체에서 재정적으로 큰 이득을 본 사람들이 있었다. 잔가네가 보유한 파마사이클릭스 주식은 대부분 스톡옵션과 인센티브 주식으로,[25] 옵션의 행사 가격이 주당 75센트로 아주 낮았다는 점을 고려하면 약 2억 달러(약 2220억 원)의 가치에 해당했다. 펠릭스와 줄리안 베이커는 베이커브라더스 헤지펀드를 통해 회사 주식을 대량 사들였는데, 이제 그 주식 가치는 24억 달러(약 2.6조 원)가 되었다.[26] 베이커브라더스는 약 1억 달러(약 1110억 원)에 주식을 매입했으니 이 거래가 베이커브라더스 헤지펀드의 성장을 촉진하여 월스트리트의 거물이 되는 데 일조한 것이다. 펠릭스와 줄리안 베이커는 억만장자가 되는 길을 순조롭게 나아가고 있었다. J&J 임원으로서 임브루비카에 대한 파트너십을 추진했던 레보위츠와 스토펠스는 천재인 듯했다. 이들의 결정은 자신은 물론 관련된 다른 이들의 커리어에도 큰 영향을 미쳤다. J&J 얀센은 10억 달러(약 1.1조)에 임브루비카의 절반을 구매했었는데, 이제 파마사이클릭스 인수로 그 가치가 210억 달러(약 23조 원)에 달하는 것으로 인정받게 됐다.

도중에 밀려나서 잊힌 밀러나 함디 같은 사람들은 이제 회사의 역사에서 흩어져 사라진 이름에 지나지 않았다.

회사가 블록버스터급 가격으로 최종 매각되면서 함디가 지급받지 못한 주식과 팔아버린 주식으로 입은 손해는 구체적인 금액으로 나타났다. 무려 8600만 달러(약 945억 원)에 달했다. 파마사이클릭스 주식을 대부분 매각했던 로스바움은 7억 달러(약 7700억 원)를 손해본 셈이 됐다.

약의 개발과 성공에 일조했는데도 금전적 혜택은 받지 못한 사람들에게 그들이 놓친 행운은 크든 작든 가슴 아픈 사연이었다. 초기 셀레라에서 임브루비카를 연구했던 화학자들은 자기들이 큰돈을 전혀 벌지 못하는 시스템에 의아함을 느꼈다. 약물을 처음 발견했던 정잉 판은 셀레라에서 해고된 후 중국으로 돌아가 베이징대학교 연구원이 됐다. 그는 이 거래에서 단 한 푼도 얻지 못했다. 멀리 이탈리아에서 임브루비카의 임상시험을 했던 의사들은 곰은 재주가 부리고 돈은 다른 사람이 벌었다며 자조 섞인 농담을 했다. 그들은 임브루비카의 성공으로 콩고물이 떨어지길 기대한 게 아니라 순전히 환자들과 자신의 의학적 열정을 위해 연구에 참여했다. 솔직히 자신들이 임상에 참여한 약물이 420억 달러(약 46조 원)의 가치를 지닐 것이라고는 전혀 예상하지 못했다. 숨겨진 노고에는 인센티브가 주어지지 않는 듯했다.

파마사이클릭스의 인수 거래가 발표되던 날, 곤잘레스는 투자자들과의 전화 회의에서 높은 인수 가격에 대한 지적을 방어했다.[27] 곤잘레스는 임브루비카가 애브비에 연간 75억 달러(약 8.2조 원)의 매출을 족히 가져다줄 것이며, 파마사이클릭스의 입찰이 매우 치열해 나머지 입찰가도 애브비가 제시한 가격보다 약간 낮은 정도였을 거라고 말했다.

"저는 이런 일을 많이 겪어봤으며, 이번 거래는 지금까지 제가 봤던 입찰 중 가장 치열했다고 말하고 싶습니다. 여러 회사가 경쟁을 벌였습니다. 수많은 협상이 있었고요. 세 회사가 마지막 순간까지 경쟁했고, 우리가 이겼습니다." 곤잘레스가 말했다.

서니베일에서 거래가 발표되던 날 아침, 더건은 지역 호텔 연회장에 파마사이클릭스 직원들을 모았다. 아침 식사와 커피가 제공됐다. 더건은 이런 날이 오기까지 애써준 모든 사람에게 감사를 표했다. 흥분된 분위기였다. 많은 사람이 파마사이클릭스의 주가 261.25 달러(약 28만 7000원)로 자신의 스톡옵션을 계산했다.

그들이 회사에 남아야 할 이유는 또 있었다. 애브비와 협상한 거래의 일환으로 더건은 최대한 많은 직원을 고용 유지하기로 했다. 더건은 직원들 앞에 서서 (자신이 보는) 신형 테슬라 모델 S를 남는 직원 몇 명에게 개인적으로 사주겠다고 약속했다. 당첨자는 무작위로 추첨할 것이며 행운의 주인공은 새 고급 자동차를 받게 될 것이었다.

더건은 그런 보상도 얼마든지 부담할 수 있는 자산을 갖게 됐다.

수많은 백만장자 중에서 그는 단연 최고의 승자였다. 더건은 바이오 제약 업계에서 일한 경력도 없었다. 그는 아들의 목숨을 앗아간 암을 겨냥한 약을 처음 개발하려는 회사에 지난 9년간 5000만 달러(약 550억 원)를 걸었다.[28]

거래가 완료됐을 때, 더건은 초기 투자금의 70배를 벌었다. 총 35억 달러(약 3.8조 원)의 수익을 거둔 그의 베팅은 모든 업계를 통틀어 월스트리트 역사상 가장 위대한 거래 중 하나가 됐다.

돌개바람

The Whirlwind

다시 아세타로 돌아가서, 존슨은 회사를 운영하는 방법을 그때그때 익히고 있었다. 그는 CEO는 고사하고 임원조차 되어본 적이 없었다. 인디애나와 위스콘신에서 자라 인디애나대학교에서 경제와 화학을 전공한 후 바이오제약 업계에서 영업직으로 일을 시작했다. 석사나 박사 학위는 없었지만, 성실함과 중서부 출신 특유의 실용적 성향으로 임상개발 분야에 뛰어들었다. 이제 그는 아세타의 임시 CEO가 되어 함디의 뒤를 이어야 했다. 이 엄청난 기회를 준 로스바움에게 고마웠지만, 어쨌든 그는 도움이 필요했다.

아세타의 대변동은 빨라지기만 했고, 때로는 일반적인 생명공학 스타트업의 혼란스러움을 넘어서기도 했다. 임시 CEO의 밤잠을 설치게 한 것은 충분한 양의 약물을 제조하지 못하는 상황이 계속되고 있다는 점이었다. 존슨의 표현을 빌리면, 허리케인 속에서 바늘을 꿰려고 노력하는 것 같았다. 여태까지는 위태로운 상황을 어찌어찌 관리했지만, 하나라도 삐끗하는 순간 약물의 공급 이슈가 날아갈 수 있었다.

그뿐만이 아니었다. 점점 늘어나서 이제 150명에 육박하는 직원을 수용하기 위해 회사는 실리콘밸리에서 새로운 건물을 찾아야 했다. 산카를로스에서는 사무실 하나당 최대 4명이 같이 쓸 정도로 포화 상태였다. 아세타는 101번 고속도로에서 6.4킬로미터 떨어진 곳으로 본사를 옮겼다. 레드우드시티에 있는 더 넓은 공간으로, 소프트웨어 대기업인 오라클Oracle 본사가 있는 원통형 건물 옆이었다. 로스바움의 공격적인 계획에 따라 모든 임상시험을 시작하면서 이즈미는 아세타가 모든 임상시험을 규제 기관이 요구하는 대로 적절하게 관리할 수 있을지 걱정했다.

파마사이클릭스의 대대적인 성공은 부인할 수 없는 사실이었다. 로스바움은 계속해서 팀에 대한 압박을 높여갔다. 로스바움의 지독한 요구는 압도적이었다. 주변 사람들은 매일같이 엄청난 이메일과 전화에 시달려야 했다. 다른 사람들처럼 존슨도 로스바움의 전화를 끊기가 어려웠다. 때로는 로스바움이 전화기 너머로 불만을 토로하는 동안 전화기를 음소거 해놓고 일을 하기도 했다.

존슨이 한 가장 현명한 선택은 파르디스의 고용인 듯했다. 파르디스는 더건에게 채용돼 파마사이클릭스의 임상 운영을 마지막까지 이끌었고, 애브비로 매각되기 직전에 회사를 떠났다. 파르디스는 누구보다도 부작용이 적은 BTK 억제제가 필요하다는 사실을 알고 있었다. 환자 심포지엄 때 파마사이클릭스 본사에 찾아왔던 환자들을 생생하게 기억하고 있었는데, 그들 중 많은 이가 손등에 멍이 있었다. 이는 임브루비카가 일으킬 수 있는 주요 이슈 중 하나였다.

파르디스는 파마사이클릭스에서 믿을 수 없이 강인하고 성실하게 일하며 확실하게 업무를 처리하는 것으로 유명했다. 그는 열심히 일한 이유는 언제나 마음속에 환자들이 떠올랐기 때문이라고 말했다. 그러나 어떤 사람들은 개인적 야망 때문이라고 보기도 했다. 어쨌든 존슨은 파르디스가 결과를 가져오는 사람이기에 그를 아세타의 COO로 고용했다. 그가 파마사이클릭스 출신인 것도 한몫했다. 처음에 로스바움은 파르디스가 아세타의 발전을 막기 위해 파마사이클릭스에서 보낸 첩자일지도 모른다고 걱정했다. 그러나 파르디스의 능력과 목표 지향적인 업무 방식은 금세 로스바움의 마음을 사로잡았다.

일부 아세타 직원들은 파르디스의 채용 소식을 듣고 기뻐하지 않았다. 파마사이클릭스에서 파르디스와 함께 일했던 몇몇은 그의 까다로운 스타일을 익히 알았고, 그를 상대하고 싶지 않았다. 그러나 파르디스는 즉시 영향력을 발휘했다. 아세타의 예측 프로세스를 개선해서 여러 임상시험에 얼마나 많은 환자가 등록할지를 더 잘 예측하도록 했고, 이를 통해 전체 임상 프로그램을 강화했다. 또한 맥그리비와 함께 외투세포림프종 임상시험을 촉진하고 더 많은 환자가 등록할 수 있도록 도왔다.

　미국암연구학회 연례학술대회에서 아세타의 포스터 앞에 서 있는 로스바움은 생명공학 회사 회장이라기보다는 로마 황제의 근위대 같았다. 그는 운동선수 같은 체격으로 꼿꼿하게 선 채, 집중력과 경계심을 흐트러트리지 않고 다가오는 모든 사람을 주시했다. L자 모양의 펜실베이니아 컨벤션센터는 필라델피아 시내에 네 개 블록을 차지하고 있었다. 1만 8500명의 의사, 과학자, 임상의, 투자자가 암 과학의 발전을 논의하기 위해 모여들었다. 로스바움은 아칼라브루티닙의 효능에 대한 약간의 데이터를 공개함으로써 업계에 아칼라브루티닙을 살짝 맛보게 할 때가 왔다고 생각했다. 그러나 여전히 매우 조심스러웠다. 로스바움은 포스터 앞에 "사진 촬영 금지"라고 적힌 팻말을 두었다.

　로스바움의 우려는 옳았다. 포스터 발표 중 로스바움은 참석자 두 명이 근처에 숨어 있는 것을 발견했다. 그들은 재킷 속에 카메라를 숨기고는, 아세타의 포스터를 몰래 찍으려고 했다. 로스바움에게 이들은 아마추어 같아 보였다. 그들은 자누브루티닙zanubrutinib이라는 BTK 억제제를 개발 중인 중국계 생명공학 회사 베이진BeiGene의 직원이었다. 로스바움은 이들에게 꺼지라고 말했다.

　수많은 의사와 업계 전문가가 숨긴 카메라 없이 아세타의 부스를 방문했다. 그중 한 명이 크리스 셸던Chris Sheldon이었다. 셸던은 영국-스웨덴의 대형 제약회사인 아스트라제네카에서 일하면서 생명공학 업계에서 진행 중인 종양학 연구를 평가하고 잠재적인 파트너십을 모색하고 있었다. 셸던은 로스바움과 잠시 대화를 나누고 명함을 교환한 후 아칼라브루티닙에 대한 좀 더 자세한 프레젠테이션을 보내줄 수 있는지 물었다. "그 어떤 것도 보내줄 수는 없습니다." 로스바움이 말했다.

로스바움의 무뚝뚝한 태도에도, 제약회사들은 아세타를 주목했다. 이 작은 회사는 놀라울 정도로 적극적이었다. 이즈미는 일주일에 7일을 일하며 연구 프로토콜을 끊임없이 작성했고, 회사는 20개가 넘는 임상시험을 시작할 준비를 하고 있었다. 이 연구들은 미국 국립보건원이 관리하는 공개 논문에 올라왔고, 몇몇 제약 연구원들의 관심을 사로잡았다. 그들은 네덜란드에 공식 본사를 둔, 잘 알려지지 않은 이 회사에서 무슨 일이 일어나고 있는지 궁금해했다.

아세타는 CLL에 대한 임상 3상과 더불어, 외투세포림프종, 발덴스트롬 마크로글로불린혈증 같은 혈액암부터 난소암, 두경부암, 방광암 같은 고형 종양에 이르기까지 모든 암에 이 약물을 테스트하는 연구를 진행하고 있었다. 로스바움은 고형 종양에 BTK 억제제와 키트루다(펨브로리주맙pembrolizumab)를 조합하겠다는 아이디어를 가지고 있었다. 키트루다는 머크의 블록버스터급 약물로, 아칼라브루티닙과 같은 네덜란드 건물에서 개발되었다. 또한 류머티즘성관절염에 대한 임상시험도 진행 중이었으며, 이즈미는 심지어 데미안 더건을 죽음으로 몰았던 뇌종양인 교모세포종 환자를 대상으로 아칼라브루티닙을 적용하는 프로토콜도 작성했다. 파르디스, 맥그리비, 이즈미는 또한 메릴랜드주 화이트오크에 가서 CLL에 대한 규제 승인을 위해 필요하다고 생각되는 임상 연구를 FDA에 제안하기도 했다.

로스바움은 모든 것을 걸었다. 그는 이 모든 활동에 자금을 지원했고 성공을 위해 자신의 자원을 계속 투입했다. 임상 연구에 관한 한, 모든 돌을 두드려보았다. 회사는 2015년에 1억 8000만 달러(약 1980억 원)를 지출할 예정이었다. 아세타의 지출이 너무 급격히 늘어나 2015년 봄이면 자금이 거의 바닥날 지경이었다. 어느 날, 존슨은 로스바움에게 전화를 걸어 회사 자금이 앞으로 6주 정도 운영할 현금밖에 남지 않았다고 말했다. 로스바움은 예산을 정확하게 관리하지 못한 것에 크게 분노했다. 몇 주 전까지만 해도 충분히 1년을 운영할 수 있다고 보고받았기 때문이다. 이제 회사는 거의 파산 직전이었다. 로스바움은 아세타의 다음 투자 유치 단계인 시리즈 B 라운드를 가속화할 수밖에 없었다. 원래는 늦여름에 계획된 일이었다. 3주가 지나기도 전에 로스바움은 이를 진행했고, 아세타는 3억 7500만 달러(약 4125억 원)를 모금했다.

새로운 인물들이 투자에 참여했다. 뉴욕 헤지펀드의 억만장자인 존 폴슨John Paulson, 암젠의 기업 투자, 벤바이오VenBio의 베자드아가자데Behzad Aghazadeh가 운용하는 것과 같은 몇몇 투자펀드 등이 기존 아세타의 투자 그룹과 함께 뛰어들었다. 이로써 아세타는 창립 이래 총 5억 달러(약 5550억 원)의 자금을 모았다. 로스바움은 순자산의 3분의 1에 해당하는 8000만 달러(약 880억 원)를 아세타에 투자해 여전히 최대 투자자이자 주주였다.

가장 많은 자금이 필요한 곳 중 하나는 CLL에 대한 아칼라브루티닙의 첫 임상시험이었다. 버드와 다른 의사들이 수많은 환자를 등록하고 있었다. 2015년 3월에는 등록 환자 수가 440명으로 늘어났고,[1] 그중 일부는 이전에 다른 치료를 받은 경험 없이 아칼라브루티닙을 1차 치료제로 복용하는 환자들이었다. 새로운 임상시험에서 환자들은 하루에 한 번이 아닌, 두 번씩 아칼라브루티닙을 투여받았다. 이를 b.i.d. 투약이라고 하는데, 하루에 두 번을 뜻하는 라틴어 '비스 인 다이bis in die'를 줄인 말이다.

하루 두 번 투약을 추진한 것은 로스바움이었다. 그래야 BTK를 더욱 많이 차단하여 잠재적으로 아칼라브루티닙을 주요 경쟁 약물인 임브루비카와 차별화할 수 있으리라 믿었기 때문이다. 임상시험의 책임 연구자였던 버드는 BTK에 더 강한 압박을 가하자는 로스바움의 의견이 현명하다고 판단했다. 또한 약물의 반감기가 짧고 선택적이기 때문에 그것이 가능하리라는 데 동의했다. 전임상시험에서는 이것을 확인할 수 없었다. 그러나 버드는 표적을 더 오래 차단하면 더 좋은 결과를 얻을 수 있다는 추론에 찬성했다. 존슨은 환자들이 하루에 두 번 약을 먹는 것을 깜빡할까 봐 걱정하긴 했지만, 기꺼이 시도해보기로 했다.

아칼라브루티닙을 복용하는 CLL 환자들의 반응률이 매우 높아서 초기 조짐은 꽤 유망해 보였다. 또한 버드와 같은 의사과학자들이 보기에 임브루비카보다 아칼라브루티닙의 내약성이 분명 더 우수했다. 환자들은 임브루비카에서 제한적으로 나타났던 (심박세동과 같은) 골치 아픈 심혈관계 부작용도 겪지 않았다. 아칼라브루티닙은 '설탕 알약'으로 불리기 시작했다.

그러나 모든 사람이 아칼라브루티닙의 진전을 달갑게 여기지는 않았다. J&J와 애브비의 경영진은 재정적으로 수익성이 높은 임브루비카와 아칼라브루티닙을 정면으로 비교하는 임상시험이 이루어질 것을 우려했다. 임상시험에 약물을 주로 제공하는 미국의 전문 제약회사들은 아세타에 임브루비카를 판매하기를 거부했는데, 어떤 사람들은 애브비와 J&J의 입김 때문이라고 의심했다.

처음에 존슨은 J&J의 레보위츠에게 전화를 걸어서 임브루비카를 공급받을 수 있는지에 대해 긍정적인 대화를 나눴다. 그러나 아세타가 애브비와 J&J에 임브루비카를 요청할 때마다 이 거대 기업들은 항상 아세타의 임상시험 구성에 대해 더 많은 정보를 요구했다. 어떨 때는 심지어 기밀 사항을 가리지 않은 프로토콜 원본을 요구하기도 했다. 아세타는 그런 정보를 공유하는 것은 관례에 어긋난다며 거절했다.

마침내 존슨은 2015년 7월, J&J의 얀센과 애브비의 파마사이클릭스에 편지를 썼다.[2] 이즈미가 편지 내용을 대부분 정리했다. "승인된 의약품을 임상시험을 위해 공급하는 것은 제약업계에서 널리 받아들여지고 있는 협력적인 관행인데도, 두 회사는 임브루비카에 대한 접근을 사실상 거부해 그러한 관행을 어기고 있다"고 비판하는 내용이었다.

J&J와 애브비는 임브루비카에 대한 아세타의 접근을 막았다는 지적을 부인하는 내용의 답장을 보내면서도, 프로토콜 전체를 보여주기를 계속 요구했고 프로토콜을 수정해야 임브루비카를 공급할 것이라고 대응했다. "파마사이클릭스와 얀센은 우리의 요구조건에 맞는, 즉 환자의 치료법을 발전시키고, 환자의 안전을 위하며, 과학적으로 엄격하게 설계된 임상시험에 대해서만 기꺼이 이브루티닙

을 제공할 의사가 있습니다."**3**

결국 파르디스는 임브루비카를 구하기가 쉬운 유럽에서 임상시험 수탁기관 네트워크를 통해 직접 임브루비카를 구매한다는 해결책을 내놓았다. 파르디스는 어떤 네트워크를 활용해야 할지도 알고 있었다. 그러나 그렇게 하면 저렴한 생산 원가가 아니라 그보다 높은 도매가를 지불해야 했다.

임브루비카와 아칼라브루티닙을 둘러싼 회사들의 경쟁은 점점 치열해졌다.

***

어떤 이들에게는 파스칼 소리오_{Pascal Soriot}가 자살 임무를 수락한 것처럼 보였다. 53세 소리오가 2012년 아스트라제네카의 CEO가 됐을 때, 회사는 목적의식을 잃은 상태였다. 1999년 스웨덴의 아스트라_{Astra}와 영국의 제네카_{Zeneca} 그룹이 합병하여 탄생한 이 기업은 주요 의약품들의 특허 만료와 엉망인 개발 파이프라인이라는 두 가지 문제에 직면해 있었다. 경영진은 문제 해결을 위해 새로운 과학을 추구하기보다 자사주 매입에 자금을 투입하는 근시안적 방법을 택했다. 그러나 소리오는 아스트라제네카를 특히 항암제 분야의 혁신을 주도하는 기업으로 바꾸겠다는 비전을 세웠다. 그의 목표 중 하나는 혈액학 프랜차이즈 구축이었다.

세금 징수원의 아들로 태어난 소리오는 고층 빌딩이 밀집한, 파리의 북쪽 교외 지역 중에서도 환경이 좋지 않은 구역에서 자랐다.

갱단의 폭력이 빈번한 동네에서 크면서 주먹으로 싸우는 법을 배웠다. 그러다가 말에 대한 사랑으로 탈출구를 찾았고 수의사가 되었다. 스무 살 때 아버지가 심장마비로 세상을 떠난 후, 소리오는 3년간 어머니와 동생 세 명을 부양했다. 이후 HEC 파리(경영대학원-역주)에서 MBA를 받고 프랑스 제약회사인 루쎌위클라프Roussel Uclaf에 입사했다. 회사에서 일하면서 호주로 가게 됐고 그곳에서 자리를 잡았다. 소리오는 프랑스 억양으로 부드럽게 말하고, 값비싼 재킷을 입고, 자신의 짙은 머리를 짧고 단정하게 유지하면서 어린 시절 고향의 흔적을 모두 지워버렸다.[4]

소리오는 굳은 의지로 수십 년에 걸쳐 차근차근 올라섰다. 일본과 미국을 거쳐 스위스의 유명 제약 대기업인 로슈Roche의 마케팅 책임자가 되었다. 입사한 지 몇 년 후인 2009년, 로슈는 470억 달러(약 56.4조 원)를 들여서 사우스 샌프란시스코의 생명공학 회사인 제넨텍를 인수했다. 소리오는 제넨텍의 CEO로 임명되어 북부 캘리포니아의 자유분방한 회사를 스위스의 다소 보수적인 새로운 모기업에 통합하는 역할을 맡았다. 그의 주요 업무 중 하나는 진취적인 제넨텍 직원들이 좀 더 수직적인 기업문화를 지닌 로슈에서도 행복할 수 있도록 하는 것이었다. 소리오는 흠잡을 데 없는 성과를 거두어 로슈의 제약 부문 COO 자리까지 올랐고, 이후 아스트라제네카에서 일하기 위해 영국으로 떠났다. 영국에 도착한 소리오는 1180억 달러(약 142조 원)를 들여 아스트라제네카를 인수하려는 화이자의 노력에 맞서 아스트라제네카가 독립적인 회사로 남는 데 힘썼다.

큰 위험도 기꺼이 감수하는 성향에 전략적 사고력을 지닌 소리오의 성공은 기업 관료주의를 직접 헤쳐 나가는 그의 적극적인 접근 방식에 기반했다. 어떤 프로젝트든지 그는 조직의 가장 아래에 있는 직원들을 파악해 그들에게 전화를 걸어 실제로 일이 어떻게 진행되지를 알아냈다. 아스트라제네카에서는 모두가 소리오를 알고 지냈고, 많은 사람이 그를 위해 성과를 내고 싶어 했다. 아스트라제네카가 혈액암 분야로 진출하기 위해 고군분투하던 당시, 혈액학 프로젝트의 최전선에 섰던 사람은 크리스 셸던이었다. 그는 이미 필라델피아에서 로스바움을 만나 관계를 맺어둔 터였다. 소리오는 실무자와 직접 소통을 선호한 덕에 아세타 파마의 진가를 먼저 발견할 수 있었다.

프로젝트 내부에 챔피언이 나타나기 전까지, 대형 제약회사에서 일하는 수만 명의 직원에게는 아무런 일도 일어나지 않는다. 셸던과 그의 상사 모하스는 소리오의 지원을 받았다. 모하스는 BTK 억제제 분야를 잘 알았다. 1년 전에 고형 종양에 대한 임브루비카의 잠재력을 탐구하기 위해 더건과 잔가네와 협력한 적이 있었기 때문이다. 모하스와 셸던은 아칼라브루티닙을 연구했고, 그것이 초기 개발 단계에서 확보할 수 있는 가장 중요한 혈액학 자산 중 하나라는 결론을 내렸다. 그들은 아세타와 비밀 유지 계약을 체결한 후 로스바움으로부터 몇 가지 데이터를 받아 소리오와 함께 사례를 검토했다. 단순하고 평면적인 수평선이 포함된, 세상에서 가장 지루한 차트였다. 그러나 그 수평선은 아칼라브루티닙을 복용한 환자들의 CLL이 얼마나 오랫동안 진행이 멈췄는지를 뜻했다. 소리오는 버드, 오브라이언과 같은 주요 연구자들과 이야기를 나누었다. 그들은 일부 환자들에게 임브루비카의 복용을 중단시켜야 했던 부작용이 아칼라브 루티닙에서는 나타나지 않았다고 말했다. 소리오는 종종 그랬던 것처럼 최악의 시나리오가 아니라 이 약의 절대적 강점이 무언지를 알고 싶어 했다. 모하스와 셸던은 이 약이 연간 50억 달러(약 5.5조 원)의 수익을 창출할 수 있다고 예측했다.

로스바움은 아세타를 팔기로 결정했을 때, 처음에는 셸던과 모하스가 중요한 도전자가 되리라고 생각하지 않았다. 다른 제약회사들로부터 많은 관심을 받고 있었기 때문이다. 약 1년 전, 미드타운 맨해튼의 벤자민 스테이크하우스에서 점심을 먹으며, 머크 임원들이 약 10억 달러(약 1.1조 원)에 아세타를 인수하겠다고 제안했다. 로스바움은 아세타의 최대 주주로서 자기는 위험을 두려워하지 않았다며 그들의 제안을 일축했다. 약의 효과가 이미 증명됐고 규제 기관의 승인을 받은 만큼 가치를 높이 평가해야 한다는 것이었다. 로스바움이 어찌나 소리 높여 말했는지 천장 높은 식당에 그의 목소리가 가득 찰 정도였다. 그는 큰돈을 만질 수 있었고 이는 일생일대의 기회였다. 만약 머크가 인수를 원한다면, 로스바움이 기꺼이 감수했던 임상시험 및 규제 위험에 대해 비용을 지불해야 했다. 어쨌든 머크는 2년 전 1000달러에 아칼라브루티닙을 매각했다. 이를 10억 달러에 되사겠다는 건 가격 인상을 백만 퍼센트 반영한다는 뜻이었다. 그 이상은 어려웠다. 이사회를 설득할 수 없을 터였다.

로스바움은 화이자와도 논의했다. 미국의 거대 제약회사는 아칼라브루티닙에 대해 아세타와 파트너십을 맺기를 고려했지만, 대화가 순조롭게 진행되지 않았다. 어느 날, 로스바움은 화이자의 맨해튼 본사 중앙에 있는 전략 회의실에 방문했다. 회의실 안에서는 모든 무선 통신이 차단되어서 핸드폰을 쓸 수 없었다. 로스바움의 프레젠테이션 파일이 담겨 있는 아세타 컴퓨터를 연결할 USB 케이블도 없었다. 로스바움은 프레젠테이션 파일을 작은 플래시 드라이브에 옮긴 후 회의실 프로젝터에 연결된 화이자 임원의 컴퓨터를 사용해 발표해야 했다. 프레젠테이션을 하는 동안 화이자 임원의 컴퓨터로 이메일이 수신됐고, 해당 이메일이 대형 스크린에 떴다. 화이자가 독일의 머크세로노Merck Serono(머크앤코와는 다른 회사다)에서 개발 중인 또 다른 BTK 억제제에 대해서도 라이선스를 협상 중임을 분명하게 보여주는 내용이었다. 나중에 로스바움은 아들이 롱아일랜드의 베이스볼헤븐 경기장에서 열리는 야구 경기에서 투수로 출전한다는 이유로 화이자 임원들과 몇 주 전부터 잡은 저녁 약속을 취소했다. 로스바움은 파트너십에 별로 관심이 없었다. 그의 메시지는 분명했다.

2015년 8월 말, 로스바움은 뉴욕 쿠퍼스타운으로 차를 몰고 있었다. 아들이 속한 야구팀이 미국 야구 명예의 전당National Baseball Hall of Fame 근처에서 열리는 야구 대회에 참가하기 때문이었다. 그때 아스트라제네카의 셸던으로부터 한 통의 전화가 걸려왔다. 소리오가 노동절 주말 동안 맨해튼에 들른다는 것이었다. 로스바움이 과연 시간을 낼까?

2015년 9월 첫째 주 금요일, 미드타운 맨해튼의 파커메르디앙 호텔에 있는 호화로운 중세풍 카페에서 로스바움과 소리오가 만났다. 오후 2시경, 두 사람은 커다란 안락의자에 앉아 낮은 테이블에 놓인

에스프레소를 마시기 시작했다. 알고 보니 소리오는 노동절 주말에 우연히 뉴욕을 방문한 게 아니었다. 두 사람은 여러 잔의 커피를 마시며 오랫동안 대화를 이어갔다.

소리오는 로스바움에게 자신의 어린 시절과 수의사가 되기까지의 이야기를 들려주었다. 로스바움은 소리오에게 자신이 어떻게 반려견 심바를 보살폈었는지를 이야기했다. 미니어처 핀셔인 심바가 두경부암을 앓았으나 약 1년간 아칼라브루티닙을 복용하며 건강해졌다고 했다. 로스바움은 또한 자신이 어떻게 월스트리트에 오게 됐는지도 설명했다. 그들이 아칼라브루티닙에 대해 이야기를 나누는 동안 로스바움은 머크 경영진에게 말했던 것처럼, 위험을 감수했던 자신의 의지를 소리오에게도 들려주었다. 그런 다음 아세타의 전략과 아칼라브루티닙을 임브루비카와 차별화할 방법을 자세히 설명했다. 가능성을 열어둔 채 로스바움은 아세타가 영업에 투자하고 상업화를 고민해야 하는 변곡점에 가까워졌음을 인정했다. 소리오는 이 메시지를 이해했다.

소리오는 로스바움에게서 아칼라브루티닙을 확보하려면 거액의 거래가 필요하다는 사실을 파악하고 뉴욕을 떠났다. 소리오가 보기에 로스바움은 헤지펀드에 뿌리를 둔, 아주 야망이 큰 사람이었다. 영업 능력은 그리 섬세하지 않아서 어떤 사람들은 그를 의심했지만, 소리오는 로스바움이 신뢰할 수 있는 사람이라는 인상을 받았다.

회의는 매우 순조롭게 진행됐다. 이후에도 로스바움은 아스트라제네카의 크리스 셸던과 계속 소통했다. 로스바움과 셸던은 점점 더 서로를 잘 알게 됐고, 셸던은 로스바움이 루이스티파니_{Louis Tiffany}의

스테인드글라스 조명을 많이 수집하고 있다는 것도 알았다. 이후의 어느 통화에서 셀던은 로스바움에게 곧 편지 하나가 도착할 것이라고 말했다. "당신이 원하는 모든 램프를 다 살 수 있게 될 겁니다." 셀던이 말했다.

2015년 9월 마지막 주 금요일, 로스바움은 맨해튼의 아파트에 있다가 소리오로부터 편지가 첨부된 이메일을 받았다. 로스바움은 핸드폰으로 편지를 읽기 시작했다.

두 번째 장을 읽던 중, 로스바움은 입이 떡 벌어졌다. 손이 떨리기 시작하더니 다리마저 풀려 바닥에 주저앉고 말았다.

"선불금 70억 달러(약 8조 원)를 일시납으로 지급하여 아세타를 인수할 것을 제안합니다." 소리오는 이렇게 썼다.

***

이즈미는 로스바움을 바라보며 아스트라제네카의 제안을 받아들이라고 재촉했다. 이즈미는 단호했다. 몰아치는 듯한 속도를 더는 따라가기 힘들기도 했고, 여러 면에서 아세타가 끝이 보이기 시작한다고 느꼈기 때문이다. 로스바움은 이즈미가 옳다는 것을 알고 있었고, 스스로도 생전 처음으로 아침마다 스트레스로 인한 복통을 느끼며 깨어나고 있었다.

로스바움은 투랄스키와 함께 북부 캘리포니아로 날아가서 아세타의 최고 경영진들을 만나 회사 매각 의사를 확인했다. 만약 사업을 유지하길 원한다면 그들을 지원할 준비가 되어 있었다. 로스바움은 존슨, 파르디스, 맥그리비를 만났다. 그들 모두 회사를 매각하길 원했다.

아칼라브루티닙이 여기까지 오기까지 그들은 전부를 걸었다. 약물은 혈액암 두 종에 대해 FDA 승인을 받기 위해 임상 3상 등록 시험을 진행 중이었으며, 2년 전 최초로 승인받은 BTK 억제제인 임브루비카와 비교하는 임상시험도 하고 있었다.

약물 제조 및 공급 문제는 여전히 해결하기 어려웠다. 상용화 준비를 위해 아세타의 제조·공급망을 강화하자는 의견은 누구에게도 어필하지 못했다. 존슨은 페라리 같은 속도로 달리면서 차를 제조하는 것과 같다고 말했다. 그는 아칼라브루티닙이 이 경쟁에서 최고의 BTK 억제제가 될 것이라고 굳게 믿었다. 유일하게 걱정되는 약물은 오노의 BTK 억제제였지만, 이 일본 회사는 캘리포니아의 대형 생명공학 회사인 길리어드에 라이선스를 넘겼고, 그러면서 약물 개발은 완전히 옆길로 샌 상태였다.

"장난해요? 이건 고민할 거리도 아니에요." 파르디스가 말했다. 파르디스는 로스바움이 가장 신뢰하고 경청하는 임원으로 빠르게 부상했다. 몇 번이고 성과를 내는 그의 능력은 신뢰를 쌓기에 충분했다. 한편 파르디스는 로스바움을 다루는 방법을 터득했다. 그는 로스바움의 의사결정 능력을 높이 평가했고, 그처럼 성격이 강한 사람과 어떻게 일해야 하는지 알았다. 한번은 로스바움과의 통화가 너무 길어져서 도중에 그냥 일어나 다음 회의에 참석하러 간 적도 있었다. 로스바움은 스피커폰으로 계속 소리를 질렀고, 그의 목소리는 종잇장처럼 얇은 아세타 사무실 벽을 뚫고 울려 퍼졌다. 그러나 지금과 같은 변곡점에서 이 주제에 관한 한 파르디스는 그때처럼 그냥 회의실을 떠나지 않을 것이었다. 파르디스는 애브비와 J&J에 맞서 상용화 프로그램을 시작하기 위해 200명을 고용하는 순간 아세타는 무너질 것이라고 말했다.

이 거래에 유일하게 의구심을 품은 사람은 함디였다. 함디와 로스바움의 대화는 늘 긴장됐다. 둘의 관계는 로스바움이 함디의 역할을 빼앗아 맥그리비에게 넘긴 이후 더 악화되었다. 임브루비카는 사실상 420억 달러(약 46조 원)에 팔렸다. 함디처럼 신중하고 보수적인 사람이 보기에 아스트라제네카의 제안 가격은 너무 적었다. 투자자들이 상어 떼처럼 몰려드는 바다에서는 더욱 그랬다. 헤지펀드 매니저이자 아세타에서 두 번째로 큰 주주인 에델만도 같은 생각이었다. 그러나 두 사람은 그러한 의구심을 표하면서도 결국 로스바움의 관점에 동의하고 거래를 지지했다.

확실한 것은 아니었다. 아스트라제네카의 제안은 구속력이 없었고, 기업실사를 통해 모든 것이 적절한지 확인하는 것을 조건으로 내세웠으며, 로스바움이 해결해야 할 몇 가지 문제도 있었다. 아스트라제네카의 작은 군단이 캘리포니아주 레드우드시티에 있는 아세타의 사무실로 찾아와 데이터와 파일을 검토했다. 로스바움은 아스트라제네카가 보낸 사람들이 기분 좋게 지내기를 원했다. 그는 사무실 밖에 검은색 SUV를 여러 대 준비해서 누구든 원하는 곳에 갈 수 있도록 했고, 존슨에게 화장실 청결을 유지하고 새 칫솔, 치약 및 기타 물품을 비치해두라고 지시했다. "화장지는 두 겹으로 준비해야 하네." 또한 뉴욕의 르뱅베이커리에서 커다란 쿠키를 사오기도 했는

데, 영국 제약회사 팀은 이를 쿠키-스콘(크기가 너무 커서 스콘 같다는 뜻-역주)이라고 불렀다.

한편 아세타의 재무 투자자와 직원 들은 다른 곳과 더 나은 거래를 할 수 있는지 알아봤다. 로스바움은 아세타를 매각하기로 하고 뉴욕으로 돌아왔지만, 거래 자체에 걸림돌이 없는 건 아니었다. 소리오는 편지에서 모든 질병에 대한 아칼라브루티닙의 글로벌 판권을 아세타가 소유할 것을 요구했다. 아세타의 창립 당시부터 머크는 류머티즘성관절염에 대해 아칼라브루티닙을 개발할 권리를 보유하고 있었다. 로스바움은 인맥과 현금 1000만 달러(약 114억 원)를 동원하여 머크에게서 그 권리를 넘겨받았다.

로스바움이 넘어야 할 마지막 장애물은 그보다 더 험난했다. 두 달간의 실사 끝에 아스트라제네카 측 변호사들은 2015년 7월과 9월에 파마사이클릭스가 미국 특허상표국PTO에 포괄적인 특허를 새로 등록한 사실을 발견했다.[5,6] 이 광범위한 특허는 아칼라브루티닙 구조의 일부까지 포함하는 것으로 보였다. 아스트라제네카 측 변호사들은 이를 거래를 파기할 정도의 문제로 보았다. 아스트라제네카는 애브비와 같은 대형 제약회사로, 유망한 약물에 얼마든지 많은 돈을 투자할 의사가 있었다. 그러나 강력한 이사회와 대주주를 보유한 대기업들은 위험을 감수하기는 싫어했다. 비싼 돈을 지불한다면, 그 거래는 '위험 요소가 제거'되어서 심각한 재정 손실을 초래할 가능성이 작고 위험성이 낮아야 했다. 소리오는 내부적으로 이 거래를 추진하려면 아칼라브루티닙의 위험 요소를 없애야 한다는 것을 알았다.

2015년 11월 어느 저녁, 소리오가 로스바움에게 전화를 걸어 지적 재산권 문제 때문에 아스트라제네카에서 반대하는 분위기가 생겨 거래가 무산될 수도 있다고 말했다. 로스바움은 창의적인 대안을 제시했다. 즉, 70억 달러(약 8조 원)를 둘로 나누어서 40억 달러(약 4.5조 원)는 선지급하고 나머지 30억 달러(약 3.5조 원)는 특허 문제가 해결될 때까지 지급을 보류하라고 했다. 소리오는 그 제안을 받아들일 의향이 있다고 밝혔다. 아스트라제네카는 후불금 30억 달러에서 특허 문제로 인한 비용을 차감할 수 있었는데, 이는 상당한 액수였다. 가장 최악의 시나리오로 흘러가더라도 아스트라제네카는 그리 큰 타격을 입지 않을 터였다.

로스바움의 변호사들은 아세타가 애브비와 파마사이클릭스의 특허 공격을 충분히 방어할 수 있다고 그를 안심시켰다. 그들의 자신감은 아세타가 약 25만 달러(약 2.8억 원)에 사들인 특허에서 비롯됐다. 그 특허는 임브루비카 특허가 등록되기 한참 전인 2008년에 OSI 파마슈티컬스에서 매입한 것으로, BTK를 포함한 여러 키나아제를 차단하는 분자에 대한 것이었다. 로스바움은 그것을 "핵폭탄 버튼"이라고 불렀다. 임브루비카에 맞설 수 있는 무기였기 때문이다. 애브비가 아칼라브루티닙이 파마사이클릭스의 기존 특허 일부에 해당한다고 나서는 순간, 아세타는 임브루비카가 OSI파마슈티컬스의 특허를 침해한 것이라고 주장할 계획이었다. 즉 애브비가 아세타의 약물을 공격한다면, 아세타는 군사 전략처럼 애브비의 수십억 달러짜리 프랜차이즈를 위협할 수 있었다.

로스바움은 자기에게 주어진 선택지를 고민했다. 그는 정말로 자신의 신념에 확신이 있는 걸까, 아니면 그저 부질없는 이야기만 늘어놓는 걸까? 특허 이슈에 대해 그저 "나를 믿어달라"고 말하는 것으로는 부족했다. 그는 아세타가 심각한 특허 분쟁을 막아낼 수 있을 것이라는 쪽에 자기 돈을 걸어야 했다.

로스바움과 소리오는 70억 달러(약 8조 원)를 분할 지급한다는 새로운 조건에 합의했다. 거래가 성사되었다.

바이오테크 오디세이

A Biotech Odyssey

약 3.7미터 높이의 검은색 석판은 스탠리 큐브릭Stanley Kubrick의 고전 영화 〈2001 스페이스 오디세이〉에 나오는 거대한 비석(영화 속에서 이 검은 비석은 인류에게 문명을 알려주고 진화를 이끈다—역주)에서 본떠 만든 것이었다. 석판 주변 바닥에는 영화에서처럼 하얗고 네모난 패널이 깔려 있었다. 평평한 석판의 앞뒷면에 있는 디지털 스크린에서는 오렌지카운티 컨벤션센터에 모인 사람들에게 새로운 혈액암 치료제의 작용 메커니즘을 소개하는 애니메이션이 나오고 있었다. "ACP-196으로도 알려진 아칼라브루티닙은 고도로 선택적이게 설계된 차세대 BTK 억제제입니다." 석판에서 소리가 울려 퍼졌다.

로스바움은 수년간 아칼라브루티닙을 아세타의 내부 관계자만 알도록 보안을 철저히 유지해왔다. 그리고 마침내 이를 세상에 내놓을 준비가 됐다. 플로리다주 올랜도에서 열린 미국혈액암학회American Association of Hematology 연례학술대회가 바로 아칼라브루티닙의 데뷔 파티가 될 것이었다. 로스바움은 전시장 한가운데에 석판을 세워서 아칼라브루티닙이 가져올 밝은 미래를 선언하고자 했다. 또 오랫동안 바라왔던 자신의 성공을 세상에 알리고, 아칼라브루티닙의 약속이 암과의 전쟁에서 이뤄낸 진화의 한 부분이라는 점을 분명히 하고자 했다. 석판과 디지털 애니메이션을 계획한 건 바로 로스바움이었다.

석판은 아세타가 아칼라브루티닙의 전체적인 데이터를 처음으로 발표하는 프레젠테이션의 한 부분이었다. 혈액암 학회 셋째 날, 〈뉴잉글랜드저널오브메디슨〉은 재발성 CLL 환자 61명을 대상으로 한 아칼라브루티닙의 초기 임상시험 결과를 실었다.[1] 이즈미가 버드, 로스바움과 함께 논문 대부분을 작성했으며, 함디도 논문 저자 중 한 명으로 이름을 올렸다.

이즈미가 15년 전 메디컬 라이터로 생명공학 커리어를 시작한 이래, 저명한 의학저널에 실린 논문의 주요 저자 중 하나로 이름이 올라간 것은 이번이 처음이었다. 그는 몹시 자랑스러웠다. 한편 이전에 정식 과학 교육을 받은 적도 없는 금융가인 로스바움 역시 이름이 같이 올라갔다는 사실은 로스바움이 아세타 운영에 얼마나 깊숙이 개입했는지를 보여주었다.

이 논문에 자세히 설명된 데이터에 따르면 아칼라브루티닙은 재발성 CLL 환자에서 95퍼센트의 매우 인상적인 전체 반응률을 달성했다. 연구진은 아칼라브루티닙이 임브루비카의 안전성을 개선하기 위해 보다 선택적으로 설계된 BTK 억제제라고 설명했다. 임상시험에 참여한 환자에서 가장 흔하게 나타난 부작용은 가벼운 두통, 설사, 체중 증가였다. 임브루비카를 복용했을 때 간혹 발생했던 출혈, 심박세동과 같은 심각한 부작용은 단 한 건도 없었다. 또한 CLL이 대세포림프종으로 발전할 때 나타나는 문제인 리히터 증후군(리히터 변형)이 발생한 사례도 없었다.

이즈미는 논문의 제1 저자인 버드가 강당에서 아칼라브루티닙의 내약성에 관한 데이터를 발표하는 것을 지켜봤다. 청중석에 앉은 이즈미는 자신이 설계하고 시작했던 연구를 발표하던 버드의 프레젠테이션을 마지막으로 들었던 때를 떠올렸다. 그때는 마음속에서 고통과 후회가 샘솟았다. 그러나 이번에는 자랑스러운 위치에 있었다. 자신의 성과를 엿보기 위해 학회장에 몰래 들어가거나 다른 사람의 이름을 빌릴 필요도 없었다. 이번에는 자기 이름이 적힌 콘퍼런스 배지를 달고 있었다.

다음날, ASH는 버드에게 혈액암 분야에서의 뛰어난 업적을 인정하는 윌리엄 다메셰크 상William Dameshek Prize을 수여했다. 버드가 준 임브루비카 알약을 주머니에 넣고 비행기를 탔던 CLL 환자인 브라이언 코프먼은 학회 마지막 날 버드와 인터뷰를 했다. 코프먼은 자기가 운영하는 인기 블로그를 환자 교육에 집중하는 비영리기관인 CLL 소사이어티CLL Society로 확장했다. 버드가 이렇게 말했다. "이브루티닙(임브루비카)이라는 훌륭한 약으로 더 좋은 결과를 낼 수 있으리라고 누가 생각할 수 있었을까요?[2] 이 약의 특별함은 … 아마도 환자들, 특히 고위험군 환자들의 경우 하루에 두 번 투여함으로써 우리의 표적인 BTK에 더 강한 압박을 가하는 것이 가능해진 점일 겁니다."

***

로스바움은 산더미처럼 많은 일을 안고 올랜도에 도착했다. 아세타의 대규모 데이터 프레젠테이션을 관리하는 것 외에 거래도 협상해야 했다. 소리오가 70억 달러에 아세타를 인수하겠다고 제안한 이후, 로스바움은 소수의 잠재적 구매자들에게 회사에 입찰할 기회를 제공하는 제한적 매각 절차를 진행했다. 머크와 화이자는 둘 다 거절했다. 그러나 미국에서 두 번째로 큰 생명공학 회사인 암젠은 입찰을 희망했다. 암젠의 새로운 CEO인 로버트 브래드웨이Robert Bradway는 월스트리트 은행가 출신으로 거래에 관심이 많았고, 암젠은 아스트라제네카 같은 대형 제약회사와 경쟁할 수 있는 자원이 충분했다.

암젠은 이미 아세타와 연결고리가 있었다. 임상시험에서 아칼라브루티닙과 병용해온 약물에 대해 아세타에 라이선스를 주고 투자한 적이 있었다. 암젠의 거래 책임자인 데이비드 피아콰드David Piacquad는 예전에 쉐링플라우에서 일했었다. 그곳에서 쉐링플라우가 아칼라브루티닙이 처음 개발됐던 오스의 오가논과 연구소를 인수하는 거래를 도왔다. 피아콰드는 한때 그곳에 있던 사람들을 잘 알았다. 암젠은 이 거래에 좀 더 적합했다.

로스바움은 브래드웨이를 만나기 위해 캘리포니아주 사우전드 오크스로 날아갔다. 그는 그곳에서 재미있는 사실을 알게 됐다. 암젠의 변호사들은 아세타의 특허 문제를 전혀 개의치 않았다. 아스트라제네카와 암젠은 둘 다 아세타가 네덜란드 회사여서 세금 혜택을 받을 수 있다는 점에 깊은 관심을 보였고, 아칼라브루티닙의 가치 평가에 이 점을 반영했다. 암젠은 잠재적 특허 소송에 대한 추가 조건 없이 선지급금 약 50억 달러(약 5.7조 원)에 아세타를 인수하겠다고 대략적으로 제안했다.

암젠의 제안은 매력적이었다. 거래를 깔끔하고 쉽게 마무리할 수 있다는 점이 로스바움과 그의 동료 주주들에게 크게 다가왔다. 구매가격이 (아스트라제네카가 제시한 것보다) 20억 달러(약 2.3조 원) 적긴 하지만, 그 점은 모든 금액이 선지급되고 향후 일어날 수 있는 우발적 부채를 걱정할 필요가 없는 것으로 충분히 상쇄됐다. 아세타 측 변호사들이 아칼라브루티닙의 특허 건에 대해 아무리 자신이 있다 해도, 미래의 일을 걱정할 필요조차 없다는 사실은 충분히 좋았다. 홀가분했다. 아스트라제네카의 가격표에는 조건이 붙어 있었고 상황이 생각보다 복잡해질 여지가 있었다.

그러나 암젠도 처리해야 할 문제가 있었다. 암젠은 신약 개발 파이프라인을 강화하기 위해 오닉스파마슈티컬스_{Onyx Pharmaceuticals}(이하 오닉스)를 이제 막 인수한 참이었다. 오닉스를 인수하면서 맡게 된 임상시험 때문에 암젠의 손익계산서에서 비용이 증가하고 수익이 감소했다. 거기에 아세타의 고비용 임상 프로그램까지 흡수하면, 아칼라브루티닙이 승인을 받을 때까지는 수익 없이 비용만 증가해 큰 타격을 입을 터였다. 이로 인해 암젠의 주가가 떨어질 수 있었다.

피아콰드는 수익 문제를 해결하기 위한 방법을 떠올렸다. 이에 따라 암젠은 아시아의 대형 국부펀드(정부가 공공자금을 출자해 직접 또는 민간투자회사를 설립해서 운용하는 펀드―역주)와 합성 로열티 계약(선지급으로 또는 향후 단계별로 지급해야 할 금액을 상품의 순 매출액에 대한 로열티로 지급하는 것—역주)을 체결했다. 그 국부펀드가 아칼라브루티닙의 임상시험 비용을 투자하기로 했다. 이제 암젠은 아세타로 인한 모든 손실을 장부에 기록하지 않는 방식으로 자금을 조달할 수 있었다. 바이오제약 업계에서는 이러한 종류의 금융 공학이 막 인기를 얻고 있었다. 그러나 연말이 다가오면서 국부펀드가 업무를 중단했다. 이 거래를 승인해줄 직원들 또한 1월이 돼서야 업무에 복귀할 예정이었다. 한편 소리오와 그의 대리인들은 로스바움에게 아스트라제네카와의 거래를 진행하려면 독점권을 포함한 주요거래조건서에 서명하라고 압박을 가했다.

올랜도에서 열린 ASH 콘퍼런스에서 로스바움은 의사결정을 위해 늦은 밤 아세타의 이사회를 소집했다. 이사들 대부분이 올랜도에서 로스바움과 자리를 함께했으며, 몇 명은 전화로 회의에 참석했다. 존슨과 함디도 물론 참석했다. 로스바움은 그들의 의견도 듣고 싶었다. 아스트라제네카가 제시한 70억 달러(선금으로 40억 달러를 받고, 특허 문제가 해결되면 그 후에 30억 달러를 받는 조건) 거래를 받아들일 수도 있었고, 아스트라제네카의 제안을 놓칠 위험을 감수하더라도 1월까지 암젠을 기다려볼 수도 있었다. 로스바움은 특히 이와 같은 상황에서는 이사회의 만장일치 결정을 믿었다. 오랜 논의의 결과, 가장 중요한 쟁점은 어떤 위험을 떠안을지를 결정하는 것이라고 뜻이 모아졌다. 아스트라제네카와 거래를 진행할 경우, 만약 특허 이슈가 악화되면 30억 달러는 영원히 받지 못할 위험이 있었다. 그러나 암젠을 기다리면 거래 전체가 위험했다. 새해에 어떤 일이 벌어질지,

아시아의 국부펀드가 결국엔 어떻게 움직일지 아무도 알 수 없었다. 얼마 지나지 않아 답이 명확해졌다. 로스바움과 이사들 모두 아스트라제네카의 주요거래조건서에 서명하는 쪽에 표를 던졌다. 이제 최종 협상을 타결해야 했다.

로스바움, 크리스 셸던 그리고 아스트라제네카 사람 몇이 로스바움의 걸프스트림 IV 제트기를 타고 뉴욕으로 날아갔다. 미드타운에 있는 아스트라제네카 측 변호사 사무실에서 거래 협상이 시작됐다. 협상 이틀 후, 〈월스트리트저널〉이 이 잠재적 거래를 보도했다.[3] 아스트라제네카 그룹은 아세타가 압박을 가하기 위해 이 이야기를 흘렸다고 비난했다. 로스바움은 이를 부인했지만, 협상장에 긴장감이 감돌았다. 다음날, 아스트라제네카는 거래가 완료되기 전에 아칼라브루티닙 임상시험에서 특정 부작용이 나타나면 거래를 파기할 수 있다고 주장했다. 이 문제는 또 다른 걸림돌이 됐다.

어느 늦은 밤, 로스바움은 아스트라제네카의 종양학 사업 개발 부문 책임자인 모하스로부터 전화를 받았다. 모하스는 소리오가 아스트라제네카의 이사회를 설득하느라 몹시 고생했다고 말했다. 만약 아세타를 인수한 것이 잘못된 선택으로 밝혀지면 소리오가 일자리를 잃을 수도 있다고 했다.

"소리오는 이 거래를 위해 위험을 무릅쓰고 있습니다. 혹시 제가 아세타에 대해 모르는 게 있습니까?" 모하스가 물었다.

"당신이 알고 있는 전부가 곧 제가 아는 사실의 전부입니다." 로스바움이 그를 안심시켰다. 그러면서 소리오를 곤란에 빠뜨릴 일은 전혀 없다고 덧붙였다. "저는 모든 것을 공유했습니다. 이 회사에서는 어떠한 부적절한 일도 일어나지 않습니다."

로스바움의 한 마디로 막힌 물꼬가 트이는 듯했다. 아스트라제네카는 임상시험 부작용과 관련한 거래 파기 조건을 철회했다. 모든 것이 제자리를 찾아갔다. 아세타와 아스트라제네카는 두 회사를 결속할 인프라를 구축하기 시작했다.

하지만 거래가 막바지를 향해갈 때, 로스바움은 계산에 중대한 착오가 있었음을 깨달았고, 그로 인해 직원들에게 큰 혼란이 야기될 것이란 사실을 알게 됐다. 로스바움은 아세타 직원들이 이 거래로 실제 받게 될 금액을 잘못 이해하고 있었고, 경영진은 이미 직원들의 기대치를 충족할 수 없을 정도로 높여둔 상태였다. 로스바움은 이 문제가 거래의 모든 요소를 연결하는 다리를 날려버릴 심각한 상황을 야기할까 봐 우려했다.

일반적으로 신생 기업들은 회사를 지원하는 벤처 투자자들과 기타 투자자들을 보호하는 방식으로 설립된다. 투자자들은 보통주가 아니라 여러 우대 혜택이 있는 우선주를 매입하는 걸 선호한다. 우선주를 보유하면, 청산 이벤트(부실기업 매각 등)가 발생할 경우, 투자금을 회수하기 전까지 청산 우선권이라는 계약조건을 통해 먼저 매각 대금을 배분받을 수 있기 때문이다. 이는 회사가 잘되지 못한 경우에만 적용된다. 그러나 많은 스타트업 회사가 투자자들에게 참가적 우선주(우선주를 보유한 주주들에게 배당하고 나머지 보통주에도 배당한 뒤, 그래도 잔여 이익이 남을 경우, 그 이익을 더 배당받을 수 있는 권리—역주)를 발행한다. 이 말은 즉, 회사가 성공적으로 매각되면 투자자들이 우선주가 보통주로 전환되기 전에 투자금을 모두 회수하기 때문에,

창립자와 직원들을 포함한 일반 주주들의 지분은 희석된다는 뜻이다. 쉽게 말하면 일반 주주들은 거액 투자자들이 가져가고 남은 돈을 받게 된다.

아세타는 네덜란드 창립자들이 네덜란드에 설립한 회사여서 참가적 우선주를 발행하는 구조로 되어 있었다. 일반 주주의 지분이 엄청나게 희석돼 직원들 몫은 거의 절반가량 줄어들 정도였다. 로스바움은 이를 미처 예상하지 못했고, 아세타 직원들의 지분이 줄어드는 것이 불공평하다고 느꼈다. 그는 투자자들이 1억 4000만 달러(약 1600억 원)의 횡재를 포기하고, 그 돈으로 지분 희석 때문에 직원들이 받을 타격을 완화할 '지위 보전' 자금을 만들어야 한다고 생각했다. 아세타 직원들이 기대했던 만큼의 배당금을 주진 못하겠지만, '지위 보전' 자금이 상당한 완충 역할은 할 수 있을 터였다. 이 과정에서 로스바움은 자신의 수익 중 6000만 달러(약 690억 원)를 기부하기로 했다. 나머지 투자자들도 로스바움의 계획에 따랐다. 아스트라제네카가 선금 40억(약 4.5조 원) 달러를 지급하는 날, 직원들이 보유한 보통주에 대해 달러당 43센트를 보전해주기로 했다. 즉 직원들은 첫 지급일에 자신이 보유한 주식에 따라 달러당 93센트씩 받게 됐다. 예를 들어 지분 희석 전을 기준으로 첫 지급일에 100만 달러를 받아야 했을 직원은 93만 달러를 받게 됐다. 이로써 전체 70억 달러(약 8조 원) 규모의 거래에서 직원 주식은 약 4분의 1 정도로 희석됐는데, 이는 실리콘밸리에 있는 스타트업 회사들이 매각될 때 평균적으로 나타나는 수준에 부합했다.

이러한 '지위 보전' 계획을 실행에 옮기려면 계약서에 이 내용을 구조화하고 아스트라제네카도 이에 서명해야 했다. 아스트라제네카도 어느 정도까지는 기꺼이 동의했다. 그들은 로스바움이 처한 곤경을 이해했다. 이 대형 제약회사도 직원 문제로 씨름하고 있었다. 아스트라제네카는 아세타의 인력이 필요했고, 인수 이후에도 직원들이 계속 남아서 열심히 일할 수 있도록 동기부여가 될 만한 방법을 찾고 있었다. 아칼라브루티닙은 아직 중요한 FDA 승인을 받지 못했고, 아세타의 과학자 및 개발자 들이 없으면 목표를 달성하기가 더욱 어려울 터였다. 아스트라제네카는 로스바움의 돈으로 직원들의 동기부여 문제에 대한 해답을 찾은 셈이었다.

아스트라제네카는 1억 4000만 달러의 자금을 인재 유지 자금으로 전환하길 원했다. 아세타 직원들은 근속 보너스(지위 보전 자금)를 받으려면 3년간 또는 아칼라브루티닙이 FDA 승인을 받을 때까지, 둘 중 하나가 먼저 도래할 때까지 아스트라제네카에서 근무해야 했다. 만약 아스트라제네카가 아세타 직원을 해고할 경우 그 직원의 퇴직금 지급 여부는 로스바움이 결정하기로 했다. 지급되지 않은 돈은 로스바움과 다른 아세타 투자자들에게 돌아갔다. 반면 주요 시점에 도달하기 전에 그만두는 직원은 1억 4000만 달러의 자금에서 향후 발생할 수 있는 지급금을 전부 잃게 된다. 지분 희석 전을 기준으로 첫 지급일에 100만 달러를 받을 자격이 있는 직원의 경우, 이 근속 보너스는 43만 달러의 가치가 됐다. 다시 말해서 이 보너스가 없으면, 100만 달러의 지급액이 50만 달러로 줄어들었다. 이러한 구조를 아세타 팀에 납득시키는 것은 쉽지 않은 일이며, 혹시라도 잘못 처리되면 큰 혼란이 초래될 수도 있었다.

2015년 12월 중순, 아스트라제네카는 아세타와 아칼라브루티닙을 70억 달러에 인수하는 계약을 체결했다고 발표했다.[4] 아세타는 대부분의 사람들이 들어본 적 없는 회사였다. 이 거래는 2016년 겨울에 완료될 예정이었다. 이 거래에 대한 보도자료에서 CLL 전문의사인 버드는 "BTK 억제제 계열은 B세포 암 관리에 혁신을 가져왔다. 그러나 (1세대 BTK 억제제인) 이브루티닙을 복용한 환자 중 일부는 부작용을 견디지 못해 안타깝게도 치료를 중단해야 했다"고 언급했다.

버드는 CLL 환자들이 머지않아 더 많은 선택지를 갖게 될 것이라는 사실에 초점을 맞추었지만, 애브비와 J&J의 임브루비카와 아스트라제네카가 인수 중인 아칼라브루티닙 간의 경쟁을 암시하는 것도 무시할 수 없었다.

*＊＊

샌프란시스코의 시계는 자정을 가리키고 있었고, 로스바움은 기분이 좋았다. 그는 아스트라제네카 CEO인 소리오와 그의 든든한 오른팔 중 한 명인 모하스와 함께 아침 식사를 하며 하루를 시작했다. 그 이후는 쏜살같이 지나갔다. 로스바움은 아스트라제네카의 임원들과 축하 만찬을 가진 후, 해안가 산책로를 따라 익스플로라토리움Exploratorium으로 향했다. 익스플로라토리움은 기업들의 파티 공간을 겸한 과학 기술 박물관이었다. 그곳에서 바이오테크 투자 홍보회사인 라이프사이어드바이저스Lifesci Advisors(이하 라이프사이)가 J.P.모건헬스케어 콘퍼런스에 참석한 사람들을 위해 파티를 열고 있었는데,[5] 로스바움의 헤지펀드 친구인 케빈 탕Kevin Tang이 그에게도 파티에 오라고 문자를 보냈다.

로스바움이 박물관에 도착했을 무렵에는 파티가 끝나가고 있었다. 행사장을 둘러보던 로스바움은 젊고 아름다운 여성 몇이 의료업계 전문가들과 어울리고 있는 걸 보았다. 여성들은 짧고 몸에 딱 붙는 검은색 드레스를 입었고, 남자들은 그보다 훨씬 나이가 많고 매력적이지 않았다. 바이오테크 행사치고는 어딘지 이상했다. 로스바움은 탕을 찾았고, 탕은 로스바움에게 술을 권했다. 하지만 로스바움은 이렇게 말했다. "이봐, 난 여기서 나가야겠어. 뭘 하는 곳인지 모르겠군."

탕은 아세타의 성공을 축하해주고 싶다고 말했다. 얼마 후, 탕은 검은색 SUV 3대로 로스바움과 그 일행들을 박물관에서 집까지 데려다주었다. 〈블룸버그뉴스〉는 익스플로라토리움에서 있었던 파티에 대해 계속 보도하면서 라이프사이가 J.P.모건헬스케어 콘퍼런스에 참석한, 대부분이 남성인 사람들을 안내하고 즐겁게 해주기 위해 모델들을 고용했다는 점을 강조했다. 파티는 생명공학 업계의 다양성 부족을 드러낸 스캔들로 떠올랐다. 라이프사이는 수없이 쏟아지는 비난에 사과했다. 이 회사는 탕이 소유한 모델 에이전시에서 여성들을 고용한 것이었다.

탕은 샌프란시스코에 있는 다른 바에서 밤을 지새웠다. 로스바움은 새벽 4시경에 호텔로 돌아갔다. 세 시간 후에는 아세타 직원들과의 내부 회의를 위해 레드우드시티로 출발해야 했다. 대형 계약의 세계에서는 그 무엇도 오랫동안 비밀로 유지되지 못했다. 많은 아세타 직원이 이미 그들의 지분이 상당히 희석되었다는 소문을 들었다. 일부는 분노하고 좌절했다. 로스바움이 그들을 속였다는 생각은 위에서부터 시작됐는데, 회사의 임시 CEO인 존슨도 포함되었다.

로스바움은 눈이 충혈되고 초췌한 모습으로 풀만 호텔 샌프란시스코 베이에 나타났다. 레드우드시티까지 오는 길이 아침부터 꽉 막힌 탓에 기분이 더 안 좋았다. 호텔 콘퍼런스 룸은 이미 예약돼 있었고 아세타 직원들이 그를 기다리고 있었다. 회의실에 들어선 로스바움은 자신이 아스트라제네카와 마련한 근속 보너스 자금을 설명하려 애썼다. 그는 아세타가 네덜란드 법에 따라 처음 설립되었기 때문에 참가적 우선주로 인한 지분 희석이 일반적인 사례보다 좀 더 극단적이라고 말했다. 그러면서 아스트라제네카가 최초 지급할 40억 달러에 대해 거의 전액에 가까운 배당금을 직원들에게 지급하기 위해 아세타의 투자자들이 어떻게 보너스 자금을 마련했는지 설명했다. 회의실 안에 긴장감이 감돌았다. 그의 설명에도 많은 의문이 답변을 얻지 못한 채 남아 있음이 분명해졌다.

그 후 로스바움은 아세타의 최고 경영진 및 창립자들과 두 번째 회의를 했다. 회의는 시애틀과 네덜란드에 있는 사람들이 모두 참석할 수 있도록 방송으로 진행됐다. 임원들이 익명으로 질문을 제출했고, 로스바움이 이를 큰 소리로 읽었다. 한 질문은 아세타 측 변호사들이 정말로 로스바움이나 회사를 위해 일하는지에 대한 것이었다. "돈을 횡령하고 있습니까?"라고 묻기도 했다. 다음으로 로스바움이 운영하는 쿼그캐피털의 차량과 아세타 간의 관계에 대한 감사 요청이 있었다. "직원들이 속고 있는 것은 아닌지 알고 싶습니다."

"절대 아닙니다!" 로스바움이 힘주어 대답했다. 그의 신념이 아스트라제네카와의 거래를 성사시키는 데 결정적인 역할을 했다. 그러나 아세타의 임원들은 이에 그다지 감동하지 않았다. 그들에게는 돈이 걸린 문제였고, 그들이 느끼기에 수백만 달러가 잘못된 방향으로 흘러가고 있었다.

로스바움의 입장에서는 이러한 질문이 적대적이고, 자신에 대한 오해로 느껴졌다. 아세타의 창립자와 임원 들이 스타트업 기업에서의 참가적 우선주가 보통 어떻게 쓰이는지를 모르기 때문이라고도 생각했다. 이들 대부분은 이전에 대형 제약회사나 상장 기업에서만 일했다. 로스바움이 보기에 일부 아세타 직원들은 자신의 지분이 희석되었다는 사실 자체에 화가 난 것 같았는데, 이는 아세타와 같은 스타트업 기업에서는 어떤 식으로든 일어나는 일이었다. 로스바움은 네덜란드 창립자와 변호사 들이 설정한 참가적 우선주의 특성 때문에 지분 희석률이 더 크게 나타났으며 자기도 이 문제를 겨우 몇 주 전에야 발견했음을 거듭 설명했다. 그 사실을 인지한 후 다른 주요 투자자들과 의견을 모아 지위 보전 프로그램을 마련했고, 자신들의 돈으로 직접 자금을 조성했다고 강조했다.

아세타의 일부 직원들, 특히 존슨은 로스바움의 설명을 믿지 않았다. 존슨은 아세타가 얻은 재정적 이익이 그를 비롯한 다른 직원들에게 충분히 공유되지 않았다고 여겼다. 특히 몇 년간 아스트라제네카에 남아 있어야 한다는 사실에 불만을 품었다. 존슨은 자신의 의견을 자주 그리고 자유롭게 나누었다. 파르디스처럼 로스바움의 설명을 받아들인 사람도 있었다. 확실히 아세타의 배당금 지급일에 기뻐하는 사람도 있었지만, 고위 경영진의 불만은 직원들 사이로 퍼져나갔다.

고위 경영진은 계산할 줄 알았다. 로스바움과 다른 투자자들이 아세타의 수익에서 가장 큰 몫을 챙길 터였다. 로스바움만 해도 혼자서 30억 달러(약 3.5조 원)를 가져갔다.

함디는 모욕감을 느꼈고, 또다시 도둑맞은 기분이었다. 더건에게 해고당하고 파마사이클릭스의 금전적 호황을 놓쳤지만, 마음을 추슬러 자신의 이름과 노력으로 완전히 새로운 회사를 세웠고 믿을 수 없이 대단한 성공을 이루었다. 그가 힘들게 노력해서 번 수익금이 아스트라제네카에서 일해야 하는 금빛 수갑으로 바뀌는 것은 큰 모욕이었다. 아스트라제네카가 직원들을 계속 붙잡아두고 싶다면, 새로운 근속 인센티브 계획을 수립해야 한다고 생각했다.

지금의 지급 구조는 운영자와 투자자 간의 격차를 너무나도 명확하게 강조했다. 아칼라브루티닙이 탄생할 수 있었던 건 함디의 피와 땀과 눈물, 이즈미의 차고와 비전과 원고 덕분이었으며, 이름 없는 수많은 영웅이 끊임없이 헌신하고 노력한 결과였다. 물론 함디도 로스바움과 투자자들의 공을 인정했다. 그들도 분명 중요한 역할을 했다. 하지만 보상이 너무 부당하게 배분된 듯했다. 투자자들이 자기가 가장 먼저, 가장 많은 돈을 받을 수 있는 지분상품을 만드는 데 시간을 쏟는 동안, 현장에 있는 직원들은 의약품을 개발하는 데 시간을 쏟았다. 잠재적인 보상금이나 자신을 보호하는 방법에 대해서는 아무것도 알지 못했다. 함디와 이즈미는 같은 역사가 반복되고 있다고 느꼈다. 몹시 분개했고 자신들의 노력이 제대로 인정받지 못했다고 느꼈다. 어느 모로 보나 그들의 헌신과 순진함이 재정적 손실로 이어진 것 같았다.

암 환자를 돕는다는 이야기도 오갔지만, 결국 아세타의 성공은 돈을 둘러싼 씁쓸함으로 빛을 잃었다. 로스바움은 몹시 긍정적인 결과로 여겼던 것이 더럽고 부정적인 것으로 바뀌었다는 사실에 좌절했다. 자신은 직원들을 공정하게 대했는데도, 직원들이 사실을 인정하지 않는다고 생각했다. 그들은 자본이 대부분의 이익을 가져간다는 사실에 격분했으나, 로스바움과 투자자들은 위험을 감수하고 많은 돈을 걸었다. 그것이 자본주의의 작동 방식이었다. 아세타는 넉넉한 급여와 보너스를 지급했고, 펀딩 라운드마다 직원들에게도 투자 기회를 주었다. 직원들은 첫 번째 라운드를 제외하고는 대부분 이를 거절했다. 로스바움은 자기는 아무런 잘못도 하지 않았고 오히려 직원들을 보호하려 노력했다고 생각했다.

이제 아세타 직원들에게 로스바움은 뉴욕에서 온 악당이었다. 풀만 호텔에서의 회의 후, 로스바움은 맥그리비 같은 사람들에게 상황을 좀 더 자세히 설명하려고 했지만, 그들은 듣기를 거부했다. "당신은 저에게 무언가를 주었다가 그중 절반을 가져간 후, 그중 일부라도 돌려받으려면 다시 3년을 더 일해야 한다고 말하고 있어요. 이건 옳지 않죠." 맥그리비가 말했다.

로스바움과 존슨의 관계는 특히 더 나빠졌다. 2016년 2월 거래가 성사될 무렵, 아스트라제네카 경영진은 존슨과 여러 아세타 사람들이 근속 보너스에 대해 불만을 이야기하는 것에 점점 지쳐갔다. 존슨을 포함해서 아세타에서 가장 불만이 큰 일부 사람들은 배당금 삭감과 근속 보너스를 고려하더라도 약 3000만 달러(약 345억 원)를 받았다. 이는 아스트라제네카 직원들이 평생 벌 돈보다 큰 금액이었다. 수백만 달러를 번 사람들의 불만에 공감하기는 어려웠다.

그러나 아세타 팀의 주요 구성원들은 자기가 더 많이 일했고 더 많이 받을 자격이 있는데, 자기가 피땀 흘려 일군 승리의 상당 부분을 뚱뚱한 고양이들이 가져간다는 사실에 분노했다.

이러한 감정은 혼란스러웠지만, 생명공학 혁신의 냉혹한 현실과 맞닿아 있었다. 항암제 개발 분야에서도 금전적 이익은 대부분 노동이 아닌 자본에 돌아갔다.

시간이 지남에 따라 로스바움은 존슨이 자신을 배신하여 아세타에 적대감을 조장했다고 믿게 됐다. 로스바움은 그를 절대 용서하지 않았다.

악감정은 상호적이었다. 두 사람은 다시는 서로에게 말을 걸지 않았다.

졸업식

…

Graduation Day

이즈미는 야외무대에 앉아 가운을 입고 모자를 쓴 대학생들을 바라보고 있었다. 그는 모교인 캘리포니아주립대학교 산타바바라에서 수학, 생명 및 물리학부 졸업식 연사로 초청을 받았다.

"오늘 이 자리에 항암제 연구의 선두주자인 이즈미 박사를 모시게 되어 영광입니다." 학장인 피에르 빌치우스Pierre Wiltzius가 이즈미를 소개했다.

이즈미는 2017년 졸업생들을 향해 이렇게 이야기했다. "예전에는 정말 열심히 일하고 일을 잘하기만 하면 정당하게 보상받을 수 있다고 믿었습니다. 그러나 인생이 언제나 그렇게 돌아가지는 않더군요. 여러분이 자기 일에 엄청난 열정을 가지고 있다고 상상해보세요. 그래서 개인적 희생을 감수하면서까지 쉬지 않고 아주 헌신적으로 일했습니다. 그러던 어느 날 CEO가 직접 여러분의 수고와 노력을 인정하면서 … 그동안 받아보지 못한 규모의 임금을 약속했습니다."[1]

이즈미는 그로부터 몇 주 후 같은 CEO에 의해 해고되었다는 이야기를 했다. 물론 더건의 이름은 언급하지 않았다.

8년 전, 이 자리에서 더건이 졸업식 연설을 했다. 이제 이즈미의 차례였다. 이즈미는 더건에게 불려가서 더는 네가 필요하지 않다는 말을 들었을 때 느꼈던 '굴욕감'을 설명했다. "인생의 10퍼센트는 내게 어떤 일이 일어나느냐에 달려 있고, 나머지 90퍼센트는 그 일에 어떻게 반응하느냐에 달려 있습니다. 제 경력에서 가장 뛰어난 성과를 내고도 해고를 당한 일이 오히려 생명공학 회사를 창업하는 촉매제가 되었습니다."

이즈미가 연설한 지 불과 4개월 후인 2017년 10월, FDA는 이전에 다른 치료를 받은 적이 있는 외투세포림프종 환자에 대해 아칼라브루티닙 처방을 승인했다.[2] 존슨이 맞았다. 아세타는 애브비와 J&J가 외투세포림프종에 대한 임브루비카의 완전 승인을 받음으로써 아칼라브루티닙이 신속 승인을 받을 경로를 차단하기 전에 가까스로 승인을 받아냈다.

아스트라제네카는 아칼라브루티닙의 제품명을 칼퀀스_{Calquence}로 정했다. 이것은 2017년에 출시된 14개의 새로운 항암제 중 하나였다.[3] 지난 10년간 FDA는 미국에서 거의 100개에 가까운 항암제를 승인했는데, 이는 이전 10년간 승인된 항암제 수의 3배가 넘는 수치였다. 항암제 개발에 막대한 자금이 유입되고 FDA의 규제 태도가 완화되면서 새로운 항암제가 쏟아져 나왔다. 신약 상당수는 임브루비카나 칼퀸스와 같이 티로신 키나아제를 표적으로 했다.

그러나 곤잘레스와 애브비는 이를 그냥 두고 보지 않았다. 애브비의 파마사이클릭스는 아스트라제네카의 아세타를 특허권 침해로 델라웨어 연방법원에 즉각 고소했다.[4] 그들은 칼퀸스가 2015년과 2017년에 등록된 자사 특허 3건을 침해했다고 주장했다. 모두가 예상한 바였다. 후발주자 의약품이 시장에 출시될 때마다 기존 의약품 회사는 합리적인 이유를 찾을 수만 있다면 후발주자에 소송을 걸었다. 이번 경우에는 변호사들이 소송할 거리를 열심히 찾을 필요도 없었다. 새로 등록된 특허가 칼퀸스의 구조 일부를 포함하고 있었으니 말이다. 두 가지 약물이 같은 사람들에 의해 개발되었다는 사실도 애브비의 주장에 힘을 실었다.

하지만 애브비가 넘어서야 하는 문제도 있었다. 카프테인과 바프는 이즈미와 함디를 만나기 전부터 네덜란드에서 칼퀸스를 구상했다. 또한 애브비가 침해를 주장하는 특허는 칼퀸스가 이미 임상 개발 단계에 들어선 이후에, 그리고 칼퀸스도 자체적으로 특허를 출원한 이후에 출원되었다. 무엇보다 애브비의 가장 큰 골칫거리는 아스트라제네카가 로스바움의 핵폭탄 버튼, 즉 OSI파마슈티컬스에서 인수한 특허를 갖고 있다는 점이었다. 아스트라제네카는 억제 전략을 분명히 하기 위해, 아세타가 거꾸로 파마사이클릭스에 소송을 걸도록 했다.[5] 임브루비카에 사용된 활성 성분이 아세타가 OSI파마슈티컬스로부터 사들인 특허를 침해했다고 주장했다. J&J 또한 소송에 연루되어 아스트라제네카와 맞섰다.

거대한 싸움이 시작됐다. 애브비와 J&J는 법정은 물론 시장에서도 아스트라제네카와의 전투를 향해 나아가는 듯 보였다. 반면 아스트라제네카는 전쟁에 들어가기 전, 사람들을 모아 사우스 샌프란시스코에 있는 사무실에서 첫 규제 승인을 축하하는 작은 파티를 열었다. 이즈미와 함디도 참석했지만 잘 어울리지는 못했다. 아스트라제네카는 이들을 칼퀸스 개발 업무에서 뺐고, 개발 초기 단계에 있는 다른 약물 개발을 맡겼다. 함디와 이즈미는 그중 5개를 임상시험 단계로 이끌었다. 함디는 이 상황을 공개 입양에 비유했다. 다른 사람들이 내 아이를 키우는 것을 지켜볼 수는 있지만, 그들의 양육 방식에 대해 아무 말도 할 수 없다는 점이 비슷했다.

함디는 아스트라제네카에서 일하기가 힘겨웠다. 산타크루즈에서 사우스 샌프란시스코까지 매일 장거리 출퇴근을 해야 하는 것이 싫었다. 교통 체증과 싸우느라 때로는 출근하는 데만 두 시간이 걸리기도 했다. 산타크루즈의 봉우리와 골짜기를 지나다니기 시작하면서 함디는 지난 몇 년간의 우여곡절을 되돌아볼 시간이 많아졌다. 출근길에 함디는 캘리포니아의 유령 도시인 홀리 시티를 지나간다. 홀리 시티는 백인 우월주의를 조장하는 어느 사이비 종교 지도자가 1918년에 세운 도시인데, 이유는 알 수 없지만 더건이 최근 그곳을 600만 달러(약 69억 원)에 매입했다.[6] 그의 계획은 아직도 미스터리였다. 함디는 파마사이클릭스 본사, 산카를로스와 레드우드시티에 있는 아세타의 원래 사무실 두 곳 근처도 지나갔다. 적어도 함디는 새 테슬라를 구매할 수 있었다. 테슬라를 소유한 건 실리콘밸리의 성공 사례 사이에서 자신의 위치를 증명하고 싶은 사람들에게는 판돈과도 같았다. 이 차로는 버스전용차로를 달릴 수 있어서 101번 고속도로의 꽉 막힌 교통 체증도 피할 수 있었다. 함디는 뻥 뚫린 도로를 발견할 때마다 빠른 속도로 테슬라를 모는 걸 즐겼다.

하지만 함디는 아스트라제네카에 인수될 때 다른 창립자들보다 적은 돈을 받았다. 파마사이클릭스에서 해고됐을 때, 함디는 생계 유지를 위해 약 100만 달러(약 12억 원)에 파마사이클릭스 주식을 팔았고, 주식 매각으로 인한 양도소득세 납부를 연기했다. 그리고 나중에 그 세금을 내기 위해 아세타 주식 일부를 투자자에게 개인적으로 매각했다. 함디는 CEO 자리를 잃으면서 스톡옵션도 추가로 잃었다. 사실상 존슨에게 넘어간 것이었다. 이러한 과정에서 함디가 잃은 금액은 어마어마했다. 테슬라에서 혼자 보내는 두 시간은 자기가 잃은 돈을 계산하기에 충분했다.

함디가 아스트라제네카에 남아 있는 이유는 쉬운 산수 문제였다. 그는 새 회사에서 3년 치 급여와 복리후생은 물론 근속 보너스까지 전부 받아가고 싶었다. 그러나 함디와 이즈미는 둘 다 대형 제약회사의 관료주의에 익숙하지 않았고 사내 정치에 매우 서툴렀다. 두 사람은 함께 새로운 프로젝트를 찾기 시작했다.

BTK 억제제로 CLL 치료에 혁명을 일으킨 사람들은 대부분 새로운 장으로 나아가기 위해 애쓰고 있었다. 더건은 플로리다주 클리어워터에 있던 집을 떠났고, 오랫동안 결혼생활을 유지했던 패트리샤 더건과 이혼했으며, 코스타리카로 이사했다. 다양한 신약 개발 프로젝트를 후원해 자기를 비난하는 사람들에게 그들이 틀렸음을 증명하고자 했다. 자신이 바이오테크 분야에서 큰 성공을 이룬 게 결코

운이 아니라는 걸 보여주고 싶었다. 그는 사이언톨로지 교회에도 계속 자금을 지원했다. 더건이 교회에 기부한 돈은 3억 6000만 달러(약 4140억 원)가 넘었다.[7] 여기에는 신도들에게 방해받지 않는 학습 환경을 제공하기 위해 134미터 높이의 크루즈인 프리윈즈Freewinds를 만들고, 클리어워터에 있는 사이언톨로지의 영적 본부 근처에 3600석 규모의 강당인 L.론허버드홀을 건축하는 자금이 포함됐다. 더건은 자신의 성공이 허버드의 가르침 덕분이라고 공공연하게 인정했다.

"제가 시작한 회사들은 1000억 달러(약 115조 원) 이상의 가치를 창출했습니다. (사이언톨로지를 만나기) 이전에는 이러한 성과를 낸 적이 없습니다. … 사이언톨로지는 유능한 사람이 더 유능해질 수 있도록 돕습니다. 제게 그것이 통했습니다."

로스바움은 아세타 다음으로 무엇을 할지 고심했다. 생명공학 업계에서 역대 최대의 성공 중 하나를 이뤘는데도 어딘지 허탈했다. 육체적으로나 감정적으로나 지쳐 있었고 스톡옵션에 대한 직원들의 반발 때문에 상처를 받았다. 그의 아내는 뭔가 다른 것을 시도해보자며 평생 뉴욕에서만 살아온 로스바움에게 플로리다로의 이주를 권했다. 그는 플로리다에 2700만 달러(약 310억 원)짜리 대저택을 구매했다.

생명공학 투자회사 파트너인 베자드아가자데는 로스바움에게 3중 음성 유방암 치료제를 개발 중인 상장회사 이뮤노메딕스Immunomedics의 경영진을 공격하는 데 동참하라고 권했다. 더건이 파마사이클릭스를 인수했던 것과 비슷한 작전이었다. 그러나 로스바움은 더는 주식시장에서 일어나는 일에 적극적으로 관여하고 싶지 않았다. 베자드아가자데는 계획대로 진행해 이뮤노메딕스를 인수했고, 의약품 승인을 받은 후 2020년 길리어드에 220억 달러(약 26조 원)에 매각했다.

로스바움은 야구 사업에 진출할까 고민하다가, 데렉 지터Derek Jeter, 젭 부시Jeb Bush와 함께 마이애미말린스Miami Marlins를 인수할 뻔하기도 했다. 어려움을 겪고 있는 야구단을 바로잡는 일이 매력적으로 느껴졌고, 생명공학 사업에서 배운 것들을 스포츠팀에 적용할 수 있으리라 여겼다. 헤지펀드 매니저이자 로스바움의 절친한 친구인 에델만은 이에 대해 듣고는 웃음을 터트렸다. 에델만은 로스바움이 지터에게 역대 최고의 유격수 중 한 명보다 야구를 더 잘 안다고 말하게 될 날이 오기를 고대하겠다고 말했다. 결국 로스바움은 환상에서 깨어났다.

오하이오주립대의 CLL 전문의이자 임브루비카와 칼퀸스의 주요 임상시험에서 핵심적인 역할을 했던 버드조차도 새로운 길을 걷는 것이 생각보다 쉽지 않았다. BTK 억제제 개발 과정에서 버드는 CLL 치료제를 혁신하는 데 기여했다. 약물이 실질적으로 질병을 억제하고 병의 진행을 막을 수 있도록 만드는 데 힘을 보탰다. 그러나 파마사이클릭스와 아세타에 지분을 가졌던 사람들과 달리, 버드는 연구에 대한 보상을 한 푼도 받지 못했다. 버드의 노력이 없었다면 두 회사 모두 지금과 같은 성공은 이루지 못했을 것이며, 수많은 환자가 아직도 고통받고 있을 터였다. CLL 치료 분야에서 거둔 성공을 뒤로 한 채, 버드는 완치 사례가 훨씬 적은 치명적인 혈액암인 급성 골수성백혈병으로 관심을 돌렸다. 그러나 진전이 더디고 어려우리라는 사실을 금세 알아차렸다.

CLL 치료를 위한 과학은 더욱 빠르게 발전했다. 또 다른 계열의 약물인 베네토클락스venetoclax가, 특히 BTK 억제제와 병용할 경우 CLL에서 상당한 가능성을 보였다. 베네토클락스는 수년간 복용해야 하는 BKT 억제제와 달리 치료 기간을 단축할 수 있다는 장점이 있었다. 인디애나폴리스에 있는 제약회사인 일라이릴리Eli Lilly는 비공유결합 또는 가역적 BTK 억제제를 개발해왔다. 임상시험 결과에 따르면, 이는 특히 부작용 때문에 임브루비카를 복용하지 못하거나 암세포가 변이되어 내성을 갖게 된 혈액암 환자에게 좋은 대안이 될 수 있었다.

환자들은 이제 좋은 선택지들을 갖게 됐다. 생존율과 삶의 질이 높아졌고 화학요법을 받는 CLL 환자 수도 많이 줄어들었다. 화학요법은 이전에 치료받은 경력이 없고 화학요법을 견딜 만큼 젊고 건강한 환자, 또는 장기간 약을 복용하기를 원치 않는 환자에게만 이루어졌다.

* * *

칼퀀스가 외투세포림프종에 대해 승인을 받은 것도 쾌거였지만, 아스트라제네카의 소리오는 여전히 CLL에 대한 승인을 기다렸다. 그는 승인이 떨어지리라는 것을 알고 있었다. 이사회와 주주들도 마찬가지였다. 그가 이끈 아스트라제네카의 변신은 대성공이었다. 소리오는 개발이 보류됐던 난소암 치료제인 린파자Lynparza(올라파립olaparib)를 부활시켜 성공적으로 키워냈다. 공격적인 개발 전략으로 폐암 치료제인 타그리소Tagrisso(오시머티닙osimertinib)를 밀어붙여서 회사의 베스트셀러로 만들었다. 또한 중국에서 새로운 판로도 개척했다. 칼퀸스가 CLL 치료제로 출시되기만 하면, 소리오와 아스트라제네카는 엄청난 수익을 거둘 터였다.

그러나 아세타와 같이 진취적인 마인드를 가진 소규모 바이오테크 회사를 대형 제약회사에 흡수시키는 일은 절대 간단하지 않았다. 순탄치 않은 시작 이후로, 아스트라제네카에서 초기 종양학 부문을 담당하는 수석 부서장인 수잔 갤브레이스Susan Galbraith는 런던에서 사우스 샌프란시스코로 날아갔다. 그곳에서 3개월간 지내며 상황을 정리하고자 했다. 로스바움이 결국 끝까지 해결하지 못했던 약물 생산량 이슈를 처리해야 했고, 인력 문제도 해결해야 했다. 갤브레이스는 존슨이 이제 떠날 때가 됐다고 했고, 존슨도 이에 동의했다. 맥그리비를 비롯한 아세타의 다른 임원 몇 명도 근속 보너스가 운영되는 방식에 불만을 품거나 거대한 조직의 중간급 톱니바퀴가 되는 것에 좌절감을 느껴 그만두었다.

아스트라제네카의 의약품 연구자 중 상당수는 아세타가 여러 질병에 대해 벌여둔 임상시험으로 어찌할 바를 몰랐다. 교모세포종? 두경부암? PI3K 델타 억제제와의 병용? 위에서 내려오는 지시에 따라 일하는 대형 제약회사 직원들에게 몇몇 아이디어는 터무니없어 보였다. 그러나 아세타 직원들이 보기에는, 대형 제약사가 소규모 바이오테크 회사보다 혁신적인 결과를 내지 못하는 이유가 이러한 회의적 태도 때문이었다.

그러나 아스트라제네카는 아세타의 무언가가 정말로 통제 불능 상태가 됐음을 알게 됐다. 아스트라제네카 연구원들은 아세타가 〈암리서치Cancer Research〉 저널에 제출한 초록에서 아세타 직원 한 명이 칼퀸스의 전임상 자료를 일부 위조한 것을 발견했다.[8] 위조된 데이터는 췌장암에 걸린 쥐에 대한 칼퀸스의 치료 효과를 왜곡했다. 이 발견으로 아스트라제네카에는 빨간불이 켜졌다. 혈액암에 대한 칼퀸스의 데이터에 잘못된 자료가 섞여 있어서 프랜차이즈 전체가 잘못될 수 있다는 우려가 생겨났다. 다행히 아스트라제네카는 면밀한 조사 끝에 위조된 데이터가 실험실 밖에서 진행된 작업에는 어떠한 영향도 미치지 않았으며, 혈액암 프로그램과도 관련이 없다는 사실을 확인했다. 데이터를 위조한 직원은 아스트라제네카를 떠났지만, 이 사건은 큰 공포를 주었다.

아세타 인수에 대한 전략적 사고는 여전히 유효했다. 2019년 11월 초, 애브비와 J&J는 아스트라제네카와의 특허 소송을 취하하기로 했다. 그들은 소송 대신 합의를 원했다. 아스트라제네카는 애브비에 약 5억 5000만 달러(약 6400억 원)를 지급하기로 했다. 그런데 이는 특허 합의에 통상 수반되는 로열티가 아니었다. 아스트라제네카는 머크에 귀속되는 소액의 로열티를 제외하고는 칼퀸스의 모든 소유권을 계속 보유하게 됐다. 로스바움이 OSI에서 인수한 핵폭탄 버튼이 위협을 막은 듯했다.

게이코는 파마사이클릭스가 애브비로 인수된 후에도 계속 남았다. 임브루비카가 총 11건의 FDA 승인을 획득하는 동안 그는 사무실에 달린 종을 여러 번 울렸다.[9] 전 세계에서 이미 20만 명이 넘는 암 환자들이 임브루비카로 치료를 받았다.[10] 이전에 치료 경험이 없는 CLL 환자도 포함된 숫자였다. FDA는 RESONATE-2 연구의 강력한 결과를 바탕으로 임브루비카를 1차 CLL 치료제로 승인했다.[11] RESONATE-2는 수년 전, CLL을 치료하던 의사들이 화학요법을 받는 대조군이 포함되어 있다는 이유로 거절했던 바로 그 연구였다.

임브루비카는 정말로 혈액암 분야에 한 획을 그었다. 다른 암 분야에서도 치료제 개발에 엄청난 자금이 투입되었지만, 여전히 수술, 화학요법, 방사선 치료, 골수 이식과 같이 매우 익숙한 치료법이 주로 행해졌다. 의사들이 항암제를 처방할 때는, 그저 그것이 다른 방법보다 낫기 때문이지 그 약의 효과가 특별히 탁월하기 때문은 아니었다. 새로운 항암제 중 일부는 효과가 그리 좋지도 않았다. 그러나 BTK 억제제는 특정 혈액암 분야의 판도를 바꾸어놓았다.

2019년, 임브루비카는 무려 57억 달러(약 6.6조 원)의 매출액을 기록하며 순항했다. 리서치 회사 이밸류에이트파마Evaluate Pharma는 임브루비카가 2024년까지 연간 100억 달러의 매출을 달성해 세계에서 다섯 번째로 많이 팔리는 의약품이 될 것으로 예측했다.[12] 미국에서 임브루비카의 환자 1인당 연간 처방 비용은 총 16만 달러(약 1.8억 원)에 달했다. 점점 더 많은 환자가 계속 약을 복용했고 수년간 치료를 유지하고 있었다. 애브비와 J&J는 매년 임브루비카의 가격을 인상하고 수익을 분배했다. 레고레타의 로열티파마는 4억 8500만 달러(약 5200억 원)에 구입한 약물의 작은 지분으로 매년 3억 4900만 달러의 수익을 올렸다.[13] 임브루비카 매출액의 대부분은 CLL 분야에서 발생했다. 아스트라제네카는 한참 뒤처진 것으로 보였다. 칼퀸스가 아직 CLL에 대한 승인을 받지 못했기 때문이다.

애브비와 J&J와의 특허 소송 합의에 사용된 돈은 아세타 주주들의 주머니에서 나왔다. 이 합의로 아스트라제네카는 이들에게 나머지 금액을 지급할 의무가 생겼다. 아세타는 관련 비용을 차감한 후 최종적으로 총 66억 달러(약 7.6조 원)에 매각됐다. 아스트라제네카와 로스바움은 나머지 26억 달러(약 2.8조 원)를 2024년까지 세 번에 걸쳐 분할 지급하는 데 합의했다.

처음 머크로부터 단돈 1000달러(약 115만 원)에 인수해온 약물에 투자해 사람들이 최종적으로 얻은 금전적 보상은 어마어마했다. 투자자들은 아세타에 약 5억 달러(약 5500억 원)를 투자해 13배의 수익을 창출했다. 물론 투자 금액과 시기에 따라 어떤 투자자들은 그보다 훨씬 더 많은 이익을 거두었다.

로스바움은 자기 돈 8000만 달러(약 880억 원)를 투자해 그 35배에 달하는 28억 달러(약 3조 원)를 벌어들였다. 아세타 덕분에 그는 완전히 새로운 차원의 부자가 됐고, 일부 아세타 직원들은 그런 로스바움을 용서할 수 없었다.

두 번째로 큰 수익을 올린 사람은 에델만이었다. 에델만과 퍼셉티브 헤지펀드는 4300만 달러(약 470억 원)로 10억 달러(약 1.1조 원) 이상의 수익을 냈다. 비상장 스타트업 회사인 아세타에 투자한 것이 그의 인생에서 가장 성공적인 투자가 됐다. 상장 주식의 수익률을 훨씬 앞질렀다. 에델만은 헤지펀드가 보유한 것과는 별개로 개인 돈도 상당히 투자했고, 헤지펀드 내에서 가장 큰 단일 투자자로서 자신의 투자금에 복리를 더한 수익과 고객에게 청구한 25퍼센트의 수

수료를 모두 챙겼다. 최종적으로 에델만은 아세타를 통해 약 7억 달러(약 7700억 원)를 벌어들였다. 이 투자로 그는 그냥 부자에서 억만장자가 됐다. 또한 그의 헤지펀드는 지구상의 그 어떤 헤지펀드보다 더 높은 수익률을 자랑할 수 있게 됐다. 에델만의 헤지펀드인 퍼셉티브라이프사이언스는 1999년 설립 이후 2019년 말까지 연평균 29퍼센트의 순수익률을 기록했다. 이로써 에델만은 같은 기간 동안 전 세계에서 가장 우수한 성과를 낸 헤지펀드 매니저(적어도 인간 중에서는)가 됐다. 에델만의 수익률은 업계에서 가장 유명한 펀드들보다도 높았다. 에델만의 성과를 넘어서는 곳은 컴퓨터 기반의 퀀트 트레이딩 회사(수학적 모델을 토대로 컴퓨터 알고리즘을 사용하여 거래하는 회사—역주) 몇 군데뿐이었다.

보르호의 오비메드는 에델만과 퍼셉티브와 거의 비슷한 금액을 투자했지만, 파마사이클릭스 지분을 일찍 매각한 탓에 수익의 대부분을 놓쳤다. 오비메드의 전체 투자금은 오비메드의 벤처 펀드에서 나온 것이었다.

아세타를 세우는 데 도움을 줬던 많은 사람은 여전히 복잡한 감정을 느꼈다. 금전적으로 큰 행운을 거머쥐었는데도 자신의 노력에 대한 인정과 금전적 보상을 제대로 받지 못했다고 여겼다. 파마사이클릭스와 아세타가 성공하기까지 많은 과학자와 기업가가 잊힌 채 버려졌다. 생명공학 분야의 성공 신화가 이런 식으로 환희나 행복감 없이 끝나는 건 드문 일이 아니었다.

결국 이즈미는 자신이 받아야 할 스톡옵션 보상을 박탈당했다고 주장하면서 아세타와 아스트라제네카를 상대로 소송을 제기했다.

이즈미는 스톡옵션 없이도 회사 매각으로 거의 2000만 달러(약 220억 원)에 가까운 돈을 벌었다. 그러나 스톡옵션이 있었다면 수백만 달러의 수익이 더 발생했을 것이다. 그는 결국 아스트라제네카와의 소송을 합의했다. 합의금은 공개되지 않았다. 이즈미는 이후 회사에서 계속 일했다.

이즈미는 아세타가 만든 약물의 개발이 꾸준히 진척되는 것을 지켜보았다. 2019년 11월, FDA는 칼퀸스를 CLL 치료제로 승인했다.[14] 이는 아스트라제네카에게 큰 승리였다. 승인을 받을 수 있었던 건 아세타 사람들이 샌프란시스코의 W 호텔에 모여 밤을 새워가며 임상 계획을 수정한 덕분이었다. 그 후 몇 년 동안 845명의 CLL 환자가 두 건의 무작위 대조 임상시험에 참여했다. 그 결과, 화학요법이나 단클론 항체 약물 등과 같은 다른 치료를 받은 환자와 비교했을 때, 칼퀸스를 복용한 환자들이 병의 진행 없이 더 오래 생존한 것으로 나타났다.

칼퀸스와 임브루비카를 직접 비교하는 임상시험도 계속됐다. 표면적으로는 칼퀸스가 임브루비카를 위협하지 못하는 것처럼 보였다. 임브루비카를 복용하는 사람들이 증가함에 따라 임브루비카를 1차 치료제로 복용한 CLL 환자의 83퍼센트가 5년 후에도 여전히 생존해 있다는 데이터가 확인됐다.[15] 이전 치료에서 실패한 후 임브루비카를 복용하기 시작한 CLL 환자의 경우에는 50퍼센트가 약간 넘는 환자가 7년 후에도 생존해 있었다. 이 같은 생존율 데이터는 해가 갈수록 계속 늘어났다.

그러나 CLL을 치료하는 의사들은 더 선택적인 BTK 억제제인 칼퀸스에 계속 관심을 가졌다. 임브루비카의 임상시험 결과가 쌓일수록 몇 가지 부작용도 나타났다. 특히 심박세동 발생률이 상당히 증가하는 등 심혈관계 문제가 나타났다. 임상시험에서 임브루비카를 복용한 CLL 환자 및 외투세포림프종 환자 1500명의 데이터를 분석한 결과, 36개월 이상 임브루비카를 복용한 환자 중 10.4퍼센트가 심방세동을 경험했다.[16] 이들이 부작용으로 겪은 심박세동은 대부분 그리 심각하지 않았다. 그러나 임브루비카를 계속 복용하기 위해 혈액 희석제가 필요한 경우도 많았다. 이러한 부작용 외에도 고혈압과 부정맥이 때때로 나타났고, 드물게는 심장이 원인이 되어 갑자기 사망하는 사례가 보고되기도 했다.[17]

아스트라제네카와 CLL 의사들은 칼퀸스와 임브루비카를 비교하는 임상시험을 통해 칼퀸스가 그의 수십억 달러짜리 경쟁자보다 더 안전한지, 효과는 더 뛰어난지 확인할 수 있기를 바랐다. 칼퀸스 또한 고혈압과 같은 부작용을 유발했다. 가벼운 두통이 칼퀸스의 특징적 부작용이었고, 이 때문에 일부 환자들은 복용 초기에 어려움을 겪었다. 그러나 임상시험 결과, 전반적인 문제, 특히 심박세동 문제에 관해서는 칼퀸스가 임브루비카보다 훨씬 제한적으로 나타났다. 새로운 10년이 시작되면서 아스트라제네카는 가능한 한 많은 CLL 환자가 칼퀸스를 복용할 수 있도록 영업과 마케팅에 박차를 가했다. 수많은 사람의 생명을 구한 이 항암제는 환자 1인당 연간 17만 달러(약 1.9억 원)에 판매됐다. 2019년에는 외투세포림프종 치료제라는 이름만으로도 1억 6400만 달러(약 1800억 원)의 매출을 기록했다.[18]

2020년 2월 중순, 투자자들과의 화상회의에서 아스트라제네카의 CEO인 소리오는 이렇게 말했다. "우리는 이제 칼퀸스와 같은 의 약품이 CLL 치료에 더 큰 기여를 하게 될 것으로 생각합니다."

일대일

함디는 제이드스 랜치Jade's Ranch의 마굿간에 서 있었다. 산타크루즈에서 태평양이 한눈에 내려다보이는 언덕 위에 자리한 말 농장이었다. 2020년 3월 마지막 주 금요일 오후에 그가 거기서 키우는 암망아지 포르쉐Porshe를 보러 간 것이었다. 그 말은 포르쉐라는 이름이 아주 잘 어울리게 몹시 빨랐다. 함디는 이집트에서 보냈던 어린 시절부터 평생 말들과 가까이 지내왔고, 그의 조랑말과 정기적으로 시간을 보내려고 했다. 그러나 이번에는 내내 다른 생각이 머릿속을 맴돌았다.

말 농장에 오기 전 함디는 국립암연구소에 있는 림프종 전문가인 윌슨으로부터 전화 한 통을 받았다. 함디는 수년간 윌슨과 개인적으로 가까운 관계를 발전시켜왔다. 윌슨은 함디를 통해 어떤 아이디어를 진행해보고 싶어 했다. 윌슨은 동료이자 저명한 과학자인 스타우트와 BTK 억제제가 악몽과 같은 코로나19 팬데믹으로부터 사람들을 구할 수 있을지도 모른다는 생각을 상의해오고 있었다.

윌슨은 일부 코로나19 환자들을 중태에 빠뜨리거나 사망에 이르게 하는 치명적인 면역 반응에 BTK 효소가 중요한 역할을 하는 것으로 보인다는 의견을 내놓았다. 중증 환자의 BTK 효소 활동을 차단하면, 사이토카인 분자와 대식세포(혈액, 림프, 결합 조직에 있는 백혈구의 하나—역주)를 억제하여 사이토카인 폭풍(면역계가 과잉 반응하여 정상세포까지 공격하는 현상—역주)으로 인한 폐 손상을 막을 수 있을지도 몰랐다.

처음에 함디는 이 의견을 깊게 생각하지 않았고 윌슨과의 전화도 짧게 끊었다. 바쁜 하루가 계획되어 있었고, 예정대로 조랑말과 시간을 보내려면 많은 일을 빠르게 처리해야 했기 때문이었다. 그러나 지금은 목장에서 조용히 포르쉐의 털을 빗기면서 그 의견을 천천히 생각해볼 수 있었다. BTK 억제제는 실제로 코로나19 환자의 체내에서 과잉되고 공격적 면역 반응을 유발하는 것으로 보이는 일부 주요 사이토카인(인터루킨-6, 인터루킨-1 등)의 염증 반응을 감소시켰다. 생각의 흐름이 빨라지기 시작했다. 함디는 윌슨에게 전화를 걸었다.

"당장 연구해야 합니다." 함디가 말했다.

"말을 좀 잡으세요(Hold your horses, 흥분을 가라앉히고 진정하라는 비유적 표현—역주)."

"이미 말을 잡고 있어요. 말 그대로 말을 잡고 있다고요!" 함디가 맞받아쳤다.

함디는 집으로 돌아와 저녁에 와인 한 병을 땄다. 이미 기존 치료제 중 상당수가 감염성 바이러스에 사용될 수 있도록 용도가 변경되고 있었다. 바이오제약 업계 전체가 이 새로운 전염병과 싸우기 위해 총동원되었고, 지난 10년간의 경제적 성장 덕분에 그럴 자금도 충분했다. 특히 막대한 자금이 투입된 생명공학 회사인 바이오엔테크BioNtech과 모더나테라퓨틱스Moderna Therapeutics는 10년 동안 연구해온 실험적 기술을 적용하여 최초의 백신을 개발하기 위해 연구를 순조롭게 진행하고 있었다. 아스트라제네카의 CEO인 소리오는 옥스퍼드대학교와 협력해 다른 초기 백신 중 하나를 개발하려고 했다. 임브루비카 소유권의 절반을 인수하고 J&J의 과학담당 최고책임자가 된 스토펠스 역시 얀센에서 또 다른 백신 개발을 이끌고 있었다.

술잔을 기울이다가 함디는 용기를 냈다. 그는 서재로 가서 컴퓨터 앞에 앉아 소리오에게 이메일을 쓰기 시작했다. BTK 억제제가 중증 코로나19 환자를 도울 잠재력을 가지고 있을지도 모른다는 이야기와 월슨과 스타우트가 거기에 관심을 두고 있다는 내용이었다. 아스트제네카에서 조연으로 밀려난 후 소리오와 직접 연락한 적은 한 번도 없었지만, 함디는 손을 멈추지 않았다. "코로나19의 급성 호흡곤란 증후군을 예방하는 데 BTK 억제제가 도움이 될 수 있음을 보여주기 위해 아칼라브루티닙으로 무작위 임상시험을 진행하는 것이 어떨까 합니다."

몇 분 후 소리오의 답장이 도착했다. "고마워요, 아메드. 훌륭한 아이디어네요."

주말 동안 스타우트와 월슨은 코로나19 환자 몇 명에게 칼퀸스를 처방하도록 했다. 결과는 고무적이었다. 중증 폐질환을 앓던 소수의 환자가 약을 복용한 이후 상태가 호전되었다. 아스트라제네카는 칼퀸스의 임상시험을 서두르기 위해 프로젝트팀을 꾸렸다. 함디와 이즈미는 스타우트와 윌슨을 수석 연구원으로 연구 계획을 설계했다. 이즈미는 쉰한 번째 생일과 그다음 이틀을 꼬박 밤을 새워가며 임상 계획을 세웠다.

그러나 이후 며칠에 걸쳐 이 전도유망한 프로젝트에 아스트라제네카 임원과 과학자 들이 더 많이 참여하게 되면서, 함디와 이즈미는 점점 옆으로 밀려나게 됐다. 함디는 중요한 이메일의 수신자에서 빠졌고, 주요 회의에도 더는 초대받지 못했다. 이즈미의 연구 프로토콜은 다른 사람에게 넘어갔고, 그가 반대하는 방식으로 수정됐다. 이즈미는 임상시험 제안서에 대한 FDA의 질문에 답변하는 것을 도와달라는 요청도 받지 못했다. 이즈미는 칼퀸스의 임상시험계획허가신청서를 7건이나 성공적으로 제출한 바가 있었다. BTK 억제제에 대해 이즈미와 함디보다 잘 아는 사람은 없었다. BTK 억제제를 개발하여 블록버스터급 결과를 도출하기까지 지난 10년의 세월을 바쳤는데, 두 사람은 계속해서 무대 밖으로 밀려나기만 했다. 이즈미와 함디는 눈앞에서 똑같은 상황이 또다시 펼쳐지는 것을 보았다. 대형 제약회사의 정치를 전혀 이해할 수 없었다. 두 사람은 뒤도 돌아보지 않고 아스트라제네카를 퇴사했다.

아스트라제네카는 그들 없이 일을 진행했다. 코로나19 입원 환자 225명을 대상으로 임상 2상 두 건을 시작했다. 그러나 칼퀸스를 복용한 환자들에게서 호흡부전이 가라앉는 확률은 대조군과 크게

다르지 않았다. 결국 임상시험은 실패로 돌아갔다.[1]

칼퀸스가 코로나19 환자에게 도움이 되지는 않았지만, 이 약은 애초의 승인 목적에 맞게 혈액암 환자들에게 빠르게 인기를 얻었다. 의사들이 CLL 환자에게 이 약을 점점 더 많이 추천하면서 칼퀸스는 시장에서 매우 뛰어난 성과를 거두었다. 미국 시장에 출시된 첫해에 BTK 억제제를 신규 처방받은 CLL 환자 중에서는 45퍼센트가, 외투세포림프종 환자 중에서는 거의 절반이 이를 복용했다.[2] 소리오가 아세타를 인수하기로 처음 결정했을 때 아스트라제네카가 내부적으로 예측했던 장밋빛 전망을 뛰어넘는 결과였다. 2020년 칼퀸스는 미국에서만 5억 1100만 달러(약 5620억 원)의 매출을 올렸으며, 유럽과 일본에서도 신규 승인을 받았다.

그러나 BTK 억제제 분야의 왕은 여전히 임브루비카였다. 애브비와 J&J는 2020년 임브루비카로 66억 달러(약 7.3조 원)의 매출을 기록했다.[3] 이미 임브루비카로 호전되고 있는 환자에게 임브루비카를 중단하고 칼퀸스를 처방할 의사는 없었다. 그러나 막강한 경쟁자가 임브루비카의 왕좌를 위협하고 있는 것은 사실이었다.

2021년 1월, 칼퀸스를 임브루비카와 직접 비교한 임상시험의 2차 결과가 나왔다. 아세타가 처음에 임브루비카를 공급받느라 고생했던 바로 그 시험이었다. 아스트라제네카에게 이 결과는 그랜드슬램까지는 아니더라도 홈런이었다. 임상시험의 초기 분석 결과, 칼퀸스가 임브루비카보다 더 안전한 것으로 나타났다.[4] 이전에 다른 치료를 받은 적이 있는 고위험군 환자한테서 심박세동이 나타난 사례가 더 적으면서 CLL의 진행을 막는 데는 임브루비카만큼 효과적이었다. 그 결과, 임상시험에 참여한 환자 중 칼퀸스를 복용한 환자들은 더 쉽게 약을 계속 복용할 수 있었던 반면, 임브루비카를 복용한 환자들은 그보다 많은 수가 치료를 중단해야 했다. 비교적 짧은 기간인 40개월간의 추적 관찰 결과, 칼퀸스를 복용한 환자들이 임브루비카를 복용한 환자보다 생존율이 더 높게 나타나긴 했지만, 칼퀸스가 임브루비카보다 생존에 더 도움이 된다고 판단하기에는 통계적 유의성이 충분하지 않았다.

아스트라제네카는 이러한 결과를 활용해서 CLL 치료가 필요한 환자들이 칼퀸스를 더 많이 선택하도록 설득했다. 임브루비카의 부작용을 더는 견디기 힘들었던 일부 환자들도 칼퀸스로 바꾸었다. 월스트리트의 애널리스트들은 의약품 시장에서 임브루비카의 입지가 더는 철옹성이 아니라는 사실을 깨닫기 시작했다.[5] 실제로 2021년 하반기에 CLL 치료를 위해 처음으로 BTK 억제제를 복용하기 시작한 환자 중 50퍼센트 이상이 임브루비카 대신 칼퀸스를 선택했다.[6] 신규 CLL 환자에서 칼퀸스가 임브루비카를 앞지른 것이다. 2021년 칼퀸스는 12억 달러(약 1.4조 원)의 수익을 올리며 블록버스터급 약이 되었다.[7] 한편 임브루비카는 2021년에 69억 달러(약 8.1조 원)의 수익을 냈다.[8]

수년간 칼퀸스가 위협이 되지 않는다고 월스트리트에 주장해온 애브비의 경영진은 압박감을 느끼고 있음을 공식 인정했다.[9] 애브비에서 가장 많이 팔리는 암 치료제인 임브루비카의 미국 내 매출이 2022년 4월과 6월 사이에 무려 22퍼센트나 감소했다. 그중 대부분이 아스트라제네카의 칼퀸스로 옮겨간 것이 분명했다. 칼퀸스는

2022년 상반기에 9억 300만 달러(약 1.1조 원)의 매출을 발생시켰다.

"현재 아칼라브루티닙(칼퀀스)의 시장 성적은 매우 우수합니다. 신규 환자의 유입 수를 기준으로 보면 이브루티닙(임브루비카)을 50퍼센트 이상 앞서고 있습니다." 월스트리트에서 바이오제약 분야 리서치 애널리스트 중 가장 널리 알려진 사람 중 한 명인 우머 라파트 Umer Raffat는 이렇게 말하며 놀라워했다. "대단한 성과입니다." 애브비는 임브루비카의 TV 광고를 시작하며 이에 대응했다.

아스트라제네카가 아세타를 인수한 일에 대해 소리오는 이렇게 말했다. "저는 이것이 당사에서 성사시킨 최고의 거래 중 하나가 될 것으로 생각합니다. [임브루비카를] 오랫동안 복용해온 환자 수가 방대하긴 하지만, 우리는 새롭게 유입되는 환자에 주목해야 하며, 그런 면에서 우리는 매우 잘 해나가고 있습니다."

***

더건은 생명공학 분야에서 인생 2막을 시작하며 박테리아와 싸우는 최첨단 항생제를 개발하고 싶었다.[10] 그는 요로감염용 항생제를 개발하고 있는 회사인 아카오젠 Achaogen에 투자해 최대 주주가 되었다. 이 항생제는 FDA 승인을 받았지만, 그와 상관없이 아카오젠은 파산 절차를 밟았다. 그동안 회사는 연구개발에 3억 5000만 달러(약 4200억 원) 이상을 투자했지만, 병원들은 치료 한 번에 1만 4000달러(약 1600만 원)가 드는 항생제를 대량 구매하기를 거부했다.

대부분의 바이오제약 회사들은 항생제 개발을 기피하는 분위기였다. 사람들은 새로운 항생제에 투자하기로 한 더건의 결정을 잘못된 베팅이라고 보았다. 항생제는 효과가 떨어질 수 있을뿐더러 항암제와 달리 가격이 대개 저렴했기 때문이다.

이처럼 바이오제약 산업이 암이나 희귀 질환 치료제를 개발하는 것만 선호하다 보니 공중 보건 문제가 심각해졌다. 기존 항생제에 내성을 갖춘 감염이 점점 증가해 매년 280만 건이 발생했고, 3만 5000명이 사망했다. 미국 질병통제예방센터는 이 문제를 점점 더 심각하게 우려했다.[11] 패혈성 인두염과 같이 평범해 보이는 질병도 슈퍼버그(항생제로 쉽게 제거할 수 없는 박테리아-역주)의 출현으로 치명적인 사건이 될 수 있었다. 하지만 투자자 입장에서는 자본을 투입할 금전적 동기가 부족했고, 따라서 제약회사들은 항생제 개발에 관심을 두지 못했다.

더건은 아카오젠의 일에 좌절하지 않았고 자신이 올바른 분야에 투자하고 있다고 믿었다. 단지 접근 방식에 수정이 필요하다고 여겼다. 아카오젠의 실패 이후,[12] 이번에는 클로스트리디오이데스 디피실Clostridioides difficile 감염에 대한 항생제를 개발하는 영국 회사인 서밋테라퓨틱스Summit Therapeutics(이하 서밋)에 7500만 달러(약 900억 원)를 투자했다. 클로스트리디오이데스 디피실이라는 이 전염성 박테리아는 항생제 치료 과정에서 증식할 수 있으며, 미국에서는 매년 22만 3900건의 감염이 발생했고, 그로 인해 1만 2800명이 사망했다. 2020년, 76세인 더건은 서밋의 CEO가 됐다. 파마사이클릭스 이후로 바이오테크 기업의 경영진이 된 것은 처음이었다. 더건의 요청으로 잔가네도 합류했다. 잔가네는 서밋 지분의 약 10퍼센트를 매입했고,

파마사이클릭스에서처럼 COO 역할을 맡았다.

한 인터뷰에서 더건은 이렇게 말했다. "항생제 분야에서 손해를 좀 보긴 했습니다. 그러나 저는 이것이 우리가 이길 수 있는 게임이고 누군가는 반드시 해야 하는 게임이라고 믿습니다." 그러나 서밋의 항생제는 임상 3상에 실패했다.

혈액암 환자에게 임브루비카와 칼퀸스를 제공하는 데 도움을 줬던 많은 금융가, 과학자, 화학자, 의사도 새로운 의약품과 치료법을 찾는 데 힘을 쏟고 있었다. 파마사이클릭스와 아세타가 남긴 유산 중 하나는 다양한 질병을 목표로 하는 신생 생명공학 회사들이었다. 그러나 이 회사들은 적어도 금융시장에서는 파마사이클릭스나 아세타보다 더 열악한 환경에 있었다. 파마사이클릭스와 아세타의 매출은 생명공학 업계의 황금기였던 2010년대의 정점을 대표했다. 바이오주의 강세장은 코로나19 백신을 둘러싼 투자자들의 열기가 사그라든 직후 끝이 났다. 임브루비카 소유권의 절반이 210억 달러(약 23조 원)에 팔렸던 게 바이오테크 업계에 찾아온 재정적 호황의 정점이었다고 말해도 무방하다.

투자자들은 바이오주에 관심을 잃었고, 2021년 바이오주는 바닥으로 추락했다. 에델만의 퍼셉티브 헤지펀드도 큰 손실을 보았고, 오비메드가 운용하는 펀드도 그랬다. 새로운 10년이 시작되고 금리가 상승하면서 금융 투기꾼들은 생명공학 기업에 덜 호의적인 시각을 가졌다. 암과 다른 질병을 이해하는 데 놀라운 진전이 이루어지고 있는 것은 분명했지만, 새로운 치료제가 임브루비카와 칼퀸스처럼 엄청난 가치를 인정받을지, 그래서 빠른 속도로 진행되고 있는 신약 개발에 투자 자본이 계속 투입될지는 불투명했다.

존슨은 지난 10년간의 바이오테크 붐에 마지막으로 이름을 올린 사람 중 한 명이었다. 아세타의 전 임시 CEO였던 존슨은 아스트라제네카를 퇴사한 후 벨로스바이오VelosBio라는 회사를 설립해 (함디가 처음 아세타를 세울 때 눈여겨봤던) 티로신 키나아제 ROR1을 표적으로 하는 암 치료제를 개발했다. 존슨은 거의 2억 달러(약 2300억 원)를 모금하여 림프종부터 유방암에 이르는 질병을 대상으로 임상시험을 했다. 이후 2020년에 27억 5000만 달러(약 3.2조 원)를 받고 벨로스바이오를 머크에 매각했다.[13]

이처럼 어려운 금융 환경에서도 새로운 항암제와 치료법을 찾는 데 열중하는 사람들은 있었다. 로스바움은 생명공학 투자자와 기업가 들이 금융시장에서 매우 두렵고 험난한 길을 걷게 될 거라 예상했다. 하지만 그렇다고 해서 방관하고 싶지는 않았다. 로스바움은 천천히 다시 한 번 자신의 길을 찾아나섰다.

로스바움은 오하이오주립대와 뉴욕 빙엄턴주립대에 익명으로 최소 3억 달러(약 3500억 원)의 자선기금을 전달했다. 칼퀸스의 임상시험에 참여해준 버드와 그의 환자들에 대한 고마운 마음을 담아 그중 일부는 약 100세대로 구성된 아파트식 호텔을 짓는 데 쓰기로 했다. 이 호텔은 향후 임상시험에 참여하러 제임스 병원에 오는 암 환자들이 저렴하게 머물 수 있는 공간이 될 터였다. 로스바움은 또한 비영리단체인 심바바이오로직스Simba Biologics를 설립할 계획도 세웠다. 오하이오주립대의 동물 의료센터와 협력하여 사람용 처방약을 반려견용으로도 쓸 수 있게 하고자 했다. 빙엄턴주립대는 새로운 스포츠 시설, 장학금, 합성생물학과 개설에 기부금을 사용했다. 언제나 그랬듯 로스바움은 이 같은 프로젝트에 기꺼이 뛰어들었고, 그것들이 미칠 영향력을 생각하며 기뻐했다.

암젠이 실험단계 치료제 중 하나인 MDM2 억제제에 대한 라이선스 계약을 제안했을 때, 로스바움은 매우 낯익은 기분을 느꼈다. 암젠은 종양 억제 유전자 p53, 일명 '유전체의 수호자'의 스위치를 켜는 방식으로 단백질을 차단하는 약물을 개발하려다가 실패한 적이 있었다. 이 아이디어는 한때 생명공학 분야에서 큰 기대를 받았지만, 효과가 부족하고 부작용이 나타난 탓에 많은 프로그램이 중단됐다. 그러나 로스바움은 이에 대해 자세히 알아볼수록 사람들이 전도유망한 표적을 너무 일찍 포기했다는 생각이 들었다. 인체는 생체기계와 같았다. 로스바움에게 p53은 손상된 세포를 복구하거나 죽이는 기능을 가진 앱처럼 느껴졌다. 그는 암젠으로부터 이 약의 라이선스를 얻어서 카토스테라퓨틱스_{Kartos Therapeutics}(이하 카토스)라는 회사를 설립했다.

파르디스는 로스바움에게 카토스 운영을 위해 맥그리비를 채용하자고 제안했다. "그는 날 싫어해요. 나와 이야기하려 하지 않을 겁니다." 로스바움이 말했다. 그러나 파르디스는 두 사람을 연결해주었고, 둘은 화해했다. 이로써 아세타의 스톡옵션 희석으로 일어난 싸움은 일단락됐다. 맥그리비는 카토스의 CEO가 됐다. 카토스는 끔찍한 피부암인 메르켈세포암종과 희귀 혈액함인 골수섬유증 환자를 대상으로 임상시험을 시작했다. 연구가 진행되면서 로스바움은 이 약물에 CLL 환자가 BTK 억제제에 반응했던 방식을 떠올리게 하는 무언가가 있음을 발견했고, 이를 통해 한 가지 깨달음을 얻었다.

로스바움은 BTK 억제제의 진짜 의의가 CLL, 외투세포림프종, 발덴스트롬 마크로글로불린혈증에 대한 단일 치료제로서가 아니라, 다른 약과 병용할 수 있는 약물이라는 데 있다고 생각하기 시작했다. BTK 억제제는 그 자체로 CLL과 같은 암 치료 분야에서 새로운 장을 열었다. 그러나 로스바움은 BTK 억제제가 다른 암을 치료하는 데도 중요한 역할을 할 수 있을 것으로 생각했다. BTK 억제제가 종양의 미세환경(주변 혈관, 면역세포, 섬유아세포, 신호 분자 등)을 파괴하면 암세포는 다음 약물의 공격에 더 취약해졌다. 로스바움의 이론에 따르면, 혈액암세포와 고형 종양은 동굴 같은 지옥에 살고 있는데, BTK 억제제가 그 문을 열어주면 천사들이 이 암 덩어리를 죽이기 시작한다는 것이었다.

로스바움은 독일 회사인 머크세로노로부터 비가역적 BTK 억제제 라이선스를 얻은 후, 텔리오스파마Telios Pharma(이하 텔리오스)라는 새로운 회사를 세웠다. 텔리오스의 CEO 역시 맥그리비가 맡았다. 텔리오스는 로스바움의 이론을 검증하기 위한 임상시험을 시작했다. BTK 억제제와 카토스의 MDM2 억제제를 결합해 골수섬유증과 급성 골수성백혈병 같은 질병에 테스트했다. 골수섬유증과 안과 질환에 BTK 억제제를 단독 사용하는 실험도 진행했다. 로스바움은 이 약이 안과 질환에 도움이 될 것이라고 확신했다. 버드도 일부 연구에 참여했다. 로스바움은 53세가 되던 해에 카토스와 텔리오스에 3억 달러(약 3500억 원)를 투자했다. 로스바움만큼 BTK 억제제에 강한 믿음을 가진 이도 없었다.

함디와 이즈미는 BTK 억제제의 잠재력을 가장 먼저 목격한 사람에 속했다. 그들은 임브루비카와 칼퀸스의 연구 개발에서 중요한 역할을 했고, 특히 이즈미는 수많은 임상시험 프로토콜을 작성하여 FDA 승인을 받아내는 데 일조했다. 그러나 두 사람 모두에게 이는 힘든 경험이었다. 더건과 로스바움이라는 크고 강한 성격의 두 사람 밑에서 일해야 했기 때문이었다. 그래도 함디는 그 과정을 무사히 헤쳐 나왔고, 아직 여력이 남아 있었다.

함디는 56세에 이즈미와 다시 팀을 이루어 빈서스파마^{Vincerx Pharma} 라는 회사를 설립하고, 서로 다른 암을 표적으로 하는 세 가지 신약 후보 물질을 확보했다. 버드도 함께했는데, 이번에는 연구자가 아닌 공동 설립자로서 합류했다. 버드는 전략에 관해 조언만 하고 임상시험에 직접 참여하지는 않기로 했다. 이제 버드는 그들의 파트너였다.

CEO를 맡은 함디는 기업인수 목적회사(비상장 주식회사 중 유망한 기업과 합병하여 그로 인한 주가 상승으로 수익을 내는 회사-역주)와 합병해 6000만 달러(약 700억 원)의 자금을 조달했다.[14] 함디와 이즈미는 경험에서 배우고 과거의 실수를 반복하지 말자고 다짐했다.

"우리는 새로운 실수를 할 것입니다." 함디가 이즈미에게 말했다.

고마운 분들과 이야기의 출처

이 책은 내가 〈포브스〉에서 일하던 시절, 로스바움이라는 미스터리한 억만장자에게 흥미를 느껴 시작한 취재에서 출발했다. 그가 내 전화나 이메일에 응답하지 않았기 때문에 나는 그와 함께 일했던 사람들을 찾아다녔다. 가장 먼저 연락이 닿은 사람 중 한 명이 함디였다. 나는 함디에게 로스바움의 이야기를 쓰고 싶다고 설명했다. 그러나 그와 대화를 나눈 후, BTK 억제제 그리고 임브루비카와 칼퀸스를 개발한 사람들에 대한 전체적인 이야기를 하고 싶다는 열망에 사로잡혔다.

나는 캘리포니아로 날아가 산타크루즈에 있는 한 카페에서 함디를 만났다. 함디는 많은 일을 겪었기에 내가 제안한 취재 프로젝트에 참여하기를 망설였다. 우리는 이틀간 함께 시간을 보냈고, 그는 서서히 마음을 열었다. 함디는 내게 이즈미를 소개해주었다. 그들과 나눈 대화 덕분에 이 책을 쓸 수 있었다. 첫 만남 이후 수년 동안 나와 이야기하며 많은 시간을 함께해준 것에 대해 고마움을 전하고 싶다.

내 인터뷰에 응해준 전 파마사이클릭스 및 아세타 직원들이 없었다면 이 책은 탄생하지 못했을 것이다. 그들은 정말로 아낌없이 시간을 내주었고 오래전에 있었던 사건들을 떠올려주었다. 이 책에 등장하는 대화는 그 말을 한 사람 또는 들은 사람의 기억에서, 또는 법정 소송이나 수익 발표에서 녹화된 영상이나 녹취록에서 발췌한 것이다. 나는 다른 사람들과 대화 내용을 확인하는 과정을 거치고자 노력했다.

BTK 억제제 임상시험에 참여했던 의사과학자, 특히 버드와 샤먼의 도움도 이 책을 쓰는 데 꼭 필요했다. 또한 이 프로젝트에 전적으로 협조해주지는 않았지만, 더건과 대화할 수 있었던 것도 매우 감사하게 생각한다.

로스바움은 마침내 내 전화에 응해주었고, 평생 기자들을 피해 다녔던 습관을 포기하고 나를 만나주었다. 수년에 걸쳐 나와 대화를 나누고 저널리즘의 원칙과 관행을 존중해준 로스바움에게 깊이 감사드린다.

생명공학에 관한 책을 쓸 때는 미국 최고의 바이오테크 저널리스트 중 한 명을 친구로 두는 것이 도움이 된다. 나는 운이 좋게도 맷 허퍼Matt Herper와 아이디어를 나누고 그의 지도를 받을 수 있었다.

이와 같은 책을 만들려면 챔피언도 필요하다. 내 챔피언은 플레

처앤컴퍼니Fletcher&Company의 에이전트인 에릭 루퍼Eric Lupfer였다. 루퍼는 이 프로젝트를 믿어주었다. 내가 좌절을 겪을 때, 그의 자신감과 열정이 이 프로젝트를 계속할 수 있는 유일한 원동력이 되어주었다. W.W.노튼의 편집자인 톰 메이어Tom Mayer와 은노마 아마디오비Nneoma Amadi-obi는 이 책에 엄청난 시간을 쏟았다. 그들의 노력 덕분에 훨씬 더 좋은 책이 될 수 있었다.

팬데믹 상황에서 책을 쓰기가 쉽지만은 않았다. 그러나 운이 좋게도 내게는 사랑하는 부모님 기드온Gideon과 치포라Tsipora가 있었다. 그들은 늘 그랬던 것처럼 나를 응원해주었다. 내 아이들 레이첼Rachel과 조나Jonah는 내가 주말에 그들과 놀아주는 대신 책에만 몰두할 때도 항상 이 프로젝트를 지지하고 좋아해주었다. 내 아내 캐롤린Carolyn은 내가 아는 한 가장 용감한 사람이다. 그는 어떤 장애물이 다가와도 단단한 미소로 그것을 받아들였다. 또한 내가 이 책을 끝낼 준비가 됐을 때 잘 마무리할 수 있도록 도와주었다. 캐롤린은 내 원고를 여러 번 읽고 수정해주었고, 우리의 삶을 웃음과 목적으로 가득 채워주었다. 이 책은 캐롤린의 사랑과 힘의 산물이다.

01 서평하는 사이언톨로지 교도들

1   Wenya Linda Bi and Rameen Beroukhim, "Beating the Odds: Extreme Long- Term Survival with Glioblastoma," *Neuro-Oncology* 16, no. 9 (September 2014): 1159– 1160, https://academic.oup.com/neuro-oncology/article/16/9/1159/2509249.

2   Scientology.org, "What Is Scientology?" Scientology.org, accessed February 8, 2021, https://www.scientology.org/what-is-scientology/.

3   John D. Morris, "Cereal Monopoly by 4 Top Makers Charged by F.T.C.," *New York Times*, January 25, 1972, https://www.nytimes.com/1972/01/25/archives/cereal-monopoly-by-4-top-makers-charged-by-ftc-price-inflation-is-a .html.

4   *Federal Trade Commission Decisions* 99 (January– June 1982): 1– 151, https://www .ftc .gov/sites/default/files/documents/commission_decision_volumes/volume -99/ ftc_volume_decision_99_january_-_june_1982pages_1-151_including_part_1_of_ the_kellogg_case .pdf .

5   Self-Programmed Control Center, About Us, Spccenter.com, accessed February 2, 2021, http://www.spccenter.com/aboutus.php.

6   Alfred A. Barrios, "Curing Cancer through the Mind," Spccenter.com, accessed February 2, 2021, http://www.spccenter.com/cancercure.php.

7   L. Ron Hubbard, Genius, Executive Directive, Central Office of LRH ED 821, July 21, 1980, wiseoldgoat.com, https://www.wiseoldgoat.com/papers-scientology/popup-windows/scn_colrhed_821_800721_genius .html.

8   Computer Motion, Inc., Form 10- K Annual Report 2002, EDGAR, Securities and Exchange Commission, March 28, 2003, https://www.sec.gov/Archives/edgar/data/906829/000089161803001500/f88391ore10vk .txt.

9   Ibid.

10   Intuitive Surgical, Inc., Form 10-K Annual Report 2003, p. 3, EDGAR, Securities and Exchange Commission, March 12, 2004, https://www.sec.gov/Archives/edgar/data/1035267/000119312504040493/d10k .htm.

11   Brendan Coffey, "Scientology Donor Becomes a Billionaire with Cancer Drug," Bloomberg News, January 29, 2013, https://www.bloomberg.com/news/articles/2013-01-29/scientology-donor-becomes-a-billionaire-with-cancer-drug.

⓶ 과학의 사람

1   Pharmacyclics, Inc., Form 10- K Annual Report 2004, EDGAR, Securities and Exchange Commission, August 30, 2004, https://www.sec.gov/Archives/edgar/data/949699/000094969904000030/body10k .htm .

2   Robert W. Duggan, Form Schedule 13G, EDGAR, Securities and Exchange Commission, September 22, 2004, https://www.sec.gov/Archives/edgar/data/949699/000130342204000001/pc13g .txt .

3   Charles McCoy, "New Cancer Drug, Rituxan, is Approved by FDA Panel," *Wall Street*

Journal, July 28, 1997, https://www.wsj.com/articles/SB870048334363881500 .

4 Pharmacyclics, Inc,. Form 10- K405 Annual Report 2000, pg. 2 and pg. 29, EDGAR, Securities and Exchange Commission, September 27, 2000, https://www.sec. gov/Archives/edgar/data/949699/000109581100003607/f65849e10-k405.txt .

5 Pharmacyclics, Inc., "Pharmacyclics Announces Results From Phase 3 Smart Trial of Xcytrin for Lung Cancer Brain Metastases," EDGAR, Securities and Exchange Commission, December 19, 2005, https://www.sec.gov/Archives/edgar/ data/949699/000095013405023363/f15590exv99w1.htm .

6 "How Diplomacy Helped to End the Race to Sequence the Human Genome," *Nature* 582 (June 24, 2020), https://www.nature.com/articles/d41586-020-01849-w.

7 David Stipp, "Celera, the Genome, and the Fruit- Fly Lady," *Fortune*, July 10, 2000, https://archive.fortune.com/magazines/fortune/fortune_archive/2000/07/10/283762/index.htm.

8 To get into the drug business: Scott Hensley, "Celera to Buy Axys for $174 Million; Move Bolsters Drug- Production Plans," *Wall Street Journal*, June 14, 2001, https://www.wsj.com/articles/SB992451561739433508.

9 Rory J. O'Connor, "Choosing South City," Gene.com, April 7, 2016, https://www.gene.com/stories/choosing-south-city .

10 Jonathan Smith, "Humble Beginnings: The Origin Story of Modern Biotechnology," Labiotech.eu, December, 23, 2020, https://www.labiotech.eu/synbio/history-biotechnology-genentech/ .

11 Robert Langreth, "Gene Jockeys," *Forbes*, June 22, 2001, https://www.forbes.com/forbes/2001/0723/052 .html?sh=112372d61f06.

12 Manash K. Paul and Anup K. Mukhopadhyay, "Tyrosine Kinase—Role and Significance in Cancer," *International Journal of Medical Sciences* 1, no. 2 (2004): 101– 115, https://www.medsci.org/v01p0101.htm.

13 Zhengying Pan, LinkedIn profile, Linkedin.com, accessed February 3, 2021, https://www.linkedin.com/in/zhengying-pan-b099151/ .

14 Pharmacyclics, Inc., Form 10- K Annual Report 2006, EDGAR, Securities and Exchange Commission, September 12, 2006, https://www.sec.gov/Archives/edgar/data/949699/000094969906000054/body10k.htm .

◈ ⓪③ 인수합병

1 Gardiner Harris, "Where Cancer Progress Is Rare, One Man Says No," *New York Times*, September 15, 2009, https://www.nytimes.com/2009/09/16/health/policy/16cancer.html.

2 Richard Miller, "Drug Disaster," *Wall Street Journal*, May 10, 2007, https://www.wsj.com/articles/SB117876417452298064.

3 Adam Feuerstein, "Pharmacyclics Needs a Fair Shake," TheStreet.com, April 26, 2007, https://www.thestreet.com/investing/stocks/pharmacyclics-needs-a-fair-shake-10353101.

4 Richard Miller, "Cancer Regression," *Wall Street Journal*, August 1, 2007, https://www.wsj.com/articles/SB118593325021784255.

5 Richard Miller, "The Biotech Bottleneck," *Wall Street Journal*, December 28, 2007, https://www.wsj.com/articles/SB119880414063654409.

6 Robert W. Duggan, Form Schedule 13D, EDGAR, Securities and Exchange Commission, July 30, 2007, https://www.sec.gov/Archives/edgar/data/949699/000092189507001628/sc13d00322pha_04272007.htm.

7 Pharmacyclics, Inc., "Pharmacyclics Announces Addition of Robert W. Duggan to Board of Directors," EDGAR, Securities and Exchange Commission, September 19, 2007, https://www.sec.gov/Archives/edgar/data/949699/000094969907000035/exh99.1.htm.

8 Pharmacyclics, Inc., "Pharmacyclics Receives Non-Approvable Letter from the FDA For Xcytrin For the Treatment of Lung Cancer Brain Metastases," EDGAR, Securities and Exchange Commission, December 21, 2007, https://www.sec.gov/

Archives/edgar/data/949699/000094969907000046/exh99-1.htm.

9 Pharmacyclics, Inc., "Pharmacyclics Realigns to Focus on Advancing Expanded Pipeline of Promising Product Candidates," EDGAR, Securities and Exchange Commission, February 28, 2008, https://www.sec.gov/Archives/edgar/data/949699/000094969908000008/exh99-1.htm.

10 Nicole Verdun, Clinical Review for Application Number 205552 Original-2, Center for Drug Evaluation and Research, Food and Drug Administration, February 10, 2014, p. 18, https://www.accessdata.fda.gov/drugsatfda_docs/nda/2014/205552Orig2s000MedR.pdf.

11 Pharmacyclics, Inc., "Pharmacyclics Announces It Received Nasdaq Notification," EDGAR, Securities and Exchange Commission, April 21, 2008, https://www.sec.gov/Archives/edgar/data/949699/000094969908000015/exh99-1.pdf.

12 RWD Acquisition I LLC, Form Schedule TO-T Tender Offer Statement, EDGAR, Securities and Exchange Commission, May 1, 2008, https://www.sec.gov/Archives/edgar/data/949699/000092189508001300/exa1itot06922002_05012008.htm.

13 Robert W. Duggan, Form Schedule 13D/A, EDGAR, Securities and Exchange Commission, June 5, 2008, https://www.sec.gov/Archives/edgar/data/949699/000092189508001683/sc13da206922002_05302008.htm.

14 FierceBiotech, "Maky Zanganeh, Pharmacyclics," FierceBiotech, November 26, 2013, https://www.fiercebiotech.com/special-report/maky-zanganeh-pharmacyclics.

15 Robert W. Duggan, Form Schedule 13D/A, EDGAR, Securities and Exchange Commission, September 17, 2008, https://www.sec.gov/Archives/edgar/data/949699/000092189508002385/sc13da406922002_08212008.htm.

16 Ramses Erdtmann and Tom Butler, "Pharmacyclics: Transformation of a Biotech Company," p. 8., Duggan Investments, 2020.

1   Pharmacyclics, Inc., Form 10-K Annual Report 2009, EDGAR, Securities and Exchange Commission, September 22, 2009, p. 57, https://www.sec.gov/Archives/edgar/data/949699/000113626109000278/body10k.htm.

2   Pharmacyclics, Inc., "Pharmacyclics Secures $5.0 Million in Debt Financing," EDGAR, Securities and Exchange Commission, January 6, 2009, https://www.sec.gov/Archives/edgar/data/949699/000113626109000005/exh99-1.htm.

3   Pharmacyclics, Inc., "Pharmacyclics Reports Second Quarter Fiscal 2009 Financial Results," EDGAR, Securities and Exchange Commission, February 13, 2009, https://www.sec.gov/Archives/edgar/data/949699/000094969909000008/exh99-1.htm.

4   Pharmacyclics, Inc., Form 10-Q Exhibit 10.6, EDGAR, Securities and Exchange Commission, May 12, 2009, https://www.sec.gov/Archives/edgar/data/949699/000113626109000169/exhibit10-6.pdf.

5   Pharmacyclics, Inc., Form 10-K 2009 Annual Report, EDGAR, Securities and Exchange Commission, September 22, 2009, p. 24, https://www.sec.gov/Archives/edgar/data/949699/000113626109000278/body10k.htm.

6   Genentech, Inc., Form 10-K Annual Report 2008,EDGAR, Securities and Exchange Commission, February 20, 2009, p. 10, https://www.sec.gov/Archives/edgar/data/318771/000031877109000003/form10-k_2008.htm.

7   Francis Collins, G. Burroughs Mider Lecture Introduction, February 2017, YouTube, February 2, 2017, https://www.youtube.com/watch?v=2RwMvWiEyTg&t=401s.

8   Pharmacyclics, Inc., "Pharmacyclics Initiates Phase 1 Clinical Trial of Novel Oral Btk Inhibitor for Refractory B-cell Non-Hodgkin's Lymphoma," EDGAR, Securities and Exchange Commission, April 14, 2009, https://www.sec.gov/Archives/edgar/data/949699/000113626109000138/exh99-1.htm.

9   Lee Honigberg, et al., "Abstract #3740: A Clinical Trial of the Bruton's Tyrosine Kinase (Btk) Inhibitor PCI-32765 in Naturally Occurring Canine Lymphoma,"

American Association for Cancer Research 69, no. 9 (May 2009), Supplement, https://cancerres.aacrjournals.org/content/69/9_Supplement/3740.

10 Pharmacyclics, Inc., "Pharmacyclics Announces Global Strategic Alliance with Les Laboratoires Servier Pharmacyclics to Maintain All US Rights," April 22, 2009, https://www.sec.gov/Archives/edgar/data/949699/000094969909000017/exh99-1.htm.

◈ 월스트리트

1 Pharmacyclics, Inc,. Form S-3 Registration Statement, EDGAR, Securities and Exchange Commission, June 1, 2009, https://www.sec.gov/Archives/edgar/data/949699/000092189509001529/s307380_05282009.htm.

2 Securities and Exchange Commission, "SEC Files Settled Action against Quogue Capital LLC and Wayne P. Rothbaum," SEC.gov, May 8, 2008, https://www.sec.gov/litigation/litreleases/2008/lr20561.htm.

3 Pharmacyclics, Inc., "Pharmacyclics, Inc. Rights Offering Oversubscribed," EDGAR, Securities and Exchange Commission, August 5, 2009, https://www.sec.gov/Archives/edgar/data/949699/000092189509002201/ex991to8k07380_08052009.htm.

4 Ibid.

5 National Cancer Institute, "Cancer Stat Facts: Leukemia. Chronic Lymphocytic Leukemia (CLL)," Surveillance, Epidemiology, and End Results, accessed February 2, 2021, https://seer.cancer.gov/statfacts/html/clyl.html.

6 National Cancer Institute, "Cancer Stat Facts: Leukemia. Chronic Lymphocytic Leukemia (CLL)," Surveillance, Epidemiology, and End Results, accessed February 2, 2021, https://seer.cancer.gov/statfacts/html/clyl.html.

7 Julio Delgado and Neus Villamor, "Chronic Lymphocytic Leukemia in Young Individuals Revisited," *Haematologica* 99, no. 1 (January 2014): 4.5 , https://

haematologica.org/article/view/6902.

◈ 06 뉴올리언스

1   Walter Alexander, "American Society of Hematology,51st Annual Meeting and Exposition," *Pharmacy and Therapeutics* 35, no. 2 (February2010), https://www. ncbi.nlm.nih.gov/pmc/articles/PMC2827916/.

2   Daniel A. Pollyea, et al., "A Phase I Dose Escalation Study of the Btk Inhibitor PCI-32765 in Relapsed and Refractory B Cell Non-Hodgkin Lymphoma," Poster Board III-649, American Society of Hematology, 51st Annual Meeting and Exposition, New Orleans, Louisiana, December 7, 2009.

3   PCYC stock data, Historicalstockprice.com, accessed February 5, 2021.

4   Pharmacyclics, Inc., "Pharmacyclics, Inc. Announces Presentation of Interim Results from Phase I Trial of Its First-In-Human BTK Inhibitor PCI-32765," EDGAR, Securities and Exchange Commission, December 8, 2009, https://www.sec.gov/ Archives/edgar/data/949699/000092189509002866/ex992to8k07380_12062009. htm.

5   Ibid.

6   Ramses Erdtmann and Tom Butler, "Pharmacyclics: Transformation of a Biotech Company," p. 15, Duggan Investments, 2020.

7   Duggan told the graduating class: Robert Duggan, UCSB Commencement Exercises, Mathematical, Life, and Physical Sciences, June 2009, YouTube, May 8, 2015, https://www.youtube.com/watch?v=HZ5TofPexnA&t=392s.

8   Ibid.

9   Staudt's team finally published: R. Eric Davis et al., "Chronic Active B-Cell-Receptor Signalling in Diffuse Large B-Cell Lymphoma," *Nature* 463, no. 7277 (January 2010): 88.92, https://doi.org/10.1038/nature08638.

◆ 다음 단계

1 Wayne Rothbaum, letter to Robert Duggan, February 7, 2010.

2 Pharmacyclics, Inc., "FQ2 2010 Earnings Call Transcripts," S&P Global Market Intelligence, February 11, 2010.

3 Maite P. Quiroga, "B-Cell Antigen Receptor Signaling Enhances Chronic Lymphocytic Leukemia Cell Migration and Survival: Specific Targeting with a Novel Spleen Tyrosine Kinase Inhibitor, R406," *Blood* 114, no. 5 (July 20, 2009): 1029.37, https://ashpublications.org/blood/article/114/5/1029/103730/B-cell-antigen-receptor-signaling-enhances-chronic.

4 Mary Jo Lamberti et al., "Assessing Study Start-Up Practices, Performance, and Perceptions among Sponsors and Contract Research Organizations," *Therapeutic Innovation and Regulatory Science* 52, no. 5 (January 11, 2018): 572.578, https://journals.sagepub.com/doi/abs/10.1177/2168479017751403?journalCode=dijc&.

5 Pharmacyclics, Inc., Form 10-K Annual Report 2010, EDGAR, Securities and Exchange Commission, September 13, 2010, p. 60, https://www.sec.gov/Archives/edgar/data/949699/000092189510001360/form10k07380_06302010.htm.

6 Pharmacyclics, Inc., Form DEF 14A Proxy Statement, EDGAR, Securities and Exchange Commission, November 12, 2010, p. 28, https://www.sec.gov/Archives/edgar/data/949699/000092189510001663/def14a07380_12092010.htm.

7 Calistoga Pharmaceuticals, Inc., "Calistoga Pharmaceuticals Raises $40 million In Series C Financing," BusinessWire, June 30, 2010, https://www.fiercebiotech.com/biotech/calistoga-pharmaceuticals-raises-40-million-series-c-financing.

8 Pharmacyclics, Inc., "Pharmacyclics Announces Presentation of Results from Phase I Trial of Its First-in-Human Btk Inhibitor: PCI32765," EDGAR, Securities and Exchange Commission, June 7, 2010, https://www.sec.gov/Archives/edgar/data/949699/000092189510000941/ex991to8k07380_06062010.htm.

◆8 해고

1   Amy Crawford, "Improving the Odds," Weill Cornell Medicine, January 6, 2016, https://news.weill.cornell.edu/news/2016/01/improving-the-odds.

2   Weill Cornell Medicine Office of External Affairs, "Taking Steps Toward the Future: Bob's Story," Weill Cornell Medicine, February 16, 2018, https://news.weill.cornell.edu/news/2018/02/taking-steps-toward-the-future-bob's-story.

3   Pharmacyclics, Inc. "Pharmacyclics Reports Recent Developments and Financial Results for Fiscal First Quarter 2011," EDGAR, Securities and Exchange Commission, November 8, 2010, https://www.sec.gov/Archives/edgar/data/949699/000092189510001637/ex991to8k07380_11082010.htm.

4   The company pooled: Pharmacyclics, Inc., "Pharmacyclics Reports CLL Results from Preclinical and Clinical Studies of its Btk Inhibitor PCI-32765," EDGAR, Securities and Exchange Commission, December 6, 2010, https://www.sec.gov/Archives/edgar/data/949699/000092189510001790/ex991to8k07380_12052010.htm.

5   Ibid.

6   IGM Biosciences, Inc., Form 8-K, EDGAR, Securities and Exchange Commission, January 28, 2021, https://www.sec.gov/Archives/edgar/data/1496323/000119312521020891/ d42263d8k.htm.

7   Baker Bros. Advisors, LLC, Form-13F-HR, EDGAR, Securities and Exchange Commission, February 14, 2011, https://www.sec.gov/Archives/edgar/data/1263508/000114420411008502/v210979_13fhr.txt.

8   PCYC stock data, https//historicalstockprice.com, accessed February 8, 2021.

9   Quogue Capital, LLC, FORM SC 13G/A, EDGAR, Securities and Exchange Commission, February 14, 2011, https://www.sec.gov/Archives/edgar/data/949699/000110465911007299/a11-5946_3sc13ga.htm.

10 Lymphoma Research Foundation, "Mantle Cell Lymphoma Consortium Scientific Workshop," EurekAlert!, June 24, 2009, https://www.eurekalert.org/

pub_releases/2009.06/lrf-mcl062309.php.

11　Jonathan D. Rockoff, "Pharmaceutical Scouts Seek New Star Drugs for Cancer, Diabetes," *Wall Street Journal*, March 9, 2014, https://www.wsj.com/articles/SB10 001424052702304703804579384871050414310.

12　Ibid.

13　Sarah E. M. Herman et al., "Bruton's Tyrosine Kinase Represents a Promising Therapeutic Target for Treatment of Chronic Lymphocytic Leukemia and Is Effectively Targeted by PCI-32765," *Blood* 117, no. 23 (June 9, 2011): 6287.96, https:// ashpublications.org/blood/article/117/23/6287/22260/Bruton-tyrosine-kinase-represents-a-promising.

14　Pharmacyclics, Inc., Form 10-Q Exhibit 10.6, EDGAR, Securities and Exchange Commission, May 12, 2009, https://www.sec.gov/Archives/edgar/data/949699/ 000113626109000169/exhibit10-6.pdf.

15　Ibid.

09 파트너

1　Pharmacyclics, Inc., "Pharmacyclics Reports Recent Developments from Clinical Studies of Its Btk Inhibitor PCI-32765," EDGAR, Securities and Exchange Commission, June 6, 2011, https://www.sec.gov/Archives/edgar/ data/949699/000092189511001238/ex991to8k07380_06062011.htm.

2　J. C. Byrd, et al., "Activity and Tolerability of the Bruton's Tyrosine Kinase (Btk) Inhibitor PCI-32765 in Patients with Chronic Lymphocytic Leukemia/Small Cell Lymphocytic Lymphoma (CLL/SLL): Interim Results of a Phase IB/II Study," *Journal of Clinical Oncology*, 29, no. 15 (May 2011): suppl 6508, https://ascopubs. org/doi/10.1200/jco.2011.29.15_suppl.6508.

3　Pharmacyclics, Inc., Form DEF 14A Proxy Statement, EDGAR, Securities and Exchange Commission, November 14, 2011, p. 34, https://www.sec.gov/Archives/

edgar/data/949699/000092189511002183/def14a07380_12152011.htm.

4 Genius, Inc., "Self-made Billionaire Bob Duggan is the Winning Bidder Kobe Bryant Rookie Jersey," GlobeNewswire, May 26, 2021. https://www. globenewswire.com/news-release/2021/05/26/2236641/0/en/Self-made-BillionaireBob-Duggan-is-the-Winning-Bidder-Kobe-Bryant-Rookie-Jersey. html.

5 Pharmacyclics, Inc., Form 10-K Annual Report 2012, EDGAR, Securities and Exchange Commission, September 5, 2012, p. 43, https://www.sec.gov/Archives/ edgar/data/949699/000092189512001806/form10k07380_06302012.htm.

6 Pharmacyclics, Inc., "Pharmacyclics Forms Pact to Develop and Commercialize PCI-32765 for Hematologic Cancers with Janssen Biotech, Inc.," EDGAR, Securities and Exchange Commission, December 14, 2011, https://www.sec.gov/Archives/ edgar/data/949699/000092189511002340/ex991to8k07380_12082011.htm.

⑩ 네덜란드로

1 Meg Tirrell, Ryan Flinn, and Jeffrey McCracken, "Pharma Acquisitions Expected: J.P. Morgan Healthcare Conference for Drugmakers," Bloomberg News, January 8, 2012.

2 Schering-Plough Corp., "Schering-Plough to Acquire Organon BioSciences," EDGAR, Securities and Exchange Commission, March 7, 2007, https://www.sec. gov/Archives/edgar/data/310158/000095012307003971/y32059exv99w1.htm.

3 Natasha Singer, "Merck to Buy Schering-Plough for $41.1 Billion," *New York Times*, March 9, 2009, https://www.nytimes.com/2009/03/10/business/10drug.html.

11 천재

1 Robert Duggan, Robert Duggan Presentation of the 24 Characteristics of Geniuses, YouTube, February 1, 2019, https://www.youtube.com/watch?v=SCIh1Xkzh0o&t=32s.

2 Lawrence Wright, *Going Clear: Scientology, Hollywood, and the Prison of Belief* (New York: Vintage Books, 2013), p. 13.

3 Richard Behar, "The Thriving Cult of Greed and Power," *Time*, June 24, 2001, http://content.time.com/time/magazine/article/0,9171,156952,00.html.

4 Laurie Goodstein, "Defectors Say Church of Scientology Hides Abuses," *New York Times*, March 6, 2010, https://www.nytimes.com/2010/03/07/us/07scientology.html.

5 Pharmacyclics, Inc., Form 8-K, EDGAR, Securities and Exchange Commission, August 20, 2013, https://www.sec.gov/Archives/edgar/data/949699/000092189513001784/form8k07380_08202013.htm.

6 Cindy Anderson, LinkedIn profile, Linkedin.com, accessed February 8, 2021, https://www.linkedin.com/in/cindy-anderson-21269818/.

7 Rebecca D'Acquisto, LinkedIn profile, Linkedin.com, accessed February 8, 2021, https://www.linkedin.com/in/rdacquisto/.

8 Matthew Herper, "A Lucky Drug Made Pharmacyclics' Robert Duggan a Billionaire. Will Long-Term Success Follow?" *Forbes*, May 5, 2014, https://www.forbes.com/sites/matthewherper/2014/04/16/a-lucky-drug-made-pharmacyclics-robert-duggan-a-billionaire-will-long-term-success-follow/?sh=4b62e3875cf6.

9 Pharmacyclics, Inc., "A Phase 3 Study of Ibrutinib versus Ofatumumab in Patients with Relapsed or Refractory Chronic Lymphocytic Leukemia (RESONATE)," ClinicalTrials.gov, US National Library of Medicine, April, 13, 2012, https://clinicaltrials.gov/ct2/show/NCT01578707.

10 Pharmacyclics, Inc., "A Multicenter Phase 2 Study of Ibrutinib in Patients

with Relapsed or Refractory Chronic Lymphocytic Leukemia (CLL) or Small Lymphocytic Lymphoma (SLL) with 17p Deletion," ClinicalTrials. gov, US National Library of Medicine, December 7, 2012, https://clinicaltrials.gov/ct2/show/NCT01744691.

11 Pharmacyclics, Inc., Form 10-Q Quarterly Report, EDGAR, Securities and Exchange Commission, May 7, 2013, p. 8, https://www.sec.gov/Archives/edgar/data/949699/000144530513001176/pcyc2013033110-q.htm.

12 "the disposition effect": Hersh Shefrin and Meir Statman, "The Disposition to Sell Winners Too Early and Ride Losers Too Long: Theory and Evidence," *Journal of Finance*, 40, no. 3 (July 1985): 777.90, https://onlinelibrary.wiley.com/doi/abs/10.1111/j.1540-6261.1985.tb05002.x.

⑫ 트러플 돼지

1 Phil Taylor, "Merck Says Sale of Oss Facility Would Be Too Expensive," Pharmafile, August 3, 2011, http://www.pharmafile.com/news/150362/merck-sale-oss-research-manufacturing-facility.

2 Merck & Co., Inc., Form 10-K Annual Report 2020, EDGAR, Securities and Exchange Commission, February 25, 2021, p. 2, https://www.sec.gov/ix?doc=/Archives/edgar/data/310158/000031015821000004/mrk-20201231.htm.

3 Bonnie K. Harrington et al., "Preclinical Evaluation of the Novel BTK Inhibitor Acalabrutinib in Canine Models of B-Cell Non-Hodgkin Lymphoma," *PLOS One* 11, no. 7 (July 19, 2016), https://journals.plos.org/plosone/article?id=10.1371/journal.pone.0159607.

1   Susan O'Brien, "Ibrutinib CLL Trial: Where Is the Equipoise?" *ASCO Post*, May 1, 2013, https://ascopost.com/issues/may-1-2013/ibrutinib-cll-trial-where-is-the-equipoise/.

2   R. Angelo de Claro et al., "FDA on CLL Drug Approval and Expanded Access," *ASCO Post*, September 15, 2013, https://ascopost.com/issues/september-15.2013/fda-on-cll-drug-approval-and-expanded-access/.

3   Pharmacyclics, Inc., "Open-Label Phase 3 BTK Inhibitor Ibrutinib vs Chlorambucil Patients 65 Years or Older with Treatment-Naive CLL or SLL," ClinicalTrials.gov, US National Library of Medicine, November 6, 2012, https://clinicaltrials.gov/ct2/show/NCT01722487.

4   John C. Byrd et al., "Targeting BTK with Ibrutinib in Relapsed Chronic Lymphocytic Leukemia," *New England Journal of Medicine* 369 (July 4, 2013): 32.42, https://www.nejm.org/doi/full/10.1056/nejmoa1215637.

5   PCYC stock data, https//historicalstockprice.com, accessed February 9, 2021.

6   Krishnakali Sengupta and Rajarshi Basu, "Quest Diagnostics to Buy Celera for $657 million," Reuters, March 18, 2011, https://www.reuters.com/article/celera/update-2-quest-diagnostics-to-buy-celera-for-657-million-idUSL3E7EI1DQ20110318.

7   Quest Diagnostics, Inc., "Quest Diagnostics Sells Ibrutinib Royalty Rights to Royalty Pharma for $485 million in Cash," PR Newswire, July 18, 2013, https://www.prnewswire.com/news-releases/quest-diagnostics-sells-ibrutinib-royalty-rights-to-royalty-pharma-for-485-million-in-cash-215969291.html.

8   Byrd et al., "Targeting BTK with Ibrutinib in Relapsed Chronic Lymphocytic Leukemia."

9   Ranjana H. Advani et al., "Bruton Tyrosine Kinase inhibitor Ibrutinib (PCI-32765) Has Significant Activity in Patients with Relapsed/Refractory B-Cell Malignancies," *Journal of Clinical Oncology* 31, no. 1 (2013): 88.94, https://ascopubs.org/doi/10.1200/JCO.2012.42.7906.

10 Michael L. Wang et al., "Targeting BTK with Ibrutinib in Relapsed or Refractory Mantle-Cell Lymphoma," *New England Journal of Medicine* 369 (August 8, 2013): 507.516, https://www.nejm.org/doi/full/10.1056/nejmoa1306220.

11 Pharmacyclics, Inc., Form DEF 14A Proxy Statement, EDGAR, Securities and Exchange Commission, November 14, 2011, p. 47, https://www.sec .gov/Archives/edgar/data/949699/000092189511002183/def14a07380_12152011.htm.

⑭ 승인

1 Gardiner Harris, "F.D.A. Regulator, Widowed by Cancer, Helps Speed Drug Approval," *New York Times*, January 2, 2016, https://www.nytimes.com/2016/01/03/us/politics/fda-regulator-widowed-by-cancer-helps-speed-drug-approval.html.

2 Evaluate Ltd., EvaluatePharma data, November 2020.

3 Center for Drug Evaluation and Research, "Application Number: 205552Orig2s000, Administrative and Correspondence Documents," Center for Drug Evaluation and Research, Food and Drug Administration, February 12, 2014, p. 75, https://www.accessdata.fda.gov/drugsatfda_docs/nda/2014/205552Orig2s000AdminCorres.pdf.

4 Richard Pazdur, "How the Changing Landscape of Oncology Drug Development and Approval Will Affect Advanced Practice," transcript from JADPRO Live at Advanced Practitioner Society for Hematology and Oncology, Houston, Texas, November 2.5, 2017, https://jadproce.com/media/1090/keynote-transcript.pdf.

5 Andrew Pollack, "Imbruvica, Drug to Treat Blood Cancer, Gains F.D.A. Approval," *New York Times*, November 13, 2013, https://www.nytimes.com/2013/11/14/business/drug-to-treat-blood-cancer-gains-fda-approval.html.

6 Pharmacyclics, Inc., "U.S. Food and Drug Administration Approves IMBRUVICA (ibrutinib) as a Single Agent for Patients with Mantle Cell Lymphoma Who

Have Received at Least One Prior Therapy," EDGAR, Securities and Exchange Commission, November 13, 2013, https://www.sec.gov/Archives/edgar/data/949699/000092189513002233/ex991to8k07380_11132013.htm.

7 Andrew Pollack, Imbruvica, Drug to Treat Blood Cancer, Gains F.D.A. Approval," *New York Times*, November 13, 2013, https://www.nytimes.com/2013/11/14/business/drug-to-treat-blood-cancer-gains-fda-approval.html.

8 The Superior Court of California, County of Santa Clara, *Michael Crum v. Pharmacyclics, Inc.*, Case no. 114cv262815, Complaint for Damages and Injunctive Relief, March 26, 2014, p. 3.

9 Ibid., pp. 2.3.

10 The Superior Court of California, County of Santa Clara, *Yasser Ali v. Pharmacyclics, Inc.*, Case no. 114cv263241, Complaint for Damages, April 3, 2014, p. 4.

11 The Superior Court of California, County of Santa Clara, *Michael Crum v. Pharmacyclics, Inc.*, Case no. 114cv262815, Complaint for Damages and Injunctive Relief, March 26, 2014, p. 3.

12 Ibid., p. 4.

13 The Superior Court of California, County of Santa Clara, *Yasser Ali v. Pharmacyclics, Inc.*, Case no. 114cv263241, Complaint for Damages, April 3, 2014, p. 4.

14 The Superior Court of California, County of Santa Clara, *Michael Crum v. Pharmacyclics, Inc.*, Case no. 114cv262815, Complaint for Damages and Injunctive Relief, March 26, 2014, pp. 4.5.

15 The Superior Court of California, County of Santa Clara, *Yasser Ali v. Pharmacyclics, Inc.*, Case no. 114cv263241, Complaint for Damages, April 3, 2014, pp. 4.5.

16 The Superior Court of California, County of Santa Clara, *Michael Crum v. Pharmacyclics, Inc.*, Case no. 114cv262815, Complaint for Damages and Injunctive Relief, March 26, 2014, p. 5.

17 Pharmacyclics, Inc., "Pharmacyclics Reports Fourth Quarter and Full Year 2013 Results," EDGAR, Securities and Exchange Commission, February 20, 2014, https://www.sec.gov/Archives/edgar/data/949699/000092189514000394/

ex991to8k07380_02202014.htm.

18 Pharmacyclics, Inc., "Independent Data Monitoring Committee Recommends Phase III Study of Imbruvica (ibrutinib) versus Ofatumumab be Stopped Early Based on Statistically Significant Improvement in Progression Free Survival and Overall Survival," EDGAR, Securities and Exchange Commission, January 7, 2014, https://www.sec.gov/Archives/edgar/data/949699/000092189514000027/form8k07380_01072014.htm.

19 Pharmacyclics, Inc., "U.S. Food and Drug Administration Approves Imbruvica (ibrutinib) as a Single Agent for Patients with Chronic Lymphocytic Leukemia Who Have Received at Least One Prior Therapy," EDGAR, Securities and Exchange Commission, February 12, 2014, https://www.sec.gov/Archives/edgar/data/949699/000092189514000199/ex991to8k07380_02122014.htm.

20 Matthew Herper, "A Lucky Drug Made Pharmacyclics' Robert Duggan a Billionaire. Will Long-Term Success Follow?" *Forbes*, May 5, 2014, https://www.forbes.com/sites/matthewherper/2014/04/16/a-lucky-drug-made-pharmacyclics-robert-duggan-a-billionaire-will-long-term-success-follow/?sh=4b62e3875cf6.

21 Pharmacyclics, Inc., Schedule 14D-9A Solicitation Statement, EDGAR, Securities and Exchange Commission, April 17, 2015, https://www.sec .gov/Archives/edgar/data/949699/000119312515136090/d910279dsc14d9a.htm.

⑮ 좌천되다

1 Pharmacyclics, Inc., "U.S. FDA Grants Regular (Full) Approval for Imbruvica for Two Indications," EDGAR, Securities and Exchange Commission, July 28, 2014, https://www.sec.gov/Archives/edgar/data/949699/000092189514001642/ex992to8k07380004_07282014.htm.

16 수십억

1 Pharmacyclics, Inc., "Imbruvica (ibrutinib) Data to be Presented Across Multiple Histologies, including in Eight Oral Presentations, at 2014 American Society of Hematology (ASH) Annual Meeting," Securities and Exchange Commission, November 6, 2014, https://www.sec.gov/Archives/edgar/data/949699/000092189514002311/ex991to8k07380004b_11062014.htm.

2 Ramses Erdtmann and Tom Butler, "Pharmacyclics: Transformation of a Biotech Company," p. 96, Duggan Investments, 2020.

3 Ibid., p. 92.

4 Pharmacyclics, Inc., Schedule 14D-9A Solicitation Statement, EDGAR, Securities and Exchange Commission, April 17, 2015, https://www.sec.gov/Archives/edgar/data/949699/000119312515136090/d910279dsc14d9a.htm.

5 Ibid.

6 Pharmacyclics, Inc., "Pharmacyclics LLC, Company Conference Presentation," S&P Global Market Intelligence, January 12, 2015.

7 Joseph Walker, "Patients Struggle with High Drug Prices," *Wall Street Journal*, December 31, 2015, https://www.wsj.com/articles/patients-struggle-with-high-drug-prices-1451557981.

8 Pharmacyclics, Inc., "Pharmacyclics LLC, Company Conference Presentation," S&P Global Market Intelligence, January 12, 2015.

9 Pharmacyclics, Inc., Schedule 14D-9A Solicitation Statement, EDGAR, Securities and Exchange Commission, April 17, 2015, https://www.sec.gov/Archives/edgar/data/949699/000119312515136090/d910279dsc14d9a.htm.

10 Andrew L. Wang, "Abbott Spinoff CEO Lacks Claimed Degrees," *Crain's Chicago Business*, September 27, 2012, https://www.chicagobusiness.com/article/20120927/NEWS03/120929788/abbott-spinoff-ceo-to-be-gonzalez-lacks-claimed-university-degrees.

11 Andrew L. Wang, "AbbVie Chief Gonzalez Only Briefly Attended School That

Supposedly Issued Master's," *Crain's Chicago Business*, October 2, 2012, https://www.chicagobusiness.com/article/20121002/NEWS03/121009946/abbvie-chief-gonzalez-only-briefly-attended-school-that-supposedly-issued-master-s.

12 Cynthia Koons, "Bored by Golf and Cancer Cured, AbbVie CEO Came Back to Work," Bloomberg News, March 5, 2015, https://www.bloomberg.com/news/articles/2015-03-05/bored-by-golf-and-cured-of-cancer-abbvie-ceo-came-back-for-more.

13 Wang, "AbbVie Chief Gonzalez Only Briefly Attended School that Supposedly Issued Master's."

14 Wang, "Abbott Spinoff CEO Lacks Claimed Degrees."

15 AbbVie, Inc., Form DEF 14A Proxy Statement, EDGAR, Securities and Exchange Commission, March 20, 2015, p. 33, https://www.sec.gov/Archives/edgar/data/1551152/000104746915002548/a2222986zdef14a.htm.

16 AbbVie, Inc., Form 10-K Annual Report, EDGAR, Securities and Exchange Commission, February 16, 2018, https://www.sec.gov/Archives/edgar/data/1551152/000155115218000014/abbv-20171231x10k.htm.

17 "Dear Spotlight Chantel Gia," *Modern Luxury*, June 2014, http://digital.modernluxury.com/publication/?i=211841&article_id=1725631&view=articleBrowser&ver=html5.

18 Pharmacyclics, Inc., Schedule 14D-9A Solicitation Statement, EDGAR, Securities and Exchange Commission, April 17, 2015, https://www.sec.gov/Archives/edgar/data/949699/000119312515136090/d910279dsc14d9a.htm.

19 Manuel Baigorri, Dinesh Nair, and Ed Hammond, "Pharmacyclics Weighs Sale of $15 Billion U.S. Drugmaker," Bloomberg News, February 15, 2015, https://www.bloomberg.com/news/articles/2015-02-25/pharmacyclics-said-to-weigh-sale-of-15-billion-u-s-drugmaker.

20 Pharmacyclics, Inc., Schedule 14D-9A Solicitation Statement, EDGAR, Securities and Exchange Commission, April 17, 2015, https://www.sec.gov/Archives/edgar/data/949699/000119312515136090/d910279dsc14d9a.htm.

21 Abbvie, Inc., "AbbVie to Acquire Pharmacyclics, including Its Blockbuster Product Imbruvica, Creating an Industry Leading Hematological Oncology Franchise," PR Newswire, March 4, 2015, https://www.prnewswire.com/news-releases/abbvie-to-acquire-pharmacyclics-including-its-blockbuster-product-imbruvica-creating-an-industry-leading-hematological-oncology-franchise-300045951.html.

22 Tracy Staton, "AbbVie Paid a 'Lofty,' 'Staggering,' 'Astronomical' Price for Pharmacyclics. But Was It Too Much?" FiercePharma, March 6, 2015, https://www.fiercepharma.com/financials/abbvie-paid-a-lofty-staggering-astronomical-price-for-pharmacyclics-but-was-it-too-much.

23 Robert Cyran, "Why AbbVie May Have Overpaid for Cancer Drug Maker," *New York Times*, March, 6, 2015, https://www.nytimes.com/2015/03/06/business/dealbook/why-abbvie-may-have-overpaid.html.

24 Adam Feuerstein, "AbbVie Spending Historic Amount of Cash to Buy Half of a Cancer Drug," TheStreet.com, March 5, 2015, https://www.thestreet.com/investing/stocks/abbvie-spending-historic-amount-of-cash-to-buy-half-of-a-cancer-drug-13068252.

25 Pharmacyclics, Inc., Form DEF 14A Proxy Statement, EDGAR, Securities and Exchange Commission, April 8, 2014, https://www.sec.gov/Archives/edgar/data/949699/000119312514135670/d692301ddef14a.htm.

26 Baker Bros. Advisors, LLC, Form-13F-HR, EDGAR, Securities and Exchange Commission, May 15, 2015, https://www.sec.gov/Archives/edgar/data/1263508/000114420415031569/xslForm13F_X01/infotable.xml.

27 AbbVie, Inc., "AbbVie to Acquire Pharmacyclics Conference Call," Thomson Reuters StreetEvents, March 5, 2015.

28 Robert W. Duggan, Form Schedule 13D/A, EDGAR, Securities and Exchange Commission, March 9, 2015, https://www.sec.gov/Archives/edgar/data/949699/000092189515000567/sc13da807380004_03042015.htm.

⑰ 돌개바람

1   Acerta Pharma, BV, "ACP-196 (Acalabrutinib), a Novel Bruton Tyrosine Kinase (Btk) Inhibitor, for Treatment of Chronic Lymphocytic Leukemia," ClinicalTrials.gov, US National Library of Medicine, January 8, 2014, https://clinicaltrials.gov/ct2/show/NCT02029443.

2   David Johnson, letter to Peter Aurup and Craig Tendler, July 14, 2015.

3   Peter Aurup and Craig Tendler, letter to David Johnson, July 30, 2015.

4   Andrew Ward, "Pascal Soriot on His Rise To Become CEO of AstraZeneca," *Financial Times*, January 21, 2016, https://www.ft.com/content/39020eb0-b627-11e5-b147-e5e5bba42e51.

5   Lee Honigberg, Erik J. Verner, et al., Granted July 14, 2015, *Inhibitors of Bruton's Tyrosine Kinase*, US Patent 9,079,908, US Patent and Trademark Office, https://patents.google.com/patent/US9079908B2/en.

6   Lee Honigberg, Erik J. Verner, et al., Granted September 22, 2015, *Inhibitors of Bruton's Tyrosine Kinase*, US Patent 9,139,591, US Patent and Trademark Office, https://patents.google.com/patent/US9139591B2/en.

⑱ 바이오테크 오디세이

1   John C. Byrd et al., "Acalabrutinib (ACP-196) in Relapsed Chronic Lymphocytic Leukemia," *New England Journal of Medicine* 374 (January 28, 2016): 323.32, https://www.nejm.org/doi/full/10.1056/nejmoa1509981.

2   Brian Koffman, "2015 ASH: Dr. John Byrd Discusses ACP 196 or Acalabrutinib, a New BTK Inhibitor," CLL Society, June 6, 2016, https://cllsociety.org/2016/06/2015-ash-dr-john-byrd-discusses-acp-196-acalabrutinib-new-btk-inhibitor/.

3   Dana Mattioli, Jonathan D. Rockoff, and Dana Cimilluca, "AstraZeneca in Talks to Buy Cancer Drug Developer Acerta Pharma," *Wall Street Journal*, December 11,

2015, https://www.wsj.com/articles/astrazeneca-in-talks-to-buy-cancer-drug-developer-acerta-pharma-1449856603.

4　AstraZeneca PLC., "AstraZeneca Enhances Long-Term Growth through Oncology Investment in Acerta Pharma," AstraZeneca.com, December 17, 2015, https://www.astrazeneca.com/media-centre/press-releases/2015/AstraZeneca-enhances-long-term-growth-through-Oncology-investment-in-Acerta-Pharma.html.

5　Sasha Damouni, Doni Bloomfield, and Caroline Chen, "At Biotech Party, Gender Diversity Means Cocktail Waitresses," Bloomberg News, January 13, 2016, https://www.bloomberg.com/news/articles/2016-01-13/at-biotech-party-gender-diversity-means-cocktail-waitresses.

⑲ 졸업식

1　Raquel Izumi, UCSB Commencement Exercises, Mathematical, Life, and Physical Sciences, June 2017, YouTube, September 8, 2017, https://www.youtube.com/watch?v=90WcAWxl2bM.

2　Food and Drug Administration, "FDA Grants Accelerated Approval to Acalabrutinib for Mantle Cell Lymphoma," FDA.gov, October 31, 2017, https://www.fda.gov/drugs/resources-information-approved-drugs/fda-grants-accelerated-approval-acalabrutinib-mantle-cell-lymphoma.

3　Evaluate Ltd., EvaluatePharma data, November 2020.

4　The US District Court for the District of Delaware, *Pharmacyclics LLC v. Acerta Pharma B.V., et al.*, Case no. 1:17-cv-01582, Complaint for Patent Infringement, November 3, 2017.

5　The US District Court for the District of Delaware, *Acerta Pharma B.V., et al., v. Pharmacyclics LLC, and AbbVie, Inc.*, Case no. 1:18-cv00581, Complaint for Patent Infringement, April 18, 2018.

6   Nathan Donato-Weinstein, "Exclusive: Holy City, a 142-Acre Ghost Town Near Los Gatos, is sold to Billionaire Couple," *Silicon Valley Business Journal*, August 8, 2016, https://www.bizjournals.com/sanjose/news/2016/08/08/exclusiveholy-city-a-142-acre-ghost-town-near-los.html.

7   Tracey McManus, "The Man Who Gave Scientology $360 Million Actually Answered the Phone," *Tampa Bay Times*, November 22, 2019, https://www.tampabay.com/news/business/2019/11/22/the-man-who-gave-scientology-360-million-actually-answered-the-phone/.

8   Retraction Watch, "Early Data on Potential Anti-Cancer Compound Now in Human Trials Was Falsified, Company Admits," *Retraction Watch*, October 5, 2017, https://retractionwatch.com/2017/10/05/early-data-potential-anti-cancer-compound-now-human-trials-falsified-company-admits/.

9   AbbVie, Inc., "Imbruvica (Ibrutinib) Receives 11th FDA Approval," AbbVie.com, April 21, 2020, https://news.abbvie.com/news/press-releases/imbruvica-ibrutinib-receives-11th-fda-approval.htm.

10   AbbVie, Inc., "Imbruvica (Ibrutinib) U.S. Prescribing Information Updated to Include Long-Term Data for Waldenstrom's Macroglobulinemia (WM)," AbbVie.com, December 23, 2020, https://news.abbvie.com/news/press-releases/imbruvica-ibrutinib-us-prescribing-information-updated-to-include-long-term-data-for-waldenstrms-macroglobulinemia-wm.htm.

11   AbbVie, Inc., "Imbruvica (Ibrutinib) Approved by U.S. FDA for First-Line Treatment of Chronic Lymphocytic Leukemia," AbbVie.com, March 4, 2016, https://news.abbvie.com/news/imbruvica-ibrutinib-approved-by-us-fda-for-first-line-treatment-chronic-lymphocytic-leukemia.htm.

12   Karen Pomeranz, Karen Sirlwardana, and Freya Davies, "Orphan Drug Report 2020," EvaluatePharma, 2020, p. 4.

13   Royalty Pharma Plc., Form 424B4 Prospectus, EDGAR, Securities and Exchange Commission, June 17, 2020, p. 100, https://www.sec.gov/Archives/edgar/data/1802768/000119312520171165/d862976d424b4.htm.

14 AstraZeneca, Plc., "Calquence Approved in the US for Adult Patients with Chronic Lymphocytic Leukaemia," AstraZeneca.com, November 21, 2019, https://www.astrazeneca.com/media-centre/press-releases/2019/calquence-approved-in-the-us-for-adult-patients-with-chronic-lymphocytic-leukaemia-21112019.html.

15 Jan A. Burger, "Treatment of Chronic Lymphocytic Leukemia," *New England Journal of Medicine* 383 (July 30, 2020): 460.73, https://www.nejm.org/doi/full/10.1056/NEJMra1908213.

16 Jennifer R. Brown, "Characterization of Atrial Fibrillation Adverse Events Reported in Ibrutinib Randomized Controlled Registration Trials," *Haematologica* 102 (October 2017): 1796.1805, https://haematologica.org/article/view/8228.

17 Burger, "Treatment of Chronic Lymphocytic Leukemia."

18 AstraZeneca, Plc., "AstraZeneca PLC (AZN) Q4 2019 Earnings Call Transcripts," *The Motley Fool*, February 14, 2020, https://www.fool.com/earnings/call-transcripts/2020/02/14/astrazeneca-plc-azn-q4-2019-earnings-call-transcri.aspx.

◆ 에필로그: 일대일

1 AstraZeneca, Plc., "Update on CALAVI Phase II Trials for Calquence in Patients Hospitalised with Respiratory Symptoms of Covid19," AstraZeneca.com, November 12, 2020, p. 13, https://www.astrazeneca.com/media-centre/press-releases/2020/update-on-calavi-phase-ii-trials-for-calquence-in-patients-hospitalised-with-respiratory-symptoms-of-covid-19.html.

2 AstraZeneca, Plc., "HI 2021 Results," AstraZeneca.com, July 21, 2021, https://www.astrazeneca.com/content/dam/az/PDF/2021/h1-2021/H1_2021_results_presentation.pdf.

3 Royalty Pharma Plc, Form 10-K Annual Report, EDGAR, Securities and Exchange Commission, February 24, 2021, https://www.sec.gov/ix?doc=/Archives/edgar/data/1802768/000180276821000006/rprx-20201231.htm.

4 AstraZeneca, Plc., "Calquence Met Primary Efficacy Endpoint in Head-to-Head Trial against Ibrutinib in Chronic Lymphocytic Leukemia," AstraZeneca.com, January 25, 2021, https://www.astrazeneca.com/media-centre/press-releases/2021/calquence-met-primary-endpoint-against-ibrutinib.html.

5 Angus Liu, "AstraZeneca Touts Calquence Safety Win against Imbruvica in Leukemia Trial Showdown," FiercePharma, January 25, 2021, https://www.fiercepharma.com/marketing/astrazeneca-touts-safer-calquence-against-imbruvica-leukemia-trial-showdown.

6 AstraZeneca, Plc., "Year to date and Q3 2021 Results," AstraZeneca.com, November 12, 2021, https://www.astrazeneca.com/content/dam/az/PDF/2021/q3/Year-to-date_and_Q3_2021_results_presentation.pdf.

7 AstraZeneca, Plc, "Full-Year and Q4 2021 Results," AstraZeneca.com, February 10, 2022, https://www.astrazeneca.com/content/dam/az/PDF/2021/full-year/Full-year-2021-results-presentation.pdf.

8 Royalty Pharma Plc, Form 10-K Annual Report, EDGAR, Securities and Exchange Commission, February 15, 2022, https://www.sec.gov/ix?doc=/Archives/edgar/data/1802768/000180276822000011/rprx-20211231.htm.

9 Ned Pagliarulo, "AbbVie Cancer Drug Sales Fall as AstraZeneca Competitor Gains Ground," BioPharma Dive, July 29, 2022, https://www.biopharmadive.com/news/astrazeneca-abbvie-imbruvica-calquence-cllmarket-sales/628442/.

10 Nathan Vardi, "Billionaire Robert Duggan's New Biotech Chapter: An Antibiotics Quest," *Forbes*, February 27, 2020, https://www.forbes.com/sites/nathanvardi/2020/02/27/billionaire-robert-duggans-new-biotech-chapter-an-antibiotics-quest/?sh=3db30cfa161c.

11 Centers for Disease Control and Prevention, "Antibiotic/Antimicrobial Resistance (AR/AMR)," CDC.gov, accessed February 22, 2021, https://www.cdc.gov/drugresistance/index.html.

12 Vardi, "Billionaire Robert Duggan's New Biotech Chapter: An Antibiotics Quest."

13 Merck & Co., Inc., "Merck to Acquire VelosBio," Merck.com, November 5, 2020,

https://www.merck.com/news/merck-to-acquire-velosbio/.

14 Vincera Pharma, Inc., "Vincera Pharma Announces Completion of Business Combination and Listing on Nasdaq," Global Newswire, January 5, 2021, https://www.globenewswire.com/news-release/2020/12/23/2150106/0/en/Vincera-Pharma-Announces-Completion-of-Business-Combination-and-Listing-on-Nasdaq.html.

블러드 머니

초판 1쇄 인쇄 2026년 1월 12일
초판 1쇄 발행 2026년 1월 21일

지은이 네이선 바르디
옮긴이 신유희

책임편집 유형일

펴낸곳 (주)상상스퀘어
출판등록 2021년 4월 29일 제2021-000079호
주소 경기 성남시 분당구 성남대로43번길 10, 하나EZ타워 307호
팩스 02-6499-3031
이메일 publication@sangsangsquare.com
홈페이지 www.sangsangsquare-books.com

ISBN 979-11-94368-91-5 (03320)